Falsa Economia

Alan Beattie

Falsa Economia

Uma surpreendente história econômica do mundo

Tradução:
Diego Alfaro

Consultoria Técnica:
Gabriela Carvalho
Professora do Departamento
de História da PUC-Rio

ZAHAR
Rio de Janeiro

Aos meus pais

Título original:
False Economy
(A Surprising Economic History of the World)

Tradução autorizada da primeira edição inglesa,
publicada em 2009 por Viking, um selo de Penguin Books,
de Londres, Inglaterra

Jorge Zahar Editor Ltda.
Rua México 31 sobreloja
20031-144 Rio de Janeiro, RJ
tel.: (21) 2108-0808 / fax: (21) 2108-0800
editora@zahar.com.br
www.zahar.com.br

Grafia atualizada respeitando o novo Acordo Ortográfico da Língua Portuguesa

Preparação: Alexandre Werneck
Revisão: Tamara Sender, Joana Milli
Indexação: Nelly Praça
Capa: Sérgio Campante

CIP-Brasil. Catalogação na fonte
Sindicato Nacional dos Editores de Livros, RJ

Beattie, Alan
B351f Falsa economia: uma surpreendente história econômica do mundo / Alan Beattie; tradução: Diego Alfaro; revisão técnica: Gabriela Carvalho. — Rio de Janeiro: Jorge Zahar Ed., 2010.

Tradução de: False economy: a surprising economic history of the world
ISBN 978-85-378-0201-4

1. História econômica. 2. EconomiaI. Título.

CDD: 330.9
10-0536 CDU: 330(09)

O tempo, que concede e retoma nossa celebridade e nossa maldição
e que de alguém como Shakespeare em um prato põe a feição
ou de um poeta persa o nome em um restaurante Tandoori*
à terra pode lançar toda e qualquer comemoração

e transformar mesmo o cardeal e a rainha
no lote 86 ou no lote 14 de um leilão, e destina
o sagrado, o elevado, o poderoso
ao bater do martelo, ou da guilhotina

TONY HARRISON
The Blasphemer's Banquet

* Alusão ao celebrado poeta iraniano Omar Khayyam (1048-1131), homenageado em um famoso restaurante de culinária indiana que leva seu nome em Edimburgo. (N.E.)

Sumário

Agradecimentos

Um livro, especialmente um primeiro livro, não é concebido sem muito apoio.

Diversas pessoas leram algumas seções em variadas etapas e contribuíram com estímulos e comentários úteis: Richard Baldwin, Ha-Joon Chang, Simeon Djankov, Damon Green, Ed Luce, Kirsty McNeill, Todd Moss, Moisés Naím, Marcus Noland, Adam Posen, Pietra Rivoli, Dani Rodrik e Razeen Sally. Sathnam Sanghera me deu conselhos e orientações nas etapas iniciais fundamentais, comentando sabiamente que se ele era capaz de escrever um livro, eu também seria.

Meus editores, Mary Mount e Geoff Kloske, apostaram alto em mim e demonstraram paciência e persistência extraordinárias, especialmente durante o drama duradouro da grande busca por um título. Como agente, Jonny Geller provou ser absolutamente tudo o que diziam dele.

O *Financial Times* foi meu empregador durante uma década, e estou grato pelo tempo e espaço que me ofereceu para que eu pudesse ir atrás das minhas obsessões. Dedico um agradecimento especial, principalmente pela ajuda e inspiração durante meus primeiros meses, bastante nervosos, a Chris Adams, Richard Adams, Lionel Barber, Robert Chote, Stephen Fidler e Martin Wolf.

Por seu apoio e ajuda nos últimos anos, devo agradecer ao meu indispensável grupo de amigos. Seria desagradável dar destaque especial a qualquer um, mas eles sabem quem são. Até onde me alcança a memória, a pessoa que mais me apoiou foi meu irmão, John, um guia criterioso e resoluto aliado. Por fim, a maior dívida que tenho é com as pessoas a quem dedico este livro, que me trouxeram à existência, ensinaram-me a ler e depois leram as primeiras linhas que escrevi, que têm lido meus escritos desde então e que sempre me dedicaram seu amor ilimitado e incondicional: meus pais.

Prefácio

Franklin Delano Roosevelt, talvez o maior dentre todos os presidentes dos EUA, adorava histórias sobre si mesmo. Uma de suas preferidas era a seguinte: durante a Grande Depressão dos anos 1930, um homem que trabalhava em Wall Street e morava no subúrbio tinha um ritual matinal diário. Comprava o jornal a caminho da estação de trem. Corria os olhos pela primeira página e, então, sem dar outra olhada, devolvia-o ao garoto na banca de jornais, embarcando no vagão. Um dia, o menino jornaleiro criou coragem para lhe perguntar por que ele sempre lia apenas a primeira página. O homem que tomava o trem religiosamente explicou que comprava o jornal somente para ler o obituário. O garoto então argumentou que os obituários ficavam na última página.

— Garoto — disse o homem — o filho da puta em que estou interessado estará na primeira página.

Na época, Roosevelt estava ocupado tentando salvar a economia dos EUA frente a um colapso global colossal. Estava trabalhando para preservar a mais poderosa máquina de geração de riquezas já criada na história do planeta. Para fazê-lo, expandiu radicalmente as fronteiras estatais dos EUA. E, uma década depois, ao final de seu governo e de sua vida, ajudaria a criar as instituições que liderariam uma economia global despedaçada pela guerra e pelo isolacionismo desencaminhado, retomando a via da abertura e da prosperidade.

Ainda assim, foi tido como um vilão por alguns, como o passageiro de trem de Nova York, que posteriormente se beneficiaria do sucesso que o presidente ajudou a restaurar. Roosevelt estava tentando salvar o capitalismo de si mesmo, e alguns dos capitalistas resistiam. Saber qual é o caminho certo a seguir para enriquecer uma nação e o mundo já é bastante difícil. Convencer as pessoas ao redor a fazê-lo é ainda mais difícil.

A crise financeira que começou em 2007 e explodiu em todo o mundo em 2008 é um lembrete ao mesmo tempo do quão frágil e do quão reversível é a história do progresso humano. Mas deveria também nos recordar que nosso futuro está em nossas próprias mãos. Nós criamos esta bagunça e nós podemos sair dela.

Para fazê-lo, teremos que confrontar uma falsa economia de ideias — as noções de que nosso futuro econômico está predestinado e de que somos arrastados por forças impessoais gigantescas, incontroláveis e impessoais. Para explicar a vasta complexidade da história econômica do mundo temos uma grande variedade de mitos fatalistas: o de que algumas economias (os EUA e a Europa Ocidental) sempre enriquecerão e de que outras (África) sempre continuarão pobres, de que religiões específicas são intrinsecamente ruins para o crescimento, de que as forças do mercado são irrefreáveis, de que a orgulhosa vanguarda da globalização não pode ser derrotada nem obrigada a retroceder.

O objetivo deste livro é explicar como e por que os países, sociedades e economias chegaram ao ponto em que agora estão: o que fez com que as cidades fossem como são, por que a corrupção destruiu alguns países e não outros, por que a economia que alimentou o Império Romano se tornou atualmente a maior importadora de grãos do planeta. Mas este livro rejeitará a ideia de que o estado presente dessas economias estava predeterminado. Os países se defrontaram com escolhas, e essas escolhas determinaram substancialmente seu êxito ou fracasso.

A história econômica é algo difícil de se explicar e de se ler, por dois motivos. Em primeiro lugar, envolve a união forçada de disciplinas que caem naturalmente em direções distintas. A história, em sua forma mais tradicional, vive de pormenores e particularidades — aquilo que o historiador Arnold Toynbee (em tom de desaprovação) definiu como o estudo de "um maldito fato atrás do outro". A história enfatiza a importância da narrativa sobre o modo pelo qual os países se desenvolvem, o papel desempenhado pelo acaso e pelas circunstâncias na influência de personagens e eventos importantes. A economia, por outro lado, tenta definir leis universais a partir da confusão de dados que o mundo nos fornece — gerando previsões confiáveis e testáveis sobre o funcionamento particular das economias, ou começando em um ponto específico e seguindo por um caminho específico. Ambas as abordagens apresentam riscos. Enquanto a história pode se tornar um acúmulo indisciplinado de fatos aleatórios, a economia corre o risco de descender para a compressão pseudocientífica de uma realidade complexa em uma série simplista de moldes categóricos fixos.

Em segundo lugar, a história econômica está sujeita ao fatalismo. Qualquer estudo que tenha como ponto final o tempo presente sempre será vulnerável à argumentação retrógrada a partir da conclusão. A história tem um escopo e um detalhamento tão ricos que sempre será possível selecionar uma constelação particular dentre a galáxia de fatos para explicar clara e precisamente por que as coisas são como são. Ainda assim, a história em seguida frequentemente demonstra que tal raciocínio estava equivocado. Ou então fracassa completamente na tentativa de explicar por que outros países e economias semelhantes terminam em pontos distintos.

Se nosso objetivo for aprender com a história em vez de simplesmente registrá-la, temos que parar de transformar razões em desculpas. Se nos metermos fundo demais nas explicações sobre por que as coisas se deram do modo como se deram, correremos o risco de nos chocar contra um muro de determinismo. Os países cometem equívocos por diversas razões. Suas decisões frequentemente são movidas por um grupo de interesse em particular, ou por um conjunto deles, cujos ganhos de curto prazo vão de encontro aos interesses de longo prazo do país. Porém, tais interesses podem ser superados. Países semelhantes, frente a pressões semelhantes, podem tomar decisões diferentes. A maior partes dos países que descobrem petróleo e diamantes em seu território sofre em consequência da descoberta, mas não todos. Alguns grupos de interesse capturaram países e os arrastaram para o fundo do poço; em outros lugares, tais grupos enfrentaram resistência. As crenças islâmicas provaram ser um empecilho para certas economias em certos momentos, mas nem sempre. Algumas economias conseguiram auferir grandes benefícios da globalização de mercados de produtos e serviços; outras ficaram de fora.

A história não é determinada pelo destino, pela religião, pela geologia, pela hidrologia ou pela cultura nacional. É determinada pelas pessoas. Este livro não é uma coleção caprichosa de histórias desconectadas. É uma explicação sobre o modo como os seres humanos moldaram seu próprio destino. Também mostra como as decisões tomadas no presente estão determinando nosso futuro.

Nada pode fazer retroceder o passo da história, apagando nem sequer meia linha do que já foi escrito. Mas ainda podemos compor o roteiro para o resto de nossas vidas e para o futuro além delas.

1. Fazendo Escolhas

Por que a Argentina foi bem-sucedida e os EUA ficaram para trás?

Todos se lembram dos terríveis acontecimentos que mudaram o mundo na manhã de 11 de setembro de 2001. Todos se lembram dos aviões comandados por terroristas, chocando-se contra as torres gêmeas do Centro Mundial del Comercio, em Buenos Aires. Sendo o país mais rico do planeta e a primeira hiperpotência global da Era Moderna, a Argentina se tornara o principal alvo dos descontentes que se revoltavam contra a força da ordem capitalista ocidental.

Menos pessoas recordam o desastre que acometeu os Estados Unidos da América três meses depois. Poucos se lembram do momento excruciante em que o governo dos EUA, esmagado pelas enormes dívidas que contraíra solicitando pesos do exterior, anunciou que estava quebrado. A implosão econômica que se seguiu, na qual milhares de americanos desempregados e desabrigados tiveram que dormir ao relento e revirar latões de lixo no Central Park, em Nova York, chocou apenas aqueles que ainda pensavam nos EUA como um país do Primeiro Mundo.

Bem, na verdade, nada disso. O que ocorreu foi o contrário. Mas isso não era inevitável. E a crise que acertou justamente os EUA — e depois todo o sistema financeiro global, ameaçando afundar o planeta em uma nova Grande Depressão — deveria servir como um alerta sombrio disso. Os EUA poderiam ter seguido o rumo tomado pela Argentina. Aliás, ainda podem seguir por esse caminho, caso sejam esquecidas as dolorosas lições do passado.

O mais provável é que, com o longo decorrer da história, o tumulto que se iniciou com a contração de crédito em 2007 e foi se ampliando até se tornar uma plena emergência financeira global em 2008 seja visto como uma crise do capitalismo, mas não sua crise terminal. A economia mundial — e, particularmente, a dos EUA — já se recuperou, no passado, de crises financeiras e recessões econômicas, e até mesmo de depressões.

A cada uma delas surgiram lições semelhantes. Os países não enriquecem por acidente. Eles fazem escolhas que determinam o rumo seguido por suas economias. Nem sempre é fácil saber qual é o caminho certo em cada momento, ainda que possamos esboçar algumas regras gerais a esse respeito. Mas os países bem-sucedidos são os que se mostram flexíveis o suficiente para aprender com a experiência e que não se deixam capturar por grupos cujos interesses se mostram evidentemente contrários aos do país como um todo.

Os EUA e a Argentina seguiram percursos diferentes. Porém, isso não era inevitável. Há apenas um século, os EUA e a Argentina eram rivais, e ambos partiram em posições semelhantes. Os dois estavam navegando na primeira onda de globalização, na virada do século XX. Eram países jovens e dinâmicos, com terras férteis e exportadores confiantes. Um e outro levavam a carne do Novo Mundo às mesas de seus ascendentes coloniais europeus. Antes da Grande Depressão dos anos 1930, a Argentina se encontrava entre as dez economias mais ricas do mundo. Os milhões de emigrantes italianos e irlandeses que escapavam da pobreza em suas terras natais ao final do século XIX se viam divididos entre os dois: Buenos Aires ou Nova York? Os pampas ou a pradaria?

Cem anos mais tarde, não haveria escolha. Um dos dois se tornara uma das economias mais bem-sucedidas da história. O outro era um país em frangalhos. Governos ineptos e corruptos haviam roubado repetidamente a poupança de seu próprio povo. Quando essa fonte secou, roubaram os investidores estrangeiros que se mostraram tolos o suficiente para recordar a promessa do passado distante e se esquecer do fracasso do presente.

Observando a situação em retrospecto, somos — e também os historiadores — estimulados a imaginar que os dois países estavam fadados a divergir do modo como divergiram, que um deles estava destinado a voar, e o outro, a se estagnar. Podemos pensar que uma semelhança superficial há mais de 100 anos poderia ter sido suficiente para enganar os desesperados emigrantes italianos e irlandeses, mas seremos capazes de ver sem sombra de dúvida as falhas fatais que se encontravam por trás disso?

A história nos faz pensar que estamos explicando e analisando, quando na verdade estamos apenas racionalizando retrospectivamente. O que aconteceu sempre esteve fadado a acontecer, e a prova disso é que de fato aconteceu. Como sabemos que a Argentina fracassaria, sempre conseguiremos destacar alguns elementos fundamentais dentre a grande profusão de influências geográficas, sociais, ambientais e políticas que formam a sua história, de modo a mostrar que o fracasso era inevitável.

Um velho ditado entre historiadores diz que, até que os leões aprendam a falar, a história sempre será escrita pelos caçadores. Há alguma verdade aí, ainda que não uma verdade universal. Os perdedores da história também têm seus defensores modernos. Uma tendência menos reconhecida é a de presumir que os papéis dos leões e caçadores estavam determinados irreversivelmente desde o início. Este livro argumentará que os caminhos tomados por diferentes países refletem amplamente as decisões por eles tomadas, mesmo que estas não tenham sido tomadas de maneira consciente.

Imagine se os EUA tivessem seguido o caminho trilhado pela Argentina, caindo do Primeiro Mundo para o Terceiro. Quantos fatores de sua história prévia, fundamentais e superficiais, seriam agora apresentados triunfantemente como provas de que isso aconteceria de qualquer jeito? Os EUA eram uma nação cujos ancestrais cruzaram um oceano para estabelecer uma colônia de hegemonia religiosa; um país cujo nascimento foi induzido pela rejeição de uma potência colonial; cujo primeiro presidente, tão aclamado, fez alertas contra "embaraços externos"; um país que insistiu em praticar esportes desconhecidos do resto do mundo. Enquanto a bem-sucedida Argentina importava o liberalismo político europeu juntamente com a graça e a arte do futebol, os EUA, isolacionistas e insulares, inventavam sua própria versão, brutal e violenta, desses conceitos. Era claro que os EUA cometeriam o erro fatal de rejeitar as oportunidades oferecidas pela economia internacional e acabariam por se voltar para si próprios, não é mesmo?

Quase tão inútil quanto o fatalismo histórico é a tentativa de definir um único ponto de inflexão a partir do qual um país, uma economia ou uma sociedade seguiu por um caminho ou por outro. O desejo humano de ter uma história para contar faz com que, geralmente, seja possível encontrarmos eventos simbólicos que se adaptem à necessidade de momentos narrativos de crise e resolução. No entanto, se estreitarmos o foco da causalidade sobre um único evento, acabamos por incitar a enganadora sensação de "e se", pensando que se apenas um pequeno detalhe tivesse sido diferente, toda a direção da história subsequente teria sido alterada. Um velho ditado americano diz que, pela falta de um prego, perdeu-se a ferradura; pela falta de uma ferradura, perdeu-se o cavalo; pela falta de um cavalo, perdeu-se a mensagem; pela falta de uma mensagem, perdeu-se a batalha; pela falta de uma batalha, perdeu-se o reino. O prego assume uma importância crítica. Porém, é provável que um reino que se tornou vulnerável à perda de um único mensageiro não fosse durar muito, ainda que a mensagem tivesse chegado a seu destino.

O maravilhoso romance *O sol é para todos*, de Harper Lee, começa pelo final da narrativa. Scout, a narradora, conta que seu irmão mais velho, Jem, sofreu uma grave fratura no braço quando tinha 13 anos. Ao longo do livro, eles debatem a causa da fratura. Scout identifica o acontecimento crucial para isso um par de anos antes, quando o homem que o atacou entrou em suas vidas. Jem, quatro anos mais velho, retorna mais alguns anos, até seu primeiro encontro com um novo amigo, que teria a ideia de encontrar o vizinho recluso que acabaria por salvar o rapaz do ataque.

Seu pai, sabiamente, determina que os dois estão certos. Não houve um evento único no qual o futuro da Argentina foi determinado irrevogavelmente ou no qual seu caminho passou a divergir permanentemente do rumo seguido pelos Estados Unidos. Teve lugar, em vez disso, uma série de erros e equívocos que se encaixam em um padrão geral. Os países receberam mãos bastante parecidas, mas resolveram jogá-las de maneiras muitos diferentes.

As semelhanças entre os dois na segunda metade do século XIX, de fato até 1939, não eram ficcionais nem superficiais. Os "senhores dos pampas" — jovem argentinos que desfilavam pelos salões da Europa no entreguerras — aparecem nos relatos da época como tipos tão proeminentes quanto os presunçosos americanos que se divertiam em Berlim e Paris durante a decadência europeia.

Durante bastante tempo, os dois países seguiram trajetos paralelos. De modo geral, a independência das colônias americanas se deu muito mais cedo que a das colônias africanas e asiáticas. Os estados que posteriormente se tornaram os EUA declararam sua independência em 1776 e se tornaram um novo país em 1789. O Vice-Reino do Rio da Prata, parte do Império Espanhol que, nessa época, estendia-se pelo continente da Argentina até o Peru, foi derrubado em 1810 por rebeldes inspirados na Revolução Americana e posteriormente encorajados pelo rechaçamento de duas tentativas britânicas de tomar Buenos Aires, a capital. Em 1816, a Argentina se tornou uma República independente.

Ambos tiveram que enfrentar uma disputa interna entre os que desejavam ter um país centralizado e os que queriam que o poder fosse distribuído entre os estados ou províncias. Nos EUA, as colônias separadas já existiam muito antes do surgimento da ideia de uni-las, e não havia nenhuma garantia de que a República de fato se consolidaria, nem de que, uma vez formada, seria bem-sucedida. As negociações que levaram à promulgação da Constituição foram extensas, tortuosas e muitas vezes preenchidas de um temperamento nada doce, e as diferentes denominações, tradições e constituições das colônias anteriores eram evidentes demais. Apenas cinco das 13 colônias fundadoras, que posteriormente se tornariam estados, se preocuparam em estar presentes na primeira reunião para esboçar a Carta, em 1786. Virginia, a colônia mais populosa, desejava um governo central forte, com representantes eleitos diretamente com base no tamanho da população. Nova Jersey, uma das menores, queria que cada estado detivesse a mesma parcela de poder. Até os dias de hoje, o Congresso dos EUA reflete o acordo entre esses dois grupos: uma câmara baixa, eleita aproximadamente com base na população, e um senado com dois representantes por estado.

A ideia de que uma identidade americana brotou inteiramente formada a partir do estabelecimento da Constituição é reconfortante para um país que se vê como a encarnação de princípios grandiosos e universais. Na verdade, entretanto, isso não passa de um mito. Foram necessárias grandes batalhas para que o lema nacional "*E pluribus unum*" ("De muitos, um") se tornasse realidade. O lema aparece atualmente nas moedas dos EUA, mas na época da independência, em 1789, circulavam dezenas de moedas diferentes — os "continentais", impressos pelo Congresso Continental, o governo do movimento de independência (e as falsificações dos mesmos emitidas pelos britânicos para desestabilizar o esforço de guerra), além de moedas impressas por estados, cidades e países estrangeiros. Um banco de dimensões nacionais* e uma única "dívida nacional" — tornando o governo federal responsável pelas dívidas dos estados — não seriam criados sem uma oposição aguerrida. Alguns dos mais proeminentes dentre os pais fundadores da nova República, especialmente Thomas Jefferson, acreditavam que o poder estava sendo excessivamente centralizado.

Na Argentina, viram-se décadas de embates entre centralistas, segundo os quais todos os impostos deveriam passar pelas mãos do governo nacional, e federalistas, que apoiavam a retenção dos impostos pelas províncias. Em 1853, foi adotada uma Constituição que trazia um sistema de divisão de tributos

* O Primeiro Banco dos Estados Unidos (1791-1811) foi idealizado pelo secretário do Tesouro Alexander Hamilton e teve em Thomas Jefferson um dos seus maiores críticos. O banco tinha permissão de funcionamento do governo federal, com autorização para abrir filiais por todo o país, mas não tinha anuência dos estados. A polêmica era sobre centralizar ou não a vida americana. Funcionou por 20 anos como uma instituição privada, da qual o governo era acionista minoritário. Por sua dimensão nacional e por possuir características de um banco central, já que atuava como agente do governo no recolhimento de impostos e taxas, como "emprestador de última instância", realizando empréstimos interbancários, entre outras funções, ele e seu sucessor, o Segundo Banco dos Estados Unidos, fundado em 1816, são considerados os precursores do Federal Reserve. Após 1836, quando a autorização para o Segundo Banco não foi renovada, o setor financeiro americano ficou por décadas sem nenhuma instituição reguladora a nível nacional. A Lei dos Bancos Nacionais, aprovada em meio à Guerra Civil, em 1863, trouxe de volta a influência federal sobre o sistema financeiro do país, mas um banco central de fato somente surgirá em 1913, com a criação do Fed. (N.R.)

entre o centro e as províncias. Mas restaram tensões contínuas, que só foram aplacadas com a supressão de um levante armado na província de Buenos Aires em 1880, ao custo de 2.500 mortos e feridos, e que transferiu mais poder para o centro. Domingo Sarmiento, que tentou fomentar uma unidade nacional do país durante sua presidência, entre 1868 e 1874, disse que gostaria de viver uma Argentina em que os habitantes não matassem uns aos outros. Em vez de adotar as palavras de ordem da Revolução Francesa, "liberdade, igualdade, fraternidade", ele disse que se contentaria com "paz, tranquilidade e liberdade".

À primeira vista, as economias dos dois países também aparentavam ser semelhantes: nações agrárias empurrando as fronteiras de sua colonização para o Oeste, adentrando pradarias selvagens de clima temperado. Nos dois países, o rancheiro de fronteira — o gaúcho e o caubói — foi exaltado como um símbolo nacional de coragem, independência e resistência. Porém, uma análise mais minuciosa demonstra grandes disparidades no modo como isso se deu. Os EUA optaram por parcelar as novas terras entre pessoas e famílias; a Argentina as entregou nas mãos de uns poucos proprietários ricos.

Desde a fundação das colônias, os EUA tiveram a sorte de importar muitas das práticas agrícolas dos países do norte da Europa, além das aspirações de seus povos. Os fazendeiros da "Nova Inglaterra", os estados densamente povoados do nordeste, vieram principalmente de Grã-Bretanha, Alemanha e Holanda — todos países com muita gente e não muita terra. Trouxeram com eles a tradição de fazendeiros habilidosos em pequenas propriedades familiares. A Argentina, por outro lado, tinha uma história de uns poucos proprietários de terras muito abastados, em grandes fazendas deixadas pelos espanhóis, acompanhadas do elitismo aristocrático vindo com elas. Também tinha uma carência de mão de obra. A imigração em massa para o país só veio mais tarde, durante o século XIX, portanto o país teve de expandir suas fronteiras com um mínimo de trabalhadores.

Os dois avançaram para o Oeste: os EUA para o Pacífico e a Argentina para os Andes, mas de maneiras distintas. Ambos enfrentaram problemas semelhantes. As grandes distâncias e o terreno desconhecido eram armas de grande valor para os povos nativos nas duas metades do continente. A expansão para a fronteira ocidental não poderia ser bloqueada indefinidamente, dada a grande disparidade tecnológica. Rifles e revólveres acabariam por vencer os machados, arcos e flechas. Mas a resistência que encontraram ajudou a moldar a colonização.

Os EUA favoreceram os posseiros; a Argentina apoiou os grandes proprietários. Desesperada por avançar para o Oeste e carente de recursos, Buenos Aires considerou que a melhor maneira de estimular os colonizadores seria vender antecipadamente grandes extensões de terra em áreas que ainda deveriam ser tomadas dos povos nativos, ou prometê-las aos oficiais militares que liderariam a conquista. Era uma forma extrema de pagamento relacionado à performance: sem vitória, nada de fazenda. Mas quando as batalhas foram ganhas, os vencedores estavam exaustos, havia uma grande carência de bons trabalhadores rurais e as distâncias até o litoral leste se mostraram enormes. A maior parte dos novos proprietários de terras cercou grandes extensões de pasto com arame farpado e as destinou ao gado. A criação de bois ou ovelhas requeria a contratação de poucos trabalhadores, mas não deixava muito espaço para um aumento da produtividade por meio de fertilizantes ou maquinaria. E esse equívoco inicial não foi muito corrigido.

Com isso, os privilégios foram reforçados. Um pequeno número de famílias ricas e poderosas controlava amplas extensões de pastos povoados esparsamente. As conquistas da terra argentina fizeram pouco para alterar sua natureza. Os imigrantes europeus que chegavam à Argentina haviam escapado de uma aristocracia proprietária de terras em seus países natais apenas para vê-la recriada no Novo Mundo. As semelhanças não eram apenas superficiais. Nas primeiras décadas de comercialização agrícola, os anos 1860 e 1870, os proprietários desdenhavam da vida rural e da prática efetiva da agricultura. Muitos tinham vidas refinadas e desenraizadas nas cidades, gastando seu tempo imersos em literatura e música europeias, enclausurados em salões, em vez de se preocuparem em cuidar pessoalmente de suas fazendas. Mesmo quando alguns dos novos imigrantes ascendiam até a elite, ainda atuavam como se seu sangue sempre tivesse sido azul. O máximo que fizeram para celebrar a vida no campo foi elevar o polo, uma versão aristocrática de um passatempo rural, ao posto de símbolo da elegância atlética argentina, e ainda assim sob uma forma elitista e exclusiva: o famoso Jockey Club de Buenos Aires, fundado na década de 1880. E isso também rendeu seus frutos; ao final do século XIX, algumas famílias já enviavam seus filhos à Eton College, uma escola no ápice do privilégio aristocrático britânico. Alguns atingiam até mesmo a honraria máxima de conseguirem a permissão de se casarem com membros da nobreza europeia.

Pois, apesar de haver se empenhado na expansão rumo ao Oeste, considerada seu "destino manifesto", com uma ambição imperiosa, quase imperial, a expansão dos EUA foi mais democrática. O governo estimulou deliberadamente um sistema de pequenas propriedades familiares. Mesmo quando o governo de fato vendia grandes porções de terra, o potencial para o surgimento de uma poderosa classe de proprietários era limitado. Os posseiros que adquiriam propriedades de tamanho familiar tinham suas reivindicações reconhecidas, o que criou um incentivo para que a população emigrasse em massa para o Oeste. Seus boiadeiros não gastavam muito tempo preocupados com as exigências das escolas de elite inglesas para matricular novos alunos. E além de gado, os colonos cuidavam de terras aráveis de maior produtividade, cultivando trigo e milho. Nos EUA, a grande emigração para o Oeste gerou um vácuo na Costa Leste do país, logo preenchido com emigrantes sugados da pobreza e do desespero na Europa. Na década de 1850, os EUA importavam 250 mil imigrantes por ano.

A Argentina também recebeu imigrantes, que posteriormente passaram a constituir uma maior proporção da população que nos EUA. Mas eles vieram mais tarde, e eram menos capacitados. Mesmo quando vistos do outro lado do Atlântico, os salários oferecidos aos trabalhadores rurais braçais nem sempre pareciam atraentes. Baixa produtividade significa baixos salários, pelos quais essencialmente os mais pobres e menos educados dentre os europeus estavam dispostos a emigrar em grandes números. O grande crescimento no número de imigrantes para a Argentina, formado em grande parte por italianos e irlandeses de baixa capacitação, veio nas últimas décadas do século XIX. Em 1914, um terço da população argentina ainda era analfabeta.

Os migrantes europeus que viajavam para a Argentina viam-se simultaneamente empurrados e puxados. O crescimento da população e uma agricultura ineficiente em seus países natais — que, de modo bastante apropriado, estava sofrendo com os produtos agrícolas baratos exportados pelos EUA e pela própria Argentina — expulsaram os italianos da terra, enquanto os irlandeses escapavam da Grande Fome da Batata, provocada pela praga do pulgão que acometeu o tubérculo. Os EUA importaram as forças especiais da agricultura britânica, e, além disso, um grande número de trabalhadores alfabetizados e capacitados para a indústria têxtil e de outras manufaturas. Do outro lado, apesar de haver uma elite aristocrática no topo da sociedade argentina, que falava inglês e detinha terras, a única colônia agrícola britânica digna de nota no país eram os galeses que viajaram até as distantes terras do sul, na província da Patagônia — fazendeiros monteses pobres e isolados, que haviam trocado uma terra fria e remota por outra.

Além disso, não muitos imigrantes se viam cativados pela versão argentina do sonho americano. Muitos deles eram "andorinhas" (*golondrinas*), a virem da Itália ou da Espanha na estação da colheita e depois voltarem para casa. Entre 1850 e 1930, apenas 5% dos imigrantes chegaram a se tornar cidadãos do país. A Itália ganhou a Copa do Mundo de futebol de 1934 com três jogadores argentinos em sua equipe. Como tinham ascendência italiana, o país os considerava essencialmente italianos e simplesmente os colocou para disputar o campeonato, para a ira dos fãs do futebol argentino. É difícil imaginar que a Inglaterra conseguiria se safar caso requisitasse atletas americanos de ascendência britânica.

Ainda assim, a abertura dos EUA para a imigração não era nem um pouco maior do que a atual. A colônia de Plymouth, fundada por emigrantes peregrinos do século XVII, não tinha a intenção de estender a liberdade e a democracia, mas sim de dar a uma diferente denominação cristã a capacidade de impor sua própria pureza religiosa. Os protestantes da Baixa Igreja presentes nos EUA haviam abandonado o catolicismo e seu parente próximo, o anglicanismo, na Europa. Muitos deles não tinham nenhuma intenção de se deixar seguir por essas crenças.

Surgiram associações de trabalhadores nascidos nos EUA, que se opunham ao aumento da imigração. Com um talento inconsciente para a autossátira, um poderoso movimento político de meados do século XIX se autodenominava "*Know-Nothings*" ("Sabe-Nadas"), em virtude da resposta que deveriam dar quando questionados sobre suas reuniões semissecretas. Os Sabe-Nadas queriam que os católicos e os estrangeiros fossem banidos dos cargos públicos. Houve manifestações em Nova York contra os recém-chegados. No final, porém, as exigências do crescimento econômico venceram a disputa. Não fazia sentido lutar pelas porções do bolo quando se tornou evidente o quanto o bolo estava crescendo. Os EUA não eram um jogo de soma zero.

Enquanto a isso, a Argentina avançava pelo caminho errado. O país tinha mais terra do que a que conseguia cultivar eficientemente com seus poucos trabalhadores domésticos ou importados. Porém, as fissuras em suas fundações só seriam percebidas bem depois, quando o século XX já avançava. Por muito tempo, suas falhas foram mascaradas por um grande e não merecido presente.

As hipérboles sobre a natureza "inédita" da economia globalizada do século XXI são equivocadas. Houve uma enorme integração nos mercados para a troca de mercadorias, capital e (especialmente) pessoas durante a "Era de Ouro" da globalização, que data aproximadamente de 1880 a 1914. A paz na Europa coincidiu com o crescimento das cidades e, com eles, dos consumidores urbanos. Um sistema de comércio global se desenvolveu com velocidade estonteante. O custo do transporte caiu drasticamente. Na metade do século XIX, o preço do trigo era duas vezes maior em seu destino, em Londres, que na fonte, em Chicago. Em 1913, o custo era praticamente o mesmo. A maior parte das grandes economias fixou suas moedas em relação ao preço do ouro;

dessa forma, poderiam ter certeza quanto ao valor de seus ganhos com as exportações.

Era uma época excelente para os fazendeiros do Novo Mundo. A agricultura americana e a argentina tinham uma grande vantagem competitiva (em relação a outros países) e uma vantagem comparativa (em relação às outras indústrias do Novo Mundo): já existia uma indústria de enlatados, incentivada pela Guerra Civil Americana. Os soldados, especialmente dos exércitos do Sul, tinham de lutar em regiões distantes daquelas em que se produziam alimentos frescos. Fray Bentos, famosa havia muito tempo na Grã-Bretanha como a marca de uma grudenta torta de carne enlatada, tornou-se o nome de uma cidade uruguaia na fronteira com a Argentina. A comida enlatada havia então sido complementada por novos processos industriais inventados em outras partes, como o congelamento e a refrigeração de carnes. Os fazendeiros americanos e argentinos viram os mercados europeus se abrirem amplamente à sua frente. Afinal de contas, era assim que a especialização deveria funcionar em um mercado global. O Novo Mundo fazia produtos agrícolas; a Europa Ocidental fazia máquinas.

Juntamente com a Austrália e o Canadá, a Argentina e os EUA formavam um grupo de países exportadores agrícolas do Novo Mundo marcados pela eficiência e lucratividade. A produção se expandiu enormemente, aproveitando-se das novas tecnologias. A carne americana fresca aparecia com frequência nas mesas da Europa. O mercado crescente e as cadeias de fornecimento estabelecidas faziam com que a concentração da produção em poucos produtos, como carne e trigo, parecesse o caminho mais lógico a ser seguido. Ao final do século XIX, a economia argentina, em função de sua população, era maior que a francesa, e um terço maior que a italiana.

Um britânico que visitou a Argentina em 1914 escreveu:

> Não podemos passar pelo país e ver sua fecundidade, adentrar os matadouros de La Plata e Buenos Aires, observar os transatlânticos, com a bandeira britânica tremulando na popa, a receber muitos carregamentos de carne, visitar os elevadores de grãos nos portos de Bahía Blanca e Rosario despejando correntes de trigo destinado ao consumo europeu nos depósitos dos navios, sem que nossa imaginação seja estimulada quando nos situamos no limiar das possibilidades desta nova terra.

Se utilizados com sabedoria, os benefícios do boom de exportações poderiam ter mantido a Argentina nos primeiros lugares da corrida, próxima aos EUA. No entanto, boa parte do dinheiro foi capturada pelos detentores de enormes extensões de pasto, e não por seus empregados de salários baixos, e utilizada para comprar bens de consumo importados ou maiores porções de terra. A Argentina precisava importar mais que apenas tecnologia para se beneficiar da explosão daquele mercado de commodities. Precisava também tomar dinheiro emprestado no exterior. Nessa época, isso dificilmente pareceria ser um problema. Os britânicos estavam por perto. Eles despejavam dinheiro e conhecimentos em ferrovias que abriram os pampas assim como foi feito na Austrália, no Canadá e nos EUA.

Se a Argentina dava a impressão de estar seguindo o caminho dos EUA, fazia-o por repetição, e não por compreensão. Ela tomava dinheiro emprestado dos britânicos, mas os EUA também aprenderam com sua experiência. As economias raramente enriquecem unicamente em função da agricultura. A Grã-Bretanha havia mostrado ao mundo a etapa seguinte — a industrialização. Em termos simples, invenções que reduziam a necessidade de mão de obra aumentavam a produtividade agrícola, criavam lucros excedentes e reduziam a demanda por trabalhadores. Essa poupança era utilizada para investimentos na indústria. Os trabalhadores rurais desalojados migravam para as cidades, para trabalhar nas fábricas.

Os mesmos benefícios que estimularam a agricultura americana também a ajudaram a se industrializar. Às vezes, ser o segundo da fila pode ser útil: os EUA puderam seguir pelo caminho que a Grã-Bretanha já havia desbravado. Duas vantagens em particular estavam presentes nessa revolução agrícola: em primeiro lugar, tecnologias como a fusão do ferro e outras já existiam; em segundo, o país podia se aproveitar das grandes reservas europeias, e particularmente britânicas, de dinheiro que precisava ser investido externamente.

Os EUA aprenderam rápidamente. Apesar de ter se beneficiado do comércio agrícola, no qual também tinha uma vantagem comparativa, e do investimento britânico, jamais se tornaram dependentes de nenhum dos dois, como seu correspondente do sul. Suas importações mais significativas da Grã-Bretanha não eram o dinheiro nem as manufaturas, mas sim as ideias. Em particular, o país compreendeu que a construção de uma indústria de manufaturas lhe permitiria se aproveitar de melhores tecnologias, enquanto a tentativa frouxa de arrancar um pouco mais de trigo dos mesmo campos não o faria.

Os homens de negócios americanos queriam investir seu dinheiro próprio na industrialização de seu país. Apesar de ser o que mais aumentava sua importação de capital, graças a seu tamanho e seu rápido desenvolvimento, os EUA também realizaram uma boa poupança própria. O capital estrangeiro representava não mais que 10 a 15% dos investimentos nele, em comparação ao 1/3 na Argentina.

Mas não é como se nosso personagem sul-americano tivesse rejeitado esse caminho de maneira consciente e visível. O país mal podia evitar o crescimento de sua própria indústria de manufaturas, a menos que copiasse a notável decisão chinesa, algum tempo antes no mesmo milênio, de se afastar do mundo e suspeitar das tecnologias estrangeiras. Mas quando a industrialização chegou de fato, os preconceitos reinantes se asseguraram de que ela fosse limitada e tardia. As elites da Argentina rejeitaram a mentalidade (e as ações) necessárias para a industrialização. Desfrutando em segurança de sua galinha dos ovos de ouro, eles não viam nenhum motivo para arriscar seu status e seu modo de vida no volúvel e perigoso mundo da industrialização. O consumo desenfreado era uma proposição muito mais atraente que a ideia de manter o dinheiro aprisionado por um longo tempo em um projeto que poderia, de qualquer forma, mais lesar do que auxiliar seus interesses agrícolas. E apesar do grande influxo de imigrantes ao final do século XIX, a Argentina ainda sofria de uma carência crônica de mão de obra. Não havia argentinos suficientes para encher as fábricas.

Ela levou, então, à indústria as mesmas tendências conservadoras e oligárquicas que dominavam seu fossilizado setor agrícola, preferindo monopólios confortáveis e seguros protegidos pelos decretos e regulações governamentais ao risco brutal da competição. A nascente indústria argentina era, em essência, carregada pelo resto da economia. Tinha pouco ímpeto próprio.

O desenvolvimento da Argentina durante a Era de Ouro foi rápido, porém precário. Seu bem-estar repousava na manutenção dos preços dos produtos agrícolas em comparação com as manufaturas e na persistente abertura dos mercados globais.

Um crescimento rápido causado por novas tecnologias e novos mercados para exportação era algo muito diferente de um lugar seguro no elevador que levaria a economia para além da agricultura, adentrando a era da manufatura.

Muitas das indústrias manufatureiras que de fato surgiram eram adjuntas ao negócio agrícola, como era o caso justamente dos enlatados Fray Bentos. Essas indústrias não substituíram a agricultura, foram apenas rebentos que brotaram dela; não lideraram o processo, mas sim foram puxadas pela agricultura. A manufatura argentina era de pequena escala — oficinas de produção manual, em vez de fábricas — e utilizavam capital e tecnologia importados. Sua força de trabalho não era capacitada, e permaneceu dessa maneira. A riqueza e o status da elite argentina, apesar de esta também deter algumas indústrias de serviços como bancos e transportes, ainda se baseavam na posse da terra. A manufatura era considerada algo um tanto vulgar.

Com frequência, ao menos nas narrativas dos historiadores, nota-se um ponto de mudança simbólico no momento em que ficou claro que os investidores e industriais das cidades representariam o futuro, em detrimento dos proprietários de terras e fazendeiros do interior. Na Grã-Bretanha, o momento definidor foi, em 1846, a rejeição das Leis do Milho, as tarifas de importação que protegiam os grãos britânicos da competição externa, elevando artificialmente o valor da terra. Nos EUA isso ocorreu com a Guerra Civil, na qual o Norte industrial venceu o Sul agrário. O mais próximo que a Argentina chegou dessa mudança foi o momento em que apoiadores urbanos de Juan Perón (de quem falaremos mais adiante) atearam fogo no simbólico Jockey Club, mais de um século após a revogação das Leis do Milho no Reino Unido.

Se o Sul tivesse vencido a Guerra Civil e dominado o Norte, os EUA talvez fossem muito mais parecidos com a Argentina.

Os estados sulistas anteriores à guerra teriam sido lugares muito familiares para um argentino: grandes propriedades com alguns poucos senhores abastados e uns tantos trabalhadores mal pagos. (Devido à baixa produtividade, que não possibilitava a atração de trabalhadores suficientes, também havia muitos escravos.) A região exportava produtos agrícolas, especialmente algodão, para o resto do mundo, mas tinha baixa capacidade de expansão e diversificação. O algodão seguia para Liverpool, sendo transformado em têxteis em Lancashire; o Sul não fazia ele próprio as roupas.

De fato, ainda que a guerra em si tenha sido bastante disputada, a verdade é que esse é um dos pontos de inflexão do tipo "e se" a que se atribui mais significado do que o merecido. Uma vitória sulista na Guerra Civil talvez tivesse retardado e perturbado a industrialização dos EUA, mas não a teria interrompido. Mesmo que o Norte tivesse perdido, sendo incapaz de trazer o Sul de volta à União pela força, o mais provável é que tivesse seguido seu próprio caminho, construindo uma economia baseada na manufatura e no comércio, deixando o Sul chafurdar em sua estagnação vitoriosa. A manufatura e as finanças estavam suplantando a agricultura. Nenhum país poderia se manter à frente na corrida caso se ativesse a ela.

Os grupos majoritários de comércio-finança-negócios nos EUA passaram por outro aperto na década de 1890. Os fazendeiros de estados tanto do Norte como do Sul, vendo que seus preços despencavam em virtude de um excesso de oferta global, queriam imprimir mais dinheiro ao atrelarem o valor do dólar ao preço da prata, mais abundante que o ouro, usado então como padrão. O movimento político "Populista" surgiu para defender suas ideias. A comunidade de investidores e comerciantes considerava que o atrelamento ao ouro era essencial para a posição do país como um centro financeiro e comercial. Isso assegurava que o dólar manteria seu valor tanto frente a outras moedas de peso, como a libra esterlina, que também estavam atreladas ao valor do ouro, como em relação ao que o dólar era capaz de comprar. A quantidade limitada de ouro no mundo também significava que a oferta de todas as moedas atreladas a ele seria mantida baixa, promovendo um controle estreito sobre a inflação, ao custo de grandes variações na produção e no emprego. A eleição presidencial de 1896, na qual essa questão se mostrou bastante central, foi acirrada, mas acabou por ser vencida pelos que apoiavam o padrão-ouro.

No entanto, ainda que a demanda central dos populistas tenha sido vencida, o descontentamento que eles representavam não foi ignorado. O descontentamento havia crescido nas últimas décadas do século XIX por um motivo que parecerá extremamente familiar hoje em dia. O capitalismo financeiro desregulado parecia estar enriquecendo uma poderosa minoria, enquanto submetia todos os demais aos caprichos de uma economia volátil. Os EUA entenderam que essa situação não era sustentável. E por ser uma democracia, apesar de imperfeita, o país reagiu.

O movimento Progressista surgiu para conter os excessos da primeira era de globalização. Theodore Roosevelt, presidente entre 1901 e 1909, mostrou que os EUA eram capazes de maximizar e redistribuir a produção de ovos de ouro sem matar a galinha. Campanhas antitruste desmembraram os monopólios exploradores, e uma nova legislação protegeu os consumidores de alimentos e medicamentos impuros. Mais adiante, a constituição dos EUA foi emendada para permitir a instituição de um imposto de renda nacional e garantir o direito de voto às mulheres. A confiança no governo se manteve. Adaptando-se, o sistema americano sobreviveu. A Argentina, por outro lado, se manteve estagnada nas velhas atitudes. Economicamente, tinha um único setor mundialmente competitivo, que dependia da demanda, do capital e da tecnologia que importava do exterior. Isso mostrou-se uma péssima escolha.

O século XX foi uma época de mudanças e cataclismas, de abertura e pilhagem de mercados, um tempo que premiou reações rápidas e flexíveis a eventos imprevisíveis e sem precedentes. Buenos Aires teve um vislumbre do futuro em 1890, quando o Barings, um dos mais conhecidos bancos ingleses, chegou perto de um colapso após empréstimos além do limite feitos à Argentina. O governo argentino, dependente de dinheiro externo, teve de declarar moratória no pagamento da dívida em 1891 (sendo um filho do Império Espanhol, o país seguia uma tradição familiar: Felipe II, rei da Espanha no século XIX, foi o primeiro caloteiro em série da história, deixando de honrar suas dívidas por quatro vezes).

Uma economia como a dos EUA, com um setor industrial ágil e produtivo, estava em ótima posição para assumir a liderança, diferentemente da argentina, que se tornara adiposa e complacente ao pedir incontáveis empréstimos estrangeiros para bombear seus grãos e sua carne enlatada para os mercados externos. Ao final do século XIX, praticamente toda a terra fértil já havia sido tomada. Não havia para onde expandir as fronteiras, e assim, além do crescimento constante da população e do aumento da produtividade agrícola, a agricultura platina havia, para todos os efeitos, levado o país o mais longe possível na lista das nações mais bem-sucedidas.

Os EUA talvez tenham adentrado o século XX como um país cujo mito definidor ainda parecesse ser as ondas douradas de grãos que se estendiam de um mar reluzente ao outro. Mas, na realidade, seu futuro imediato se encontrava nos sombrios amontoados industriais de Chicago, Pittsburgh e Cleveland, assim como o da Grã-Bretanha se encontrara em Manchester, Sheffield e Glasgow.

Pois da mesma maneira que a Guerra Civil nos EUA, a Primeira Guerra Mundial é um candidato óbvio para os historiadores que buscam um ponto para marcar o fim da primeira Era de Ouro. Os fluxos internacionais de capital e comércio certamente atingiram um pico em 1914, sendo acentuadamente mais baixos entre a Primeira e a Segunda Guerra Mundial. Porém, diante da escassez de dinheiro e armas, o conflito se tornou um bom momento para países que possuíam a tríade capital, fábricas e paz. Mantendo-se lucrativamente alheios ao lamaçal de Flandres até que a guerra já estivesse avançada, os EUA se deram bastante bem. Construindo um belo sistema de financiamento de vendas, o país emprestava aos europeus o dinheiro que estes utilizariam para comprar as próprias exportações de armamento, com os quais eles matariam uns aos outros. Ao final da guerra, a indústria americana se tornara decisivamente a melhor do mundo, e o país passara, com velocidade estonteante, de mutuário a credor líquido do capital europeu.

Os países do Velho Mundo também venderam ativos em todo o planeta ao se depararem com o custo de uma guerra prolongada e inconclusiva e, especialmente no caso da França, ao perderem investimentos na Rússia após a revolução bolchevique de 1917. Os EUA compraram alguns desses ativos por preços baixos — suas décadas de maior poupança lhe davam retorno. A Argentina não fez o mesmo. O país era tão dependente de empréstimos estrangeiros que o declínio nesses investimentos, e justamente a venda de ativos pelos britânicos, representou mais uma ameaça que uma oportunidade. Em 1914, a metade do capital fixo existente no país — ferrovias, fábricas, o telégrafo, manufaturas de embalagem de carne — estava nas mãos de estrangeiros. De súbito veio à tona a questão, previamente submersa, sobre quem exatamente estava pagando pela infraestrutura argentina. Depois de cinco décadas de investimentos externos e exportações centradas em objetivos muito estreitos, o país se tornara uma glorificada zona de exportação, e não uma potência financeira global.

As dificuldades do período entre as guerras, e particularmente a Grande Depressão, após 1929, revelaram o quanto os EUA e a Argentina haviam adentrado campos distintos. Na época, a Depressão parecia ser uma crise de todo o sistema capitalista, e não de uma variável qualquer. As cidades americanas e argentinas estavam cobertas dos remanescentes do deslocamento econômico — as favelas conhecidas como *hoovervilles*, nos EUA, em referência ao infeliz presidente dos tempos da Depressão, Herbert Hoover, e as *villas miserias* na Argentina.

Muitos, nos EUA e na América Latina, chegaram à mesma conclusão: que uma crise capaz de se transmitir com tanta rapidez pelos mercados internacionais de bens e finanças mostrava a tolice de se confiar em envolvimentos externos. No entanto, os sistemas políticos dos EUA e da Argentina reagiram de maneiras criticamente diferentes. A Depressão abriu uma lacuna entre os dois países, que posteriormente se transformaria no abismo entre democracia e ditadura.

Entre 1880 e 1914, o sistema político americano estava reagindo às mudanças, absorvendo novas ideias e abordando as demandas dos descontentes, ainda que de maneira limitada. Mas a política argentina permaneceu dominada por uma pequena elite autoperpetuante. O equivalente nos EUA talvez tivesse sido uma dinastia de antigos governantes da Confederação instalados na Casa Branca e no Capitólio após sua vitória na Guerra Civil, limitando a política a uma série de querelas internas. Quando a filosofia foi posta à prova em Buenos Aires, o mesmo ocorreu com seus defensores. Ainda que a política fosse frequentemente conduzida com grande dramaticidade, o espectro político era sufocantemente estreito.

Um país pode se vacinar contra o extremismo político se permitir que uma versão mais fraca do vírus circule livremente. Nações que ganharam força e confiança dessa forma sempre tiveram mais chances de lidar com os desafios extraordinários surgidos na sequência da quebra da bolsa de 1929, iniciada em Wall Street e disseminada rapidamente pela Europa. O simples fato de que a crise econômica tenha surgido do colapso dos preços das ações em Nova York, um dos maiores centros financeiros do mundo, levantou questões fundamentais sobre o valor da democracia liberal, assim como da economia de livre mercado. Porém, os EUA foram capazes (e ainda são) de absorver novas ideias sobre intervenção governamental na economia sem temer que isso significasse o fim da própria democracia. A resposta americana à quebra da bolsa teve a intenção de salvar a economia de mercado, e não de enterrá-la.

Qual foi a verdadeira extensão da ameaça às empresas privadas como características definidoras da economia dos EUA é algo discutível. Porém, Franklin Delano Roosevelt, o presidente eleito em meio à crise e ao desespero em 1932, arriscou-se pouco. Membro de uma dinastia política bem estabelecida e primo distante de Theodore, ele enxergou a necessidade de reformas. Enfrentou a Depressão com força, com um conjunto relativamente experimental de medidas em claro em desacordo com a doutrina de não intervenção da Era de Ouro — intervenção governamental para escorar o sistema bancário, uma campanha de investimentos públicos e um deficit federal limitado para permitir que os gastos públicos cobrissem parte da recessão econômica. E como se quisessem ressaltar que haviam chegado ao fim de uma era, os EUA também abandonaram o padrão-ouro.

Dada a presença mínima do governo na economia no início do processo — os gastos públicos federais representavam apenas 3% da renda nacional em 1929 —, o *New Deal*, como foi chamado o pacote de medidas, não poderia fazer com que os EUA retornassem rapidamente à situação de pleno emprego, particularmente em virtude de um retorno prematuro à ortodoxia dos orçamentos equilibrados em 1937. Mas foi somente quando a aproximação da guerra, em 1939, reviveu a demanda pela produção industrial, que a economia pôde se recuperar de verdade. Porém, não há dúvidas de que o impacto político dos esforços do governo federal foi sentido. O sistema era capaz de absorver novas ideias. O sistema poderia renovar a si mesmo. O sistema não entrou em colapso.

Ainda assim, mesmo a aquisição desses ganhos tão limitados não foi um processo simples e direto. Para aprovar o *New Deal*, incluindo a criação da Seguridade Social, que é hoje um dos mais populares programas governamentais dos EUA, foi necessário superar a oposição equivocada daqueles que, sobretudo em Wall Street e no mundo dos negócios, acreditavam que qualquer alteração no sistema representaria a ruína.

Existe uma regra incrivelmente simples sobre como os sistemas políticos reagiram à Depressão, e que reflete o que ocorre quando um sistema financeiro internacional se encontra congelado. Os países que deviam dinheiro se viam então impedidos de obter novos empréstimos, portanto não fazia mais sentido continuar a depender de um sistema internacional que os deixara na mão, e assim avançaram em direção ao isolacionismo econômico e ao autoritarismo político. Os que haviam emprestado dinheiro a outros sofreram danos econômicos mais leves, e com isso se mantiveram afiliados à democracia e à economia internacional. Mesmo dentro de continentes e entre vizinhos, a regra se manteve. A França, que ainda possuía ativos importantes no exterior, continuou a ser uma democracia apesar de repetidas crises políticas na década de 1930; seu vizinho, a endividada Alemanha, apesar do sucesso inicial da República de Weimar no entreguerras, sucumbiu rapidamente ao fascismo.

A Argentina não foi uma exceção. De maneira diferente dos EUA, o país sofreu uma crise profunda que atravessou sua estreita e excludente classe política. O direito a voto havia sido estendido em 1912 e um novo partido chegara ao poder em 1916, mas, na prática, isso fez pouca diferença. Dotada de uma repulsa patológica a qualquer coisa que cheirasse a socialismo, a Argentina soava paralisada pela crise. As exportações de carne e trigo, produtos nos quais detinha vantagem, sofreram abalos particularmente fortes. Uma crise agrícola e o excesso de produção em toda parte foram associados ao fato de que o consumo de carne, sendo um alimento relativamente requintado, foi o primeiro a ser cortado. Ao final da década de 1920, as exportações do produto para a Europa continental haviam caído em mais de dois terços em relação ao nível de 1924. Em 1932, o touro campeão de uma famosa exposição anual de gado em Palermo, em Buenos Aires, foi vendido pelo menor preço em 20 anos.

Só nesse momento tornou-se perfeitamente evidente a tolice de apostar na boa vontade indefinida do capital externo e das companhias estrangeiras em produzir e vender grandes quantidades de alguns poucos produtos. Talvez mesmo sem se dar conta do que estava fazendo, a Argentina havia apostado todas as suas fichas no vermelho, e, após uma sequência de jogadas no preto, a própria roleta acabou por ser retirada da mesa.

A incapacidade de usar o sistema significou sua substituição. Nos EUA, a Depressão fez com que Roosevelt e um governo federal mais ativo subissem ao poder. Na Argentina, trouxe a ditadura. Mesmo que a elite do país tivesse compreendido a natureza do problema, o mais provável é que, nos anos 1930, fosse tarde demais. Como o país ainda tomava grandes empréstimos, ao invés de ser um credor, a instituição de mecanismos de controle sobre o sistema bancário teria apenas afugentado os poucos investidores estrangeiros que ainda não tivessem recolhido seu dinheiro e fugido dali. Por não conseguir se preparar nem responder, toda a elite do país sofreu uma queda de credibilidade. O que a tornava legítima se baseava em um modelo simples de empréstimos tomados de seus compradores de alimentos, sistema que havia colapsado.

Os políticos tradicionais haviam tomado a República e a transformaram novamente em uma colônia, porém sem ao menos desfrutar dos benefícios que uma verdadeira teria recebido. Londres reagiu à crise do comércio internacional na década de 1930 concedendo "preferência imperial" — permitindo a entrada de importações que vinham de suas possessões internacionais, e recusando as que vinham do resto do mundo. Para manter suas exportações de carne para a Grã-Bretanha, a Argentina teve de assinar um tratado no qual fazia diversas concessões a companhias britânicas, entre elas a facilitação da remessa de lucros a partir da Argentina.

Quando a demanda por exportações afundou novamente em virtude da Segunda Guerra Mundial, a experiência argentina com a democracia liberal chegou ao fim. Em 1940, um dos ministros mais lúcidos da época, Federico Piñedo, propôs uma versão argentina em pequena escala do *New Deal* que incluía a extensão de créditos à indústria manufatureira e o corte de tarifas de importação das matérias-primas e outros insumos básicos de que necessitavam. Porém, a proposta morreu após querelas internas na pouco inspirada elite política local.

A democracia e a economia liberal pareciam ter falhado, assim como ocorrera na República de Weimar. O resultado foi semelhante na direção, mas não no extremismo. O presidente foi deposto com a ajuda do Exército, sendo substituído por algo próximo do caos político, no qual as Forças Armadas suprimiram os trabalhadores decepcionados que protestavam nas ruas. O nacionalismo e a autossuficiência se tornaram atraentes, enquanto desafortunados governos democráticos que transmitiam ineficazmente o poder uns aos outros perderam toda sua atração. Os novos autoritários queriam que o país retomasse seu destino em suas próprias mãos.

O homem que encarnaria a nova doutrina, Juan Perón, vinha do Exército, o berço natural dos ditadores. Perón, que fora um dos líderes de um golpe militar que substituiu um governo civil em 1943, tornou-se presidente em 1946. Seu estilo direto contrastava frontalmente com a sofisticação — ou *sofismação* — aristocrática dos políticos civis. O apelo populista de Perón foi auxiliado por sua chegada às altas esferas por meio do exército, uma das poucas instituições argentinas que poderiam alegar razoavelmente que promoviam o talento em vez dos privilégios.

Perón projetou um nacionalismo assertivo e disciplinado para a nova Argentina. Ainda que seu poder tenha sido confirmado em uma eleição, suaves vestígios de fascismo cresceram quando ele se viu no governo. Perón estimulou um culto à personalidade que cresceu ao seu redor, de um modo bastante distinto da elite sem rosto que dominara o país no passado. Ele também conclamou uma autossuficiência econômica ao estilo nazista e o "corporatismo" — um governo forte, trabalho organizado (sob limites estreitos definidos pelo

Estado) e conglomerados industriais que dirigiam e gerenciavam conjuntamente o crescimento.

Essas ideias também chegaram aos EUA, mas poucos as levaram a sério. Assim como a Argentina, mas diferentemente da Europa, os americanos, com poucos sindicatos, nunca tiveram muito tempo para o socialismo ou o comunismo, menos ainda em suas versões ditatoriais. Roosevelt conseguiu cooptar praticamente todos os ativistas trabalhistas, exceto os mais radicais, para a coalizão que apoiou o *New Deal.* Havia um descontentamento geral com o sistema econômico mundial, mas a crença na democracia à americana se mantinha firme.

Se os EUA tivessem seguido pelo mesmo caminho que a Argentina, não é difícil enxergar de onde teria vindo o equivalente ao peronismo. Linhas de pensamento adotadas por movimentos como o America First Committee, formado para se opor à entrada dos EUA na Segunda Guerra Mundial, expressavam um horror semelhante ao de George Washington com relação aos "envolvimentos externos".

Assim como o peronismo, tais campanhas atraíam homens que se viam como a encarnação da ação inflexível, sem meias palavras, e que frequentemente carregavam desagradáveis preconceitos. O principal porta-voz do America First Committee era o herói nacional Charles Lindbergh, o primeiro piloto a cruzar sozinho o Atlântico, que culpava parcialmente os judeus pela tentativa de fazer com que os EUA entrassem na guerra. Havia demagogos isolacionistas, como o padre (Charles) Coughlin, uma versão católica dos anos 1930 de um *shock jock** de rádio. As transmissões semanais de Coughlin atraíam um público de milhões para ouvir suas denúncias tanto do capitalismo financeiro desregulado como do comunismo, em favor de uma economia socialmente coesa conduzida por grandes companhias e grandes sindicatos. Ele também demonstrava admiração por Hitler e Mussolini, e suas transmissões se tornaram progressivamente antissemitas.

Ainda que Lindbergh e seus pares tenham conseguido manter os EUA fora da Segunda Guerra Mundial por dois anos, até o ataque em Pearl Harbor, em 1941, o America First Committee jamais se tornou uma força política séria. Seu defensor moderno é Patrick Buchanan, um populista arrogante cujas pesadas censuras aos envolvimentos externos raramente ganham apoio suficiente para gerar algum impacto notável.

* Trata-se de uma gíria, designando um tipo de apresentador de rádio sensacionalista, que faz troça com figuras públicas e mesmo com os ouvintes, usando expressões pejorativas e estilo histriônico. (N.E.)

Com o crescimento das democracias, os EUA tornaram-se uma sociedade militarista, mas seus políticos-soldados (Dwight D. Eisenhower, Colin Powell) entraram na política por dentro do sistema democrático, e não ameaçando desafiá-lo. O único militar veterano que desafiou diretamente um presidente foi Douglas MacArthur, o comandante das tropas da ONU na Guerra da Coreia, de 1950-1953, que ergueu a voz contra a decisão de Harry S. Truman de negociar um término para a guerra. MacArthur poderia muito bem ter tido a dimensão autoritária do peronismo muito bem entendida: ele ganhara alguma notoriedade ao suprimir com gás lacrimogêneo um protesto em Washington, em 1930, em que veteranos do Exército reclamavam dos cortes nos pagamentos das pensões. Porém, depois que Truman o substituiu de seu comando na Coreia, ele logo viu sua imensa popularidade pessoal se dissipar sob a pressão das atenções públicas.

Há sempre uma grande quantidade de ruína em uma nação, como disse Adam Smith, um dos criadores da economia moderna. Mesmo durante as duas décadas perdidas entre as guerras, a Argentina foi uma das dez economias mais ricas do mundo. Mas isso não duraria muito.

Após a Segunda Guerra Mundial, a Argentina só tinha uma grande certeza: de que confiar no mundo exterior em busca de dinheiro e mercados havia sido um engano. A reação defensiva e instintiva aos problemas da década de 1930 se solidificaram em uma carapaça ideológica. Tendo já obtido sua independência de colonizadores europeus no passado, era natural declará-la novamente.

O peronismo representava o corporatismo, e não um livre mercado ou uma economia socialista. Essa doutrina argumentava que a Argentina havia sido devastada pela anarquia dos livres mercados em relação a mercadorias, pessoas e dinheiro, o que trouxera a miséria e a depressão. Agora, um país forte e confiante construiria sua economia por meio da colaboração patriótica do trabalho, do governo e dos donos da indústria.

A autossuficiência da nova ordem, uma ideia que ganhou adeptos em todo o mundo, tinha um nome: substituição de importações. A Argentina acreditava que suas dificuldades haviam sido causadas por se tornar uma colônia econômica, mesmo após ter deixado de ser uma colônia política — exportando commodities de baixo valor e importando produtos manufaturados mais valiosos. Havia alguma verdade nisso, mas a solução pregada, de se industrializar ao custo de isolar sua economia do resto do mundo, não era a resposta certa.

O país isolou suas companhias manufatureiras por trás de uma grande muralha de proteção alfandegária. O país poderia alegar que estava apenas seguindo o padrão determinado por muitas outras nações, entre elas os EUA, que haviam crescido até se libertarem de suas origens agrárias. Porém, além de terem um mercado doméstico muito maior para gerar grandes poupanças, os EUA, após levarem suas indústrias nascentes à maturidade, as libertaram para que buscassem mercados por todo o mundo. A Argentina não queria se industrializar para construir uma base com a qual conquistar os mercados de exportação, mas sim para evitar a entrada das importações. E suas empresas não estavam apenas protegidas confortavelmente do mundo exterior, como também da competição doméstica, em virtude da pesada intervenção estatal na economia.

O fato de que versões muito menos drásticas da mesma filosofia estivessem ganhando terreno até mesmo em economias de mercado também ajudou. À medida que os países da Europa Ocidental reconstruíam suas economias despedaçadas, muitos expandiram o papel do governo ao nacionalizarem grandes indústrias e prometerem a suas populações generosos Estados de bem-estar social. Parte do dinheiro para a reconstrução, naturalmente, veio dos EUA, completando a transição na qual deixou de ser o mutuário da Europa para ser seu banqueiro, apesar de ser facilmente perceptível que o governo americano apresentava um entusiasmo muito menor para ocupar o comando de sua própria economia por estatização.

Na realidade, porém, as semelhanças entre a Europa democrática e a Argentina eram superficiais. Ainda que o governo tenha assumido um papel mais ativo em ambos, ele encaminhou a economia para rumos distintos. Os argentinos tinham um medo visceral dos livres mercados, e o governo não estava dirigindo a economia para direcioná-los, mas sim para substituí-los. Na Europa, o governo estava presente para corrigir as falhas do mercado, não para aboli-lo inteiramente. O capitalismo argentino estava enjaulado; na Europa, apenas encoleirado. A Europa e os EUA se voltaram na direção um do outro, ao contrário de se voltarem para si mesmos.

Em 1944, um encontro em Bretton Woods, New Hampshire, criou o sistema epônimo de taxas de câmbio fixas e controles de capital. O tipo de globalização aberta à pilhagem típica da Era de Ouro não se repetiria. O dinheiro livre e desimpedido dos especuladores deveria ser subordinado à produção de bens e serviços reais. Para inspecionar o sistema, a conferência criou o Fundo Monetário Internacional — uma instituição que, como veremos, atingiu posteriormente o status de demônio aos olhos da Argentina. Os EUA e os europeus também iniciaram uma série de debates globais para reduzir as barreiras alfandegárias, começando a desfazer os efeitos do protecionismo apavorado durante a Depressão.

A Argentina avançava cegamente na direção contrária, rejeitando audaciosamente os princípios do livre comércio. Perón se referiu ao capital estrangeiro como um "agente imperialista". Não havia muito como detê-lo. Essas ideias eram comuns nos países em desenvolvimento, especialmente naqueles africanos que escapavam do jugo colonial. O capitalismo americano evidentemente não conseguiu se mostrar como um contraexemplo suficientemente convincente. De qualquer forma, enquanto o movimento peronista desenvolvia sua desafiadora ideologia nacionalista, o antiamericanismo se tornou uma ferramenta útil. Dado o papel de liderança dos EUA na Guerra Fria, foi fácil retratá-los como um intimidador.

Não era preciso ser um dos muitos psicanalistas que se mantinham persistentemente populares entre a elite argentina para notar que isso constituía uma forma mal disfarçada de inveja. Os argentinos estavam acostumados a se verem como semelhantes aos americanos. Mas a cada vez que a diferença de renda entre os dois crescia mais um dólar, tornava-se mais difícil acreditar nisso. Para a Argentina, era fácil desdenhar da riqueza e da estabilidade europeias, construídas com base na exploração histórica de colônias como ela própria, e, com isso, se julgar moralmente superior. A presença dos EUA como um país rico e bem-sucedido no Novo Mundo estragava essa desculpa para a estagnação econômica. Afinal de contas, os EUA haviam conquistado sua independência da Europa não muito antes que a Argentina.

Ao escrever, em 1961, Federico Piñedo, aquele do abortado plano de recuperação de 1940, queixou-se do fato de que a Argentina não fosse um membro fundador da Organização de Cooperação e Desenvolvimento Econômico, um clube de países ricos. Em vez disso, era um dos desafortunados que as nações ricas (inclusive, é claro, os EUA) pensavam que poderiam ajudar. "Entre os países considerados capazes de oferecer ajuda encontramos não apenas a pequena Dinamarca, uma vendedora de carne e manteiga, como também outros com uma população predominantemente rural e uma formação semelhante à nossa, como a Austrália, a Nova Zelândia e a África do Sul", escreveu. De fato, a OCDE continha países cuja população, algumas poucas gerações antes, haviam emigrado para a Argentina em busca de uma vida melhor. Piñedo concluiu: "Esta é uma aberração humilhante."

Enquanto isso, o Japão, o primeiro de uma série de países asiáticos a se industrializar, começava a mostrar que era possível obter um crescimento liderado pelas exportações. Simon Kuznets, um dos primeiros acadêmicos a estudar as economias dos países pobres como uma disciplina própria, costumava dizer que havia quatro tipos de países: desenvolvidos, em desenvolvimento, Japão e Argentina.

Em vez de enfrentar a realidade de seus próprios problemas, o elástico senso argentino de vitimização se estendia para incluir economias de sucesso de seu próprio continente, como os EUA, assim como as do outro lado do Atlântico. A política argentina se tornou dominada por um discurso desagradável e destrutivo, misturando autopiedade e arrogância em partes iguais. Cada um dos frequentes fracassos do país tinha uma desculpa pré-fabricada; cada um de seus êxitos ocasionais representava o espírito infatigável da nação argentina, que superava as adversidades.

Essa atitude ainda persiste. Uma das noites mais bizarras que este autor já passou foi um jantar no Fórum Econômico Mundial de Davos, marcado para discutir a crise econômica que se seguiu à moratória da dívida argentina em 2001. Entre as muitas dezenas de pessoas presentes ao jantar, havia apenas um punhado de não argentinos — entre eles, eu, um outro jornalista de Nova York e um advogado — que consideravam que o destino do país havia sido provocado por ele próprio, e não pelos efeitos de um mundo maligno e inconstante.

Já foi dito, em relação aos países solipsistas que fazem persistentemente escolhas erradas — a Índia, antes de sua recente revolução econômica, era um dos principais —, que parte do problema é o fato de eles somente se compararem consigo mesmos. A Argentina era ainda pior. Ela se comparava com uma visão ilusória de si própria, e o contraste lhe parecia insuportavelmente doloroso. Por exemplo, há uma tradicional antipatia recíproca entre a Argentina e seu vizinho Brasil, e uma das piadas brasileiras mais comuns é a de que o melhor negócio do mundo é comprar um argentino pelo que vale e vendê-lo pelo que ele pensa valer.

Poucos compartilhavam da obsessão da Argentina consigo mesma. A atitude dos EUA era de negligência e condescendência. Uma vez convencidos de que seria muito improvável que esses latino-americanos se aliassem à União Soviética, os EUA se dedicaram a impedir que outros Estados da região seguissem por esse caminho — geralmente com êxito, ainda que isso tenha representado um custo considerável à sua reputação como berço da democracia liberal.

Assim como na Primeira Guerra Mundial, os EUA emergiram da Segunda dotados de um crédito moral e financeiro frente à Europa. Por 30 anos após o final do conflito, o país representou uma das âncoras do sistema monetário global, já que o dólar era a moeda forte na qual se apoiavam os acordos de Bretton Woods. A economia dos EUA, que seguia em segurança pelo caminho correto, foi erguida pela maré de comércio, tecnologia e crescimento que levantou em conjunto todos os países da Europa Ocidental. Alguns autores se referiram às três décadas após 1945 como uma segunda Era de Ouro. A economia mundial estava menos integrada que durante a Primeira, mas os benefícios do crescimento se disseminaram de maneira mais ampla e sustentável.

Enquanto isso, a Argentina buscava a industrialização dentro de um só país. Enormes tarifas de importação foram erguidas para proteger suas indústrias recém-formadas. Em média, as tarifas eram de 84% no início da década de 1960, em uma época em que as barreiras entre os países avançados da Europa, e entre a Europa e a Austrália, os EUA e o Canadá vinham sendo agudamente reduzidas para menos de 10%. Além de taxar as importações, o país também taxava as exportações: os produtos argentinos eram para os argentinos. Tendo sido uma das economias mais abertas do mundo ao final do século XIX, a Argentina reduziu suas exportações até igualarem apenas 2% de sua renda nacional. Nos EUA, em 1970, o número equivalente estava logo abaixo de 10%, e crescia rapidamente.

O peronismo foi, em grande medida, um movimento urbano. Mesmo antes da industrialização, a Argentina já havia adquirido uma ampla população urbana, expulsa do campo pela falta de oportunidades e atraída pelas oportunidades das cidades. A recuperação econômica ao final dos anos 1930 e durante a guerra não eliminou as *villas miserias* que havia ao redor das grandes cidades. Sendo originalmente um símbolo da Depressão e da falência do capitalismo internacional, esses locais se tornaram agora uma recordação permanente, para Perón, do eleitorado do qual seu poder dependia.

Porém, o empobrecimento do campo e o sucesso das cidades contribuíram em igual medida para o aparecimento da modernidade industrializada. Os fazendeiros e proprietários de terras argentinos pagaram pela industrialização do país. Suas rendas ainda dependiam das vicissitudes dos preços internacionais das commodities, enquanto os preços de seus tratores, carros e até mesmo roupas eram mantidos elevados pelas tarifas de importação. Perón também impôs controles de preços sobre os alimentos, uma transferência ainda mais flagrante do campo para as cidades.

Na opinião de Perón, isso apenas significava que os senhores dos pampas estavam sendo merecidamente derrubados de sua posição privilegiada. Para ele, os aristocratas oligárquicos da Argentina estavam lado a lado com os estrangeiros que tentavam subjugar o país. O populismo de Perón recebeu o nome de justicialismo. Em 1951, ele declarou: "A defesa do justicialismo é a nossa luta. No exterior, contra o imperialismo e a reação; no interior, contra a traição política e oligárquica." As classes de proprietários tradicionais foram golpeadas por novas leis que fixavam os aluguéis, o que forçou muitos proprietários a venderem suas terras aos inquilinos. Ainda assim, bem depois que muitos deles tivessem as propriedades desmembradas nas décadas de 1940 e 1950, essa classe ainda estava firmemente fixada na opinião pública como a epítome da decadência reacionária, e os peronistas continuaram a demonizá-los.

Para a Argentina, o troco por haver se retraído do mundo foi ter de enfrentar tarifas retaliatórias em seus mercados de exportação. Isso irritou os agricultores, que se mantinham competitivos em relação aos padrões mundiais. A proteção do comércio agrícola no mundo se manteve alta, e continua alta até os dias de hoje, o que é uma das fontes da autopiedade que tanto animava meus companheiros no jantar de Davos. Mas isso não chegou a preocupar as massas urbanas, para as quais os produtos argentinos deveriam ficar com os argentinos, e não ser enviados para fora do país.

Pouco após sua subida ao poder, Perón elevou o preço de exportação da linhaça, um dos produtos agrícolas internacionalmente competitivos da Argentina, que era levado aos EUA para a produção de tinta. Os importadores americanos se queixaram. Perón não mostrou arrependimento. "Se querem linhaça, que tragam suas casas à Argentina e nós as pintaremos", afirmou. Em vez disso, os EUA passaram a plantar seu próprio linho, e a Argentina perdeu um importante mercado de exportação.

O peronismo perdurou, e ainda perdura: a atual presidente argentina se define como uma peronista, assim como seu predecessor, que calhava de ser seu marido. Um dos motivos para isso é que, de modo limitado e sob sua própria ótica distorcida, o peronismo foi bem-sucedido. O Estado se fortalecera. O governo era o proprietário e administrador não apenas de monopólios naturais como a água e a eletricidade, como também de qualquer coisa que parecesse grande e estratégico — aço, indústria química, fábricas de automóveis. A economia de fato se industrializou. As importações de bens de consumo se reduziram progressivamente e foram substituídas, ainda que não inteiramente, por equivalentes domésticos — era a "substituição de importações" em ação. Na década de 1970, a parcela representada pela manufatura no PIB e no emprego se aproximava de 1/3, próxima à dos EUA e da Europa.

Na verdade, esse resultado em nada foi tão impressionante quanto pareceu. A Argentina podia ter se industrializado, mas ainda estava ficando para trás. Durante seu surto de crescimento econômico no século XIX, sua economia estava se aproximando da de líderes mundiais, como a Grã-Bretanha. Ao longo de sua industrialização o país ficou para trás, crescendo ao redor de 2% por habitante ao ano, bem abaixo da média mundial. Em 1950, a renda per capita argentina era duas vezes maior que a da Espanha, sua antiga metrópole. Em 1975, o espanhol médio era mais rico que o argentino médio. Os argentinos eram quase três vezes mais ricos que os japoneses na década de 1950; no início dos anos 1980, as proporções haviam se invertido. O progresso argentino foi frágil e superficial, e mascarou um relativo declínio. Assim como a elegante arquitetura em estilo italiano do centro de Buenos Aires, esse progresso só parecia um símbolo das conquistas nacionais se fosse possível ignorar as *villas miserias*, muito maiores, que circundavam a cidade.

A Argentina não estava efetivamente seguindo o caminho americano de industrialização por trás de tarifas alfandegárias, deixando então que suas empresas se estendessem pelos mercados mundiais e as expondo a mais competição. O modelo de substituição de importações foi projetado para distanciar a Argentina do resto da economia mundial, e não para preparar as companhias argentinas para competir nela.

O uso de tarifas de importação para auxiliar os primeiros estágios da industrialização é conhecido como proteção à "indústria nascente". Nos EUA, a proteção foi temporária, ainda que tenha persistido por décadas. Na Argentina, os recém-nascidos sabiam, desde o início, que jamais precisariam abandonar o berçário, ou, de qualquer forma, que seus choramingos poderiam se tornar insistentes a ponto de garantir que a porta continuasse fechada. O capitalismo ao estilo americano foi rapidamente argentinizado, transformado em um corrupto jogo de camaradagem no qual o acesso à proteção e aos subsídios estatais era mais importante que a competitividade. Seus carros custavam o dobro que nos EUA, e enguiçavam com frequência. Suas máquinas de lavar e rádios eram toscos, caros e pouco confiáveis.

Depois de algum tempo, tornou-se evidente, país a país, que todo o modelo de substituição de importações havia falhado. As economias de substituição de importações vacilaram e encalharam. Ainda que os bens de consumo estivessem bloqueados, a matéria-prima e os componentes necessários à produção industrial tinham de ser admitidos, e com preços elevados pelos impostos ao passarem pela aduana. Como as exportações haviam sido desestimuladas e, de qualquer forma, muitas vezes não eram competitivas nos mercados mundiais sem os generosos subsídios governamentais, isso fazia com que a Argentina sofresse repetidos problemas com sua balança comercial, pois seus exportadores não conseguiam ganhar os dólares de que a economia precisava para pagar suas importações.

O desenvolvimento político do país acompanhou o rumo de sua industrialização forçada. O próprio Perón foi deposto em 1955 (ele posteriormente voltaria), mas o peronismo sobreviveu. As tensões causadas pelo gasto governamental destinado às promessas de bem-estar social feitas por ele aos trabalhadores urbanos fizeram com que o governo também se encontrasse frequentemente em uma situação de deficit fiscal. O governo muitas vezes imprimia dinheiro para escapar ao problema, e a inflação crescente erodiu o valor da dívida do Estado com seu próprio povo. E quando a estabilidade do sistema de Bretton Woods se rompeu no início dos anos 1970, quando até mesmo os

EUA tiveram que se esforçar para manter seu equilíbrio fiscal, a característica definidora da Argentina tomou a frente. Os argentinos talvez não soubessem construir, mas com uma experiência que remontava à crise Barings, de 1890, e ainda antes disso, eles certamente sabiam como pedir empréstimos.

Nenhum país, a não ser pelos exportadores líquidos (aqueles cujas exportações excedem as importações em um determinado período) de petróleo, saiu-se bem durante a década de 1970. Até mesmo os EUA tiveram uma inflação de dois dígitos, à medida que os termos do comércio se voltavam decisivamente contra sua economia, favorecendo os países árabes. Porém, ao menos os EUA, sendo um país digno de crédito, conseguiram continuar a tomar empréstimos em dólares. (Ainda conseguem, o que é uma das graças que salvam o país durante crises financeiras.) A cidade de Nova York praticamente faliu em 1975, mas o governo federal a resgatou. O escândalo de Watergate sacudiu, mas não destruiu, a estabilidade da República. Gerald Ford talvez tenha soado mais confiante do que realmente se sentia ao dizer, quando assumiu o cargo de Richard Nixon: "Este é um governo de leis, e não de homens. Aqui, o povo manda." Ele estava, porém, amplamente certo.

A Argentina havia perdido uma porção muito maior de confiança. De fato, é incrível, e talvez essencialmente inútil, dado que os credores deram a Buenos Aires uma corda cada vez mais longa com a qual se enforcar, que tenha restado tanta confiança quanto restou. Apesar de sua história turbulenta, a opinião que se tinha da Argentina era muito mais favorável que a dos demais países em desenvolvimento. Para um observador casual, parecia um país europeu. Sua população, sofisticada, era urbana e educada. Como se costumava dizer com relação à República da Irlanda antes de seu recente boom econômico, a Argentina tinha a classificação de crédito da Holanda com a economia da Jamaica.

A falsa aparência de que a Argentina ainda era um país do Primeiro Mundo deveria ter se desintegrado na década de 1970. A subida do preço do petróleo e a deterioração econômica sacudiram até mesmo governos que ainda conseguiam navegar pela economia mundial, e a Argentina foi jogada repetidamente contra os rochedos. Uma e outra vez durante os anos 1970 e 1980, a Argentina prometeu um recomeço, muitas vezes com uma nova moeda, e falhou em cada uma delas.

Nos países ricos, a década de 1970 geralmente vaticinou uma mudança em direção a governos e políticas de livre mercado, pois desapareceu a fé na capacidade dos governos de guiar a economia. Nos EUA, esse período resultou na indicação do impassível Paul Volcker como presidente do Federal Reserve, o Fed, banco central do país. Volcker conseguiu eliminar a inflação da economia, mesmo sob o custo do aumento do desemprego. Os países avançados passaram por greves, protestos e escassez de gasolina, mas sobreviveram e se estabilizaram.

A Argentina, em vez disso, enveredou para a ditadura militar. As desavenças políticas entre os governantes civis e militares — e por alguns conservadores mais tradicionais para os quais o peronismo era parecido demais com o socialismo — chegaram ao estágio no qual uma junta militar tomou o poder por meio de um golpe militar manifesto, exatamente enquanto a Casa Branca trocava de mãos mais uma vez, de modo pacífico e constitucional. Porém, após a desventura desastrosa de tomar dos ingleses as ilhas Malvinas — ou Falklands, para os britânicos —, simbólicas porém economicamente inúteis, e de ser forçada humilhantemente a retroceder, a junta também entrou em colapso. Como se dizia em Buenos Aires: primeiro, os generais mostraram que não conseguiam dirigir uma economia; depois, mostraram que não conseguiam governar um país; por fim, mostraram que não conseguiam sequer vencer uma guerra.

Seus sucessores não se saíram muito melhor. Seguiu-se uma "década perdida" de estagnação e conflitos. As poupanças se contraíram e a hiperinflação derrubou completamente o valor das poupanças dos lares em poucos meses — não só para a Argentina, como também para muitos países latino-americanos que haviam tomado empréstimos dos EUA sem possuírem uma renda para sustentá-los. Em 1985, a promessa argentina de um recomeço com uma nova moeda, o austral, durou poucos meses, e então a inflação retornou novamente a índices de milhares por cento ao ano. Osvaldo Soriano, um escritor argentino, escreveu em 1989 um artigo observando que, durante o tempo que ele levou para datilografar o texto, o preço do cigarro que estava fumando subira de 11 para 14 austrais.

Entre os investidores que, subsequentemente, passaram anos atolados em negociações com governos corruptos ao sul do Rio Grande, havia grandes bancos comerciais americanos como o Citigroup, que havia apostado alto — e perdido — na promessa de que a metade sul do continente se comportaria como a metade norte. Os bancos, que não desejavam nunca mais se expor novamente a um risco tão elevado, desmembraram seus empréstimos lesados em pedaços e os venderam a fundos de investimentos e investidores particulares.

Infelizmente, quando chegou a hora, esses investidores se mostraram tão suscetíveis a episódios de autoilusão e otimismo absurdo quanto os bancos. Logo lhes seria dada uma boa desculpa. O fim da União Soviética reduziu a capacidade de ditaduras de direita, corruptas e assassinas, de se manterem no poder por se autoproclamarem como uma fortificação contra o comunismo. A década perdida deu lugar a uma de ouro.

Nos anos 1990, muitos mercados fragmentados ao redor do mundo se dissolveram novamente em um único mercado. Como na Era de Ouro do final do século XIX, o avanço da globalização foi auxiliado por um empurrão dado por novas tecnologias, dessa vez nas áreas da informação e telecomunicações, e não por navios e ferrovias. Como na Era de Ouro, caíram os tempos de transporte: a internet reduziu a zero o período necessário para transmitir qualquer coisa que pudesse ser digitalizada. Como na Era de Ouro, os EUA e a Argentina foram líderes da investida. E como na Era de Ouro, os EUA atravessaram as tempestades da mudança e da volatilidade, enquanto a Argentina, tendo prometido um crescimento heroico, sucumbiu novamente devido a uma falha fatal.

Dessa vez, o excesso de confiança foi personificado pelo governo de Carlos Menem. Com relação a seus modos e ao apelo populista, ele não foi inteiramente diferente de uma versão argentina do presidente que governou os EUA pela maior parte da década de 1990, Bill Clinton. Ambos haviam sido governadores de estados periféricos e empobrecidos, cujo charme e carisma os propeliu para a Presidência. Menem constituiu um gabinete de tecnocratas talentosos, muitos deles educados nas mesmas universidades americanas frequentadas por suas contrapartes no governo dos EUA e no Fundo Monetário Internacional. Apesar de ter uma formação peronista, ele se afastou do isolacionismo econômico, decidindo que havia uma coisa útil que o país poderia importar dos EUA: credibilidade. Fixou o peso argentino irrevogavelmente — ao menos essa era a intenção — ao dólar. Isso significava adotar as taxas de juros dos EUA e fixar a quantidade de pesos que circulavam no país à quantidade de dólares mantida nas reservas cambiais do governo. A Argentina só poderia pedir empréstimos como os EUA quando seu comportamento fosse mais parecido com o desse país.

Era um caminho de alto risco. Eles haviam se acostumado a imprimir toda a moeda doméstica de que precisassem. Agora precisavam ganhar dólares com uma economia que, durante décadas, se esquecera de como fazer para exportar. Também precisavam controlar os gastos públicos: um governo que gastava persistentemente mais do que ganhava precisaria de mais dólares para se financiar. Em suma, precisavam fazer duas coisas que jamais foram muito bons em fazer. A Argentina precisava, com efeito, parar de agir como a Argentina.

Por algum tempo, isso pareceu funcionar. A inflação caiu e a economia se estabilizou. Seguiu-se um programa de privatizações em grande escala. O FMI, desesperado por encontrar um país-modelo para a globalização que pudesse ser exibido ao resto do mundo, passou a exaltar a Argentina como uma economia exemplar. Em 1998, Menem foi convidado a falar no encontro anual do FMI em Washington, o único chefe de governo homenageado nesse encontro além de Bill Clinton, o anfitrião. Porém, mais uma vez a Argentina mostrou ser um mau pagador, mais apto a pedir emprestado que a ganhar. Era barato tomar empréstimos em moedas fortes como o dólar durante boa parte da década de 1990, pois muitos depositavam seu dinheiro nos países emergentes com economia de mercado. Depois de 1998, porém, quando uma sucessão de países asiáticos, além da Rússia, foi atingida por uma crise financeira, o rolamento da dívida se tornou mais difícil para qualquer país emergente. A escassez de capital após 1998 não se comparava em nenhum sentido à carestia do crédito da Primeira Guerra Mundial, mas a melancólica descida da maré foi suficiente para encalhar alguns barcos que vinham sobrecarregados.

Os investidores começaram então a retirar seus dólares do país. A Argentina havia tomado empréstimos em excesso quando era fácil sobreviver nos momentos de dificuldades. Quando os dólares escaparam, a oferta de pesos também teve de cair. Em países que controlavam suas próprias moedas, como os EUA, a gravidade do arrefecimento econômico mundial de 2001 pôde ser minimizada por cortes rápidos nas taxas de juros, o preço do dinheiro. O Fed reduziu rapidamente o custo dos empréstimos em 2001, assegurando que a economia americana passaria apenas por uma recessão breve e superficial apesar das grandes quedas nos preços inflados das ações das empresas de tecnologia.

Na Argentina, cuja moeda estava ligada a outra, uma escassez de dólares em suas reservas levou suas taxas de juros a níveis sacrificialmente elevados à medida que a demanda pelo suprimento limitado de moeda forte subia às alturas. A Argentina foi pega em uma espiral mortífera. As taxas de juros mais altas arruinaram negócios e faliram famílias. Em desespero, Buenos Aires duplicou sua aposta, tomando empréstimos de bilhões de dólares com o FMI na esperança de que a economia se recuperasse de sua queda livre. No entanto, não foi capaz de convencer os investidores dos quais dependia, e em dezembro de 2001, o FMI cortou o fluxo de empréstimos. A Argentina foi forçada a sofrer uma das maiores falências governamentais da história.

A renda per capita caiu em quase 25% em três anos. O governo central não tinha dinheiro para socorrer as províncias, como fizera Washington com a cidade de Nova York em 1975. Em vez disso, algumas delas começaram a imprimir suas próprias moedas, em um eco distante do caos monetário dos EUA pré-independência. Cinco presidentes tomaram posse e foram derrubados em duas semanas. O mundo perdeu completamente o respeito pelo país. Rudi Dornbusch, um economista do Massachusetts Institute of Technology, MIT, respeitado apesar seus modos francos, sugeriu, com toda a seriedade, que comitês internacionais de especialistas assumissem e gerenciassem as finanças da Argentina. Contas bancárias foram congeladas e descongeladas, e o dinheiro em algumas das contas foi forçadamente trocado de dólares para os pesos desvalorizados. Os ricos, como de costume, saíram-se bem, mantendo seus ativos em dólar. Os bares e restaurantes do centro de Buenos Aires poderiam estar em Manhattan: estavam cheios como sempre.

Até mesmo as maquinações de ministros inteligentes não permitiram à Argentina escapar de seus problemas familiares: incapacidade de controlar as finanças das províncias, um setor de exportação pequeno e atrofiado, uma economia dependente demais dos voláteis ganhos agrícolas e, talvez acima de tudo, um senso de merecimento inteiramente desproporcional às suas conquistas históricas.

Os argentinos não eram os únicos a acreditar que seu país era, fundamentalmente, uma sólida nação europeia firmada incongruentemente nas margens de um subcontinente disfuncional. Entre os trouxas dos anos 1990 estavam, com um toque de cruel ironia histórica, milhares de investidores italianos não particularmente abastados cuja visão do país para o qual seus ancestrais haviam emigrado um século antes estava seriamente distorcida. Os investidores que abriram processo atrás de processo contra o governo argentino nas cortes de Nova York estavam furiosos e perplexos com o fato de que um país que se gabava tanto de suas credenciais como integrante do Primeiro Mundo pudesse renegar suas dívidas de maneira tão espetacular.

Em dezenas de momentos cruciais ao longo dos dois séculos anteriores a coisa poderia ter ocorrido de maneira inversa. O caso poderia ter terminado com investidores britânicos processando os EUA nas cortes de Buenos Aires, se os EUA tivessem pedido empréstimos insanos em libras, euros, pesos — qualquer coisa para se livrarem de outra falência.

De fato, isso ainda pode ocorrer. Durante a segunda Era de Ouro de globalização, os EUA também não estiveram imunes à ilusão de que tudo ficaria bem contanto que pudesse continuar a pedir empréstimos. Ao longo das décadas de 1990 e 2000, a economia americana como um todo administrou um deficit comercial cada vez maior, financiado por empréstimos estrangeiros. O sistema de financiamento de vendas da Primeira Guerra Mundial se invertera: o resto do mundo, em particular a Ásia, agora emprestava dinheiro aos EUA para que estes pudessem importar, ainda que, neste caso, fossem iPods e TVs de LCD em vez de metralhadoras e uniformes militares. Isso não foi uma situação causada inteiramente pelos EUA. Foi um processo movido pelo resto do mundo, particularmente pelos governos asiáticos, que encheram os EUA de dinheiro ao intervirem para vender suas próprias moedas e comprar dólares. Porém, o governo de George W. Bush piorou o problema ao apontar insistentemente para o deficit como uma força, e não uma fraqueza. Era uma mostra, dizia o governo, da disposição do resto do mundo de emprestar dinheiro aos EUA, e não da relutância dos EUA em economizar.

O que desencadeou a crise financeira nos EUA foi o modo como os empréstimos eram financiados internamente. Décadas de desregulação haviam gerado ativos financeiros e maneiras de tomar empréstimos tão complexos que nem mesmo os bancos que os produziam e vendiam compreendiam realmente o que estavam fazendo. Gerou-se um excesso de confiança semelhante ao que levou Buenos Aires a desastres repetidos. Os críticos eram desconsiderados, tratados como alarmistas. Permitira-se que os juros de curto prazo dos bancos e outras instituições financeiras prevalecessem sobre o resto da economia. Permitiu-se o crescimento absurdo de uma bolha imobiliária. Foram concedidas hipotecas a pessoas com históricos de crédito ruins — as Argentinas do mercado imobiliário americano. Esses empréstimos geraram empréstimos ainda maiores, à medida que as hipotecas eram transformadas em novos ativos financeiros e vendidas a investidores, que acreditavam estar comprando ativos muito mais seguros do que de fato eram. Húbris e Nêmesis se encontraram, e a bolha estourou.

Com a crise, os EUA se depararam com a maior ameaça à sua economia e ao seu sistema financeiro desde a Grande Depressão, um problema cuja resolução levará anos. Se o país não for capaz de reconhecer suas falhas e as corrigir, como aprendeu lenta e dolorosamente naquela ocasião anterior, a trajetória de sua riqueza e poder futuros cairá. Há muita ruína em uma nação, especialmente em uma nação resiliente e flexível como os EUA. Mas seu crescimento não foi predestinado, nem sua persistente proeminência.

A Argentina, enquanto isso, manteve-se fiel ao seu modo habitual de responder às crises. Após anunciar inicialmente, com sua arrogância familiar, que o país não seria afetado, seu governo decidiu que uma boa maneira de lidar com a perda de confiança dos investidores seria se apropriar das pensões privadas do país. Assim ocorreu mais um capítulo da longa história do governo argentino, habituado, há séculos, a confiscar a poupança de sua população sempre que se vê em apuros.

No fim das contas, seria sábio continuar a apostar que os EUA acabarão por encontrar o caminho certo para sair da crise, e que a Argentina continuaria a lesar a si mesma. Entre as duas grandes esperanças que havia no hemisfério ocidental ao final do século XIX, uma delas foi bem-sucedida, e a outra ficou para trás no século XX. Foi a história e a escolha, e não o destino, o que determinou o que cada país viria a se tornar. É a história e a escolha o que determinará o que cada país se tornará dentro de um século.

2. Cidades

Por que Washington D.C. não pode votar?

Países que começam a corrida a partir de um mesmo ponto podem seguir por ele em direções muito distintas. Para fazermos outro estudo de semelhanças e diferenças, tomemos duas cidades muito parecidas. Ambas são as orgulhosas capitais de Repúblicas e têm a missão de disseminar sua civilização no exterior; são dominadas por reluzentes edifícios de mármore branco com colunas, cúpulas e frisos, habitados por um punhado de "senadores" pomposos preocupados apenas consigo mesmos; e representam o próprio centro de uma poderosa esfera de influência imperial sustentada por uma potência militar esmagadora. Ainda assim, uma delas é, de longe, o maior assentamento que o mundo já viu, está cheia de habitantes revoltosos e inquietos, aplacados continuamente pelas benesses oferecidas pelos nervosos chefes da cidade. A outra é uma cidade pequena e pacata, a única do país na qual os cidadãos não possuem um representante com direito de voto no parlamento nacional.

A primeira é a Roma Antiga; a segunda, a moderna Washington D.C. De fato, a arquitetura da segunda se baseou na da primeira. Ainda assim, como Washington é a capital de uma democracia estável, e não de uma oligarquia imperial volátil, resultou em algo inteiramente diferente de seu protótipo. Assim como os países, as cidades são moldadas não apenas por forças econômicas impessoais e pela geografia, ainda que essas exerçam grande influência, mas também pelas escolhas feitas por seus governos e população.

A Terra se tornou um planeta predominantemente urbano. Diariamente, cerca de 180 mil pessoas em todo o mundo abandonam o campo e se mudam para uma cidade. Pela primeira vez na história, a partir de alguma data desconhecida entre 2007 e 2008, a maior parte da população mundial vive em vilas ou cidades. E o *Homo sapiens sapiens* está se tornando uma espécie urbana a uma velocidade surpreendente e cada vez mais acelerada. As cidades absorveram cerca de dois terços do crescimento populacional global desde 1950. A população de Londres levou 130 anos para crescer de 1 a 8 milhões. Bangkok, na Tailândia, levou 45 anos; Daca, em Bangladesh, 37 anos; e Seul, na Coreia do Sul, apenas 25. Em 1910, Londres era sete vezes maior que em 1800, mas Daca é hoje 40 vezes maior que em 1950.

A não ser que o fluxo da história sofra uma mudança cataclísmica sem precedentes, as cidades representam o futuro. Porém, nem todos os povoados e cidades, nem todas as urbanizações, adotaram as mesmas feições. Os países sofreram processos de urbanização bons e ruins, em alguns casos por motivos essencialmente corretos, em outros, por motivos amplamente equivocados. As cidades se tornaram progressivamente maiores e contiveram uma proporção cada vez maior das habitações humanas. No entanto, muitas delas se tornaram grandes demais enquanto outras permaneceram muito pequenas, às vezes dentro do mesmo país. A tendência em direção a assentamentos cada vez maiores surgiu da incessante pressão do tempo e da tecnologia. Mas não é apenas a tecnologia que as mudam: a aparência e o funcionamento das cidades dependem das escolhas tomadas por elas próprias e pelos países nos quais se alojam.

Roma era o centro do que, na época, constituía a civilização mais poderosa da história. Porém, como cidade, revelava com muita clareza as falhas da potência que comandava. O Império Romano era essencialmente um sistema de conquistas militares, sustentado com base na extorsão de impostos de seus subjugados. Transformou-se em uma colossal máquina armada de coleta de rendas, vulnerável a hiperextensão, cobiça, decadência e colapso.

De 130 a 50 a.C., enquanto avançava rumo a sua transformação em Império, a República romana se estendeu em direção à Gália e se aprofundou até o Leste da Ásia. Chegou mesmo a empreender uma tentativa de invadir a Britânia, ilha que hoje comporta o Reino Unido. Roma estava se tornando maior e mais rica com base em uma organização implacável, e não em virtude de uma tecnologia econômica ou comercial superior. O que levou à expansão da cidade imperial não foi seu papel como um centro de comércio. Toda terra conquistada se tornava propriedade da cidade de Roma: todos os caminhos levavam a ela. Essencialmente, uma única cidade conseguia cobrar impostos da metade do mundo civilizado.

E Roma se tornou exatamente isso — uma cidade parasítica de rentistas, burocratas e seus apadrinhados tanto quanto centro comercial e industrial. Entre 130 e 50 a.C., a população se expandiu a uma taxa impressionante, passando de 375 mil a cerca de 1 milhão de habitantes. Tornou-se duas vezes maior que qualquer outra cidade até então na história humana. A próxima cidade a atingir 1 milhão de habitantes seria Londres durante a Revolução Industrial, 18 séculos depois.

Qualquer capital imperial estaria fadada a crescer, mas não com a velocidade e extensão vistas em Roma. Seu crescimento se deveu, em grande medida, à sua conveniência política. Nessa etapa da história, as ameaças mais plausíveis à autoridade do governo romano vinham de regiões próximas à cidade. O Império era menos vulnerável nas margens mais distantes de suas posses que no centro. Mais perto de casa, sua autoridade era repetidamente contestada por rebeldes italianos, que forçaram o governo a conceder a cidadania romana a todos os habitantes da Península Itálica.

Com isso, a tradição de conceder grãos diretamente aos habitantes de Roma foi estendida a um grande número de cidadãos nominalmente romanos. Tendo em vista que os combates militares tornavam as terras do interior cada vez mais inseguras e que o governo romano não parecia disposto a organizar centros de distribuição de alimentos por toda a Itália, os grãos eram distribuídos somente àqueles que vinham até Roma para recebê-los.

Qualquer economista de centro de estudos políticos *reaganista** de Washington teria previsto o resultado com precisão: hordas de romanos desocupados passaram a vaguear pela cidade, exigindo seus benefícios sociais. Em 46 a.C., cerca de 320 mil pessoas, aproximadamente um terço da população romana, recebiam grãos. Abundavam o desemprego e o subemprego, e a cidade se tornou assustadoramente hiperpovoada. Os milhares de cidadãos que perambulavam por aí sem nada para fazer se tornaram agitados e irritadiços. Para evitar que essa população causasse problemas, as autoridades romanas construíram estádios caríssimos, nos quais eram organizadas lutas de gladiadores e animais. Em seu ápice, esses estádios apresentavam mais de uma sessão de jogos por semana: imagine uma cidade atual oferecendo-se a organizar uma Olimpíada contínua e indefinida.

É daí que vem a famosa expressão referente aos agrados oferecidos para se aplacar um populacho impaciente, "pão e circo". As benesses eram pagas pelas províncias conquistadas, que não tinham a possibilidade de ameaçar os governantes e das quais eram extorquidos impostos pelos exércitos de ocupação (as possessões também forneciam a maior parte dos gladiadores e dos animais). O interior era taxado para subsidiar a cidade; a periferia era explorada para

* No original, *Reaganite*, que em inglês denota identificação com o modelo republicano de Ronald Reagan, presidente americano por duas vezes, de 1981 a 1989, e teve seu governo marcado por uma política externa agressiva e uma abordagem ainda mais aguerrida na economia, que passou a ser conhecida como *Reaganomics*: cortou impostos e desregulamentou vários setores, ampliando a liberdade do mercado. (N.E.)

sustentar o centro. A população que vagueava por Londinium, como Londres era chamada então, jamais esperaria receber pão grátis por toda a vida e um bilhete válido por toda a temporada para assistir às lutas de leões contra rinocerontes aos sábados.

Quando os imperativos políticos diminuíram e as medidas se alteraram, o mesmo ocorreu com os desequilíbrios. Júlio César, que chegou ao poder em 49 d.C., conseguiu restaurar a ordem no interior italiano e estabelecer critérios para definir quem realmente necessitava receber as concessões de grãos. Em resposta, o crescimento da cidade diminuiu. Mas as desvantagens de deixar que uma cidade gananciosa determinasse a condução de um Império acabariam por contribuir para sua derrocada.

É interessante notar que algumas das sucessoras de Roma também estavam na Itália: as cidades-Estado do período medieval, como Veneza e Florença. Mas estas possuíam características opostas. Viviam essencialmente de seus conhecimentos e habilidades, e não da conquista. Ao lado de locais semelhantes do Norte da Europa no início da Idade Moderna — Antuérpia, Amsterdã —, cidades como Veneza eram assentamentos que funcionavam como entrepostos comerciais de toda uma região.

Veneza, aliás, que em 1330 era a terceira maior cidade da Europa, prosperou fornecendo serviços financeiros e comerciais aos povos que habitavam o Mediterrâneo. Veneza e outras cidades-Estado italianos possuíam, e por vezes criaram, muitos dos instrumentos do capitalismo financeiro moderno: letras de câmbio para financiar contratos; crédito comercial para proteger vendedores contra a inadimplência; mercados de futuros para fixar os preços meses à frente da entrega; indivíduos concedendo empréstimos a autoridades públicas. Florença se tornou o banqueiro de boa parte da Europa, e sua moeda — o florim de ouro — tornou-se o padrão do comércio internacional. Essas cidades viviam da capacidade de conduzir os negócios de qualquer economia que estivesse ao alcance do comércio ou das comunicações. Elas comercializavam mercadorias, serviços e dinheiro em nome de outros. Para ganhar a vida dessa maneira, tinham que vender sua própria capacidade de vender.

Mas, no fim das contas, qual é o sentido das cidades? Durante séculos, o movimento rumo à concentração da população nelas, em todo o mundo, foi movido por uma lógica econômica implacável. Esse movimento seguiu a hierarquia básica das necessidades humanas. Em primeiro lugar vieram o alimento, o abrigo e o vestuário básico, que podiam ser produzidos no campo — primeiro ao serem caçados e colhidos, e depois plantados. A seguir, quando a agricultura se tornou suficientemente eficiente a ponto de avançar além do cultivo de subsistência mais imediata, vieram melhores vestimentas e posses materiais produzidas por não agricultores, ou agricultores com tempo livre nas mãos.

Essas pessoas não tinham nenhuma necessidade de viver em assentamentos maiores, pelo menos enquanto a produção não excedesse um nível básico, como o da tecelagem manual e do entalhamento em madeira. A expressão "indústria rural", no fim das contas, denota a possibilidade da população dessas regiões de se dedicar a outras atividades além da agricultura sem ter de se mudar de casa. Porém, muitas vezes as pessoas acabavam por fazer isso (os seres humanos são criaturas sociais: gostam de viver próximos uns dos outros). E mesmo que os artesãos especializados não se mudassem para a cidade, uma economia que comercializasse alimentos e mercadorias precisava de centros de troca; assim, as cidades surgiram e se expandiram por meio dos mercados, do comércio e do transporte, se não de manufaturas. O tamanho das populações urbanas, certamente na Europa medieval na primeira metade do segundo milênio, era um bom indicador da prosperidade geral.

Uma vez posto em marcha, esse processo dificilmente poderia ser revertido de modo permanente. De fato, acabou por se acelerar quando as economias se encaminharam à produção industrial. Em termos simples, os lucros necessários para impulsionar a industrialização vieram de uma agricultura mais produtiva. Sua versão mercantilizada e frutífera quase sempre vinha acompanhada de fazendas maiores e mais eficientes, com menos trabalhadores na terra. Quando a Revolução Industrial ganhou impulso, as fábricas passaram a precisar de uma força de trabalho numerosa e concentrada, e o comércio entre elas, por sua vez, aumentou a demanda por centros de transporte. Foi assim que as economias rurais se tornaram urbanizadas. As pessoas foram simultaneamente expulsas do campo em virtude de uma crescente mecanização da agricultura e atraídas para a cidade pelo crescimento no número de empregos melhores, que prometiam um bom futuro.

Ser urbano é algo inevitavelmente ligado à modernidade, seja na política, na filosofia, na linguagem, na cultura ou na economia. O filósofo René Descartes, referindo-se a Amsterdã em 1631, afirmou que as cidades eram um "inventário do possível". Como diz um velho provérbio alemão, "*Stadtluft macht frei*" — o ar da cidade é libertador. Ainda que os produtos comercializados tivessem sido produzidos em colônias escravagistas ou por trabalhadores em condição servil (uma espécie de escravidão temporária contratual), a essência da cidade comercial autorregulada era sua liberdade interior — liberdade de crença, de movimentação, de ação. As liberdades conquistadas nas cidades muitas vezes serviram como um presságio das que um dia viriam para todos. Foi no Renascimento florentino que começaram a circular as perigosas ideias do "humanismo" — segundo as quais as pessoas poderiam buscar a verdade e a moralidade dentro de si mesmas, e não apenas recebê-las por parte de um ser supremo ou de seus representantes nomeados na Terra. Quando o conde da província de Flandres tentou reaver um servo fugitivo que encontrou no mercado de Bruges, uma das cidades dos Países Baixos que floresceram ao lado de Amsterdã, os mercadores da classe média que governava o município o expulsaram da cidade.

Nem tudo é tão positivo. Os aspectos bons e ruins da modernidade estão inevitavelmente ligados à urbanização. As cidades são mais fortes, rápidas e ricas que o campo, mas também frequentemente mais sujas, violentas e brutais. Na Itália moderna, o principal impulso econômico não vem de Roma nem de Veneza, e sim da cidade de Milão, mais ao norte, que se tornou inicialmente uma capital industrial e posteriormente uma capital financeira. E em uma pintura do ambiente milanês feita em 1910, *A cidade se levanta*, de Umberto Boccioni, pintor da escola futurista, o choque de se tornar urbano é ampliado, sendo comparado ao violento redemoinho da própria criação.

A técnica da pintura reflete o tema: é o ponto fundamental da transição de Boccioni de uma estética mais suave e pontilhista, usada para pintar paisagens impressionistas, para um estilo mais contundente, cheio de dinamismo e drama, influenciado pelo Cubismo. Em uma Milão industrial de edifícios cobertos por andaimes e fábricas com chaminés fumacentas, as forças do homem e do cavalo — simbolizados literariamente por um redemoinho caótico de cavalos de carga sobrecarregados e os esforçados trabalhadores que os conduzem — arrastam a cidade rumo a seu futuro.

Como sempre, o equilíbrio entre o positivo e o negativo pode ser modificado por povos e governos. A história nos traz exemplos de cidades bem e malsucedidas; da galinha urbana morta pelos seus ovos de ouro, e da galinha alimentada com tanta violência que deixa de botá-los.

Veneza acabou se encaixando no primeiro caso. Diferentemente de Roma, a cidade se esforçou por evitar que suas ruas acabassem tomadas pelos aproveitadores do interior. Mas também sucumbiu à ganância imperial — nesse caso, vinda de fora, e não de dentro. A República declinou ao ser atacada por uma variedade de invasores, especialmente os espanhóis, os franceses e o Império Otomano.

Outras cidades prósperas do Sul da Europa, surgidas entre a queda de Roma e o crescimento de Veneza, tiveram o mesmo destino. Tratava-se de centros comerciais surgidos sob o domínio dos sarracenos e dos mouros — árabes islâmicos do Norte da África e do Oriente Médio. No século XI, a maior cidade europeia era Córdoba, no que atualmente é o Sul da Espanha, com uma população estimada em aproximadamente 450 mil habitantes. A segunda maior era Palermo, na Sicília, com uma população estimada em 350 mil. Londres, na época, era minúscula, com 25 mil habitantes, e Paris tinha apenas 20 mil.

Os mouros e sarracenos governavam Impérios comerciais abertos e amplamente pacíficos. Porém, nos primeiros séculos do segundo milênio, os árabes foram rechaçados para o Norte da África e para o Oriente Médio, e as poderosas monarquias europeias centralizadas que assumiram o poder estavam interessadas principalmente no que poderiam arrancar das cidades, e não em como poderiam fomentá-las.

Nessa etapa da história, era muito mais fácil taxar o comércio urbano, que estava fisicamente concentrado e geralmente funcionava com base em dinheiro, do que o comércio rural, disperso e frequentemente usuário do escambo. Porém, as cidades eram fundamentais para o crescimento econômico, pois forneciam os centros comerciais que possibilitavam a especialização e o desenvolvimento. Assim, as áreas que trocaram de mãos, passando de governos que fomentavam as cidades a governos que extraíam suas riquezas, tenderam a sofrer um retrocesso.

Os irmãos d'Hauteville, do reino normando da Sicília, por exemplo, invadiram e estabeleceram um principado no Sul da Itália no século XI. Após uma batalha pela ilha que durou uma década, eles tomaram Palermo dos sarracenos, em 1071. Os d'Hauteville governaram aquilo que, nos padrões do século XI, era um reino estritamente centralizado que arrancava tributos de suas possessões para financiar maiores aventuras militares. Em 1200, a população de Palermo havia diminuído em cerca de 2/3.

Da mesma forma, Córdoba, um grande centro comercial dos mouros, atingiu no século XI uma população que, segundo algumas estimativas, nenhuma outra cidade europeia atingiria até o século XVII. Enfraquecendo-se ao cair em uma série de disputas internas, a civilização moura ficou suscetível à invasão cristã e à "reconquista" vinda do norte, seguida imediatamente pelo encolhimento das cidades. O trabalho foi completado quando o Império Habsburgo tomou o Sul da Espanha e tributou as cidades para financiar guerras contra os franceses e outros. Córdoba encolheu até chegar a 1/7 de seu tamanho anterior.

Esse tipo de reversão urbana, ao menos em números absolutos, é incomum. O mais habitual é que o governo e a reação pública ajudem a moldar a velocidade e o modo de crescimento das cidades e de urbanização das populações como um todo. E mesmo os países que adotam políticas para desestimular o êxodo rural geralmente estão tentando suavizar a transição, e não bloquear o caminho da história.

Em um exemplo muito conveniente para os historiadores comparativos, as Ilhas Britânicas, que estiveram entre as pioneiras da urbanização moderna, apresentaram três modelos acentuadamente diferentes de gerenciamento dessa transição: o cuidadoso, o imprudente e o brutal.

Na Inglaterra, a mudança foi gradual e relativamente indolor. Como boa parte da Europa Ocidental, o país começou a gerar excedentes agrícolas significativos nos séculos XI e XII, podendo com isso dar início ao processo de transição de uma agricultura de pequena escala para fazendas maiores e mais eficientes. Contudo, o "*enclousure*", o "cercamento" pelos proprietários de terra, de terrenos abertos ou de *strip farms*, fazendas nas quais camponeses individuais cultivavam faixas de terra coletiva, tomou várias centenas de anos. Nos séculos XV e XVI, respondendo a protestos populares e algumas rebeliões abertas e seguindo alertas feitos pela Igreja, os monarcas da casa dos Tudor desaceleraram o processo com uma série de "leis do cercamento" para aplacar os protestos dos aldeãos. Mais tarde, os moradores do campo muitas vezes se mudaram voluntariamente para as cidades quando a industrialização criou melhores empregos e perspectivas em fábricas de tecidos e outras.

Na Escócia, porém, tanto a Coroa como os proprietários de terras deram menos atenção a seus pequenos agricultores. Em 1745, os exércitos do rei esmagaram a rebelião "jacobita", que tentou instalar no trono inglês um escocês católico, Charles Edward Stuart (também conhecido como "Bonnie Prince Charlie" e "The Young Pretender"). Subsequentemente, suprimiu-se violentamente qualquer sinal de dissidência vindo da Escócia, fazendo com que os proprietários de terras se preocupassem relativamente mais com Londres e consigo mesmos e menos com seus vassalos. Quando os ganhos em lucratividade produzidos pela transformação de pequenos lotes espalhados em grandes fazendas de gado e ovelhas se tornaram evidentes, a mudança foi abrupta. O resultado foi o episódio conhecido como Limpeza das Terras Altas e Baixas (*Lowland & Highland Clearances*) — a remoção forçada de agricultores arrendatários para dar lugar a fazendas maiores e mais produtivas, iniciada no século XVIII sem a oposição de nenhum monarca poderoso. Com isso, as grandes cidades escocesas, Glasgow e Edimburgo, foram inundadas por refugiados indigentes.

E na Irlanda houve uma indiferença ainda maior por parte do governo e de seus subordinados locais. Muitos dos proprietários eram protestantes ingleses ausentes, distantes de seus arrendatários católicos em termos físicos, religiosos e sociais. A mudança, portanto, ocorreu de um modo que, se não na intenção, na prática assemelhou-se a um genocídio. Em meados do século XIX, após uma colheita de batatas desastrosa, seguiram-se a fome e despejos em massa. Dois milhões dos camponeses irlandeses que sobreviveram, de uma população de aproximadamente nove milhões antes da Grande Fome, emigraram rapidamente, muitos deles para lugares distantes como Liverpool, Boston e Nova York.

Evidentemente, a urbanização funciona melhor, e a criação de cidades é mais pacífica e construtiva, se a atração por parte delas for maior que a expulsão do campo. Essas lições sobre como urbanizar estão sendo testadas no presente, mas não ao longo de décadas e séculos, e sim de anos e, em alguns casos, de meses. O crescimento que levou um século em metrópoles como Londres está levando 1/4 desse tempo nas cidades de crescimento acelerado da Ásia, e o tempo continua a diminuir.

E os erros estão se tornando óbvios de maneira muito rápida, quase imediata. A escala de tempo da urbanização está sendo encurtada pela preexistência da tecnologia de produção. As cidades chinesas não precisam esperar, como aconteceu com Londres, pela invenção da máquina a vapor e de melhores maneiras de fundir ferro. Dois séculos de tecnologia industrial e pós-industrial, sem falar em bilhões de dólares de investimentos externos, estão à espera de qualquer país que consiga se afastar da agricultura de subsistência e comece a crescer.

As experiências divergentes da Inglaterra, Escócia e Irlanda possuem equivalentes modernos evidentes. Xangai está se saindo notavelmente melhor que Bombaim ou Lagos. Os migrantes rurais chineses, desesperados por se mudar para as cidades por saberem que até mesmo um emprego em uma fábrica em condições sub-humanas será melhor que a vida na fazenda, estão sendo freados e regulados. Os controles de migração interna limitam a desocupação do campo. E a chegada da nova população urbana é, de certa forma, antecipada pela expansão das cidades e pelo planejamento de novos centros para os quais os trabalhadores possam ser encaminhados. Já na Índia, um fluxo descontrolado de refugiados que escaparam da seca e da falência das colheitas nos povoados de Maharashtra e Gujurat resultou em cidades mal administradas, como Bombaim. A metade de sua população vive em favelas, com pouco acesso a água ou eletricidade, sem a posse da terra e sem segurança sobre seus lares.

Ainda pior do que permitir que um grande fluxo de refugiados rurais se dirija a uma cidade é lhes dar ainda mais incentivos para que o façam. Entretanto, ao longo do século passado, em boa parte dos países pobres do mundo, foi exatamente isso o que criou alguns dos piores desequilíbrios urbanos do planeta. Com frequência, tais desequilíbrios não surgem quando os desejos da população são ignorados como um todo, mas sim quando só são ouvidos aqueles que gritam mais alto ou se mostram mais ameaçadores.

O fetiche argentino com relação à industrialização não é uma anomalia. Ao longo do século XX, os países em desenvolvimento que se livraram do jugo colonial quiseram fazer imediatamente aquilo que o sistema de comércio imperial lhes impedia deliberadamente — construir sua própria indústria, em vez de importar manufaturas dos colonizadores europeus. Assim como no país sul-americano, isso muitas vezes significava tentar mudar as regras do jogo para favorecer a indústria de manufaturas, que recebia subsídios por meio de benefícios fiscais e concessões diretas; além disso, os produtos importados eram encarecidos pela imposição de tarifas aduaneiras.

Mas as políticas que distorcem os preços em favorecimento industrial não têm como único — ou principal — efeito corrigir os desequilíbrios de competitividade entre a indústria doméstica recém-nascida e os monstros já estabelecidos que espreitam a economia internacional. Elas também alteram a relação de preços entre a cidade e o campo. Historicamente, a indústria precisou da agricultura para avançar, pois esta lhe fornecia os excedentes de produção que iriam financiar os investimentos. Mas uma vez estabelecida a indústria, seus interesses muitas vezes se mostraram contrários aos dos agricultores. Um momento marcante da história industrial britânica se deu quando as Leis dos Cereais — *Corn Laws*, que se referiam a todos os grãos usados para fazer pão, como trigo (*wheat*), aveia (*oat*), centeio (*rye*), e cevada (*barley*), usando o sentido tradicional britânico do termo "*corn*", mas não se referindo ao milho (*maize*) —, que protegiam os proprietários de terra e elevavam o preço dos alimentos, foram revogadas. Como veremos mais adiante, isso auxiliou não só os consumidores da classe trabalhadora, para os quais a comida representava uma enorme porção de seus gastos domésticos, como também os industriais, que puderam manter os salários baixos sem, com isso, afetar a renda real de seus empregados.

Em muitos casos, os países em desenvolvimento foram ainda mais longe, pois além de removerem o piso das rendas agrícolas, tentaram ativamente lhes estabelecer um teto. Os controles sobre preços de alimentos se tornaram uma arma bastante utilizada no esforço para incentivar as economias a executarem sua transição da fazenda para a fábrica. O problema dos incentivos artificiais, como na lamentável história argentina, é o fato de, com frequência, criarem uma aparência que não tem base na realidade. A distorção dos preços relativos certamente criou um incentivo para a saída do campo, mas se mostrou menos eficiente na criação de atrativos nas cidades.

A uma hora de voo de Lusaka, a capital da Zâmbia, um empobrecido país do Sul da África, encontra-se o "cinturão do cobre" do país, onde é explorado o segundo maior depósito do planeta. Como veremos mais adiante ao discutirmos a bênção, distintamente controversa, de se possuir petróleo ou outros minerais, a presença de depósitos de commodities como o cobre sempre gerou riscos ao equilíbrio de uma economia.

Kenneth Kaunda, o primeiro presidente da Zâmbia após sua independência da Grã-Bretanha, em 1964, piorou ainda mais a situação. Ele subscreveu à habitual noção africana de que a Zâmbia deveria construir uma base industrial e de que os impostos e tarifas de importação deveriam ser utilizados para estimular esse processo. No caso da Zâmbia, como nos de tantos outros países africanos, isso significou somar os riscos naturais gerados pela posse de recursos minerais a más decisões políticas. Com efeito, o campo foi taxado para sustentar as cidades. Os preços dos alimentos foram controlados de maneira estrita e a indústria recebeu subsídios. Como as mineradoras de cobre tinham grande poder político, também receberam tratamento preferencial. As minas de cobre estatizadas, que anteriormente pertenciam a uma companhia privada anglo-americana, receberam subsídios generosos, e seus mineradores ganharam bons salários.

Dê a uma pessoa um grande incentivo e ela geralmente reagirá a ele. Como os preços dos alimentos foram mantidos baixos, prejudicando os agricultores que vendiam seu excedente, ocorreu uma fuga em massa do campo zambiano para as cidades. As favelas (ou, segundo a última tendência do jargão do desenvolvimento internacional, os "assentamentos periurbanos") são uma característica habitual das cidades africanas, nas quais essas medidas equivocadas foram repetidas muitas vezes. Porém, com exceção da África do Sul, na qual o contraste entre o asfalto do centro de Joanesburgo e os grandes aglomerados de Soweto refletem uma história muito particular de segregação racial, em poucas cidades vê-se uma divisão tão drástica entre a urbanização formal e a informal quanto no Cinturão do Cobre zambiano.

Ndola, o maior assentamento do Cinturão do Cobre, é hoje uma bela cidade colonial formada por cerca de 12 quarteirões quadrados com bangalôs baixos acomodados em gramados ordenados, ainda que sujos e amarelados. Ao redor do centro espalham-se favelas com casas feitas de barro, palha e, ocasionalmente, tijolos, contendo 1,5 milhão de zambianos pobres e desesperados. Os moradores dessas comunidades passam todo seu tempo tentando ganhar a vida trabalhando para os mineiros, principalmente vendendo-lhes alimentos, sabão barato, roupas e brinquedos de plástico rudimentares — e, no caso de uma quantidade perturbadora de meninas adolescentes, vendendo-lhes sexo.

Se dirigirmos umas poucas horas em direção ao campo — durante as quais as estradas se deterioram rapidamente, tornando-se valas profundas de terra e lama —, veremos que a região rural está amplamente vazia.

Não é como se o país, ou o próprio Kaunda, não estivesse ciente das distorções econômicas causadas por suas decisões políticas. Ele não era nenhum estadista visionário, mas também não foi, nem de perto, um dos piores dos líderes africanos pós-independência. Tampouco estava alheio aos perigos da urbanização desenfreada. Ele mencionou a questão repetidamente no início da década de 1970, época em que os altos preços dos metais e a campanha de industrialização começaram a trazer às cidades, a cada mês, milhares de pessoas saídas do campo. Com isso, Kaunda lançou a campanha "Retorne à terra", para controlar o fluxo de migrantes. Mas a exortação retórica não foi suficiente para desfazer o efeito dos fortes incentivos econômicos. E quando chegou a hora de modificar as medidas governamentais, a ideologia e as demandas políticas do desenvolvimento industrial urbano sempre prevaleceram.

Isso se tornou um padrão habitual na África: urbanização em massa sem industrialização em massa. Esse continente, de modo geral, não faz boas cidades. Os fazendeiros deixaram o campo, mas sem o aumento de produtividade agrícola visto durante o êxodo rural europeu ou dos países da América do Norte. Assim, não houve um aumento nos excedentes agrícolas que pudesse ser investido na industrialização, e os grandes empréstimos contraídos no exterior tampouco puderam criar um desenvolvimento sustentável. Portanto, não havia suficientes empregos nas fábricas para esses trabalhadores. Nas décadas de 1980 e 1990, as indústrias existentes geralmente não sobreviveram à rápida remoção das tarifas alfandegárias que anteriormente as protegiam da competição externa, mais eficiente. Além disso, os controles sobre os preços dos alimentos muitas vezes provocaram escassez de alimentos.

Quando a falência das economias africanas as levou aos braços do Fundo Monetário Internacional e do Banco Mundial, organizações radicadas em Washington que oferecem empréstimos aos países pobres, essas instituições gêmeas tentaram reverter o viés que favorecia a urbanização. Uma consequência comum da adoção de programas de empréstimos do FMI em países em desenvolvimento são protestos urbanos, pois os moradores das cidades reagem violentamente à remoção de seus privilégios e ao consequente aumento nos preços dos alimentos.

O processo de urbanização artificial é difícil de reverter. A mera tentativa de revertê-lo em países africanos frequentemente requer a intervenção de um órgão externo dotado de um poder de influência extraordinariamente elevado, como o FMI (de qualquer forma, na prática, o processo geralmente já está tão avançado que as tentativas de equilibrar a situação entre a cidade e o campo têm pouco efeito). Mesmo quando é evidente, para qualquer observador razoavelmente bem informado, que as cidades foram privilegiadas muito além de qualquer justificativa econômica, a essa altura elas frequentemente já criaram um imperativo político capaz de se autorreforçar. Nos países que cometem esses erros com frequência e de governos instáveis, nervosos e sujeitos à ação direta, muitas vezes é comum que uma cidade — e, criticamente, sua capital — seja muito mais favorecida politicamente do que o esperado.

Ignorar o humor da capital traz um risco em particular, um risco que um trio de monarcas — Carlos I, da Inglaterra; Luís XVI, da França; e o czar Nicolau II, da Rússia — aprendeu às duras penas e pagou com as próprias cabeças. Quando se trata de exercer poder político, aqueles que se encontram próximos ao palácio real têm melhores meios para expressar seu descontentamento que o campesinato, igualmente frustrado, que se queixa com suas próprias paredes enquanto toca sua miserável vida rural a centenas de quilômetros da capital.

Em uma democracia forte, como a da França moderna — e, em menor medida, em uma autocracia forte, como a China —, o lugar em que vivem os descontentes faz pouca diferença. Todos têm o mesmo poder de voto ou a mesma impotência frente ao Estado arrogante. Por outro lado, em regimes sujeitos à deposição violenta ou à pressão política direta, isso pode fazer grande diferença. Nos países com uma história de democracia estável, em média 23% da população urbana vive na cidade central; em ditaduras instáveis com história de golpes e revoluções, esse número é de 37%. E no momento em que as cidades conseguem colher tributos desproporcionais do resto do país, a tendência pode se autorreforçar. Aumenta o incentivo para o êxodo rural em direção às cidades, e o mesmo ocorre com o imperativo político de agradar a população urbana.

Ao construírem Washington D.C. do modo como é, os pais fundadores dos EUA pareceram prever esses problemas. Quando o país foi criado, os estados suspeitavam uns dos outros e eram cautelosos ao ceder poder a um governo federal; além disso, temiam que, se a capital do país se localizasse dentro de um desses estados, isso lhe daria uma influência indevida. Assim, Washington foi criada intencionalmente com o propósito de ser uma capital pequena e desenraizada em um "distrito federal", e não em um estado. Isso se tornou uma tática comum no mundo moderno, como no caso de Camberra, Wellington e Ottawa, outras capitais monótonas e remotas.

A inércia política e uma relutância arraigada em alterar a constituição dos EUA a não ser por um excelente motivo fizeram com que a capital se mantivesse dessa maneira até hoje. Na Washington moderna vê-se um favoritismo político descarado, especialmente nos absurdos comprometimentos com gastos federais que atuam essencialmente como favores políticos. Mas esses favores não são distribuídos aos washingtonianos. Os cidadãos do Distrito de Columbia não têm senadores, possuindo apenas um membro sem poder de voto no Congresso. Surpreendentemente, o Partido Republicano às vezes nem sequer se preocupa em apresentar um candidato à prefeitura de Washington, alegando que, por ser uma cidade tão solidamente democrática, estariam perdendo tempo e dinheiro; além disso, a cidade é tão pequena que pouco importa quem a governa (de todo modo, a maior parte dos republicanos locais vive em bairros afastados e nos estados vizinhos, Maryland e Virginia).

A Guerra da Independência dos EUA se iniciou sob o princípio de "nenhuma taxação sem representação". Em virtude disso, atualmente muitas placas de carros em Washington D.C. trazem a frase de protesto "Taxação sem Representação", pois os EUA continuam a ignorar esse preceito em sua própria capital. Como na Roma Antiga, a cidade tem muitos bajuladores e apadrinhados, na forma de consultores políticos e lobistas que aproveitam para se aproximar dos centros de ação política. Mas o Congresso lhes dá atenção e os convida para almoçar devido a sua capacidade de influenciar as contribuições de campanha e os votos em outros estados, e não pelo medo de que um dia eles possam cercar o Capitólio ou queimar a Casa Branca até que seus impostos sejam cortados pela metade.

Nenhum daqueles três infelizes monarcas europeus conseguiu instalar sua capital em um lugar tão sossegado. Ainda que nenhuma dessas capitais tenha se tornado tão inchada quanto Roma, a política da capital desempenhava um papel desproporcionalmente importante na governança do país.

A influência de Londres já estava bem estabelecida em 1603, quando Jaime I, pai de Carlos II e primogênito da família Stuart de monarcas, que sucedeu aos Tudor, chegou ao trono. Em Londres, o equilíbrio entre a política e o comércio era maior que em Roma — a influência de cada um reforçava a necessidade da presença do outro. Esses papéis conjugados eram muito bem expressados pela geografia da cidade. Londres, de fato, reunia duas cidades: o centro político de Westminster no oeste e o núcleo de comércio, consumo e entretenimento da *City* no leste — os advogados tipicamente se colocavam entre os dois, e continuam ali desde então. A eles se uniram, temporariamente no século XX, os jornalistas, outra classe de favorecidos não tão privilegiados. Westminster e a *City* estavam conectadas umbilicalmente pela Strand, a avenida que atualmente se encontra submersa no centro densamente urbanizado da capital britânica, mas que, na época, era uma estrada mais que uma rua, com campos abertos próximos a seu lado norte.

Em 1606, as livrarias de Londres traziam uma edição, recentemente traduzida ao inglês, do *Delle Cause della Grandezza delle Città* (e cujo título britânico correspondia a *Tratado sobre as causas da magnificência e grandiosidade das cidades*), escrito pelo diplomata florentino Giovanni Botero e publicado originalmente em 1588. No tratado, o autor explicava que o crescimento de uma cidade era auxiliado enormemente pela "residência do príncipe nesse lugar", atraindo "todos aqueles que aspiram e anseiam por cargos e honras". No caso de Londres, ele estava parcialmente correto. O comércio muitas vezes dependia da Coroa, o termo dado ao poder executivo constitucional da monarquia. Mas a Coroa precisava do apoio do comércio.

Nos tempos dos Stuart, o Parlamento, que antes se encontrara em diversas cidades, ficou assentado quase exclusivamente em Londres. Essa instituição exercia um controle crescente sobre a capacidade da Coroa de elevar os impostos. Jaime I e Carlos I, que se enervavam com essa restrição, voltavam-se cada vez mais aos empréstimos oferecidos pelos investidores da cidade e à venda de licenças e monopólios exclusivos para seus favoritos. Quase todas as necessidades reais das pessoas e, assim, qualquer coisa que apresentasse uma demanda independente do preço, ou "inelástica", poderiam ser lucrativamente taxadas: sal, vinho, sabão e até mesmo dados e cartas usadas em apostas. Uma das práticas preferidas era restringir sua venda àqueles que possuíssem uma licença real.

Minha própria cidade natal, Chester, no Noroeste da Inglaterra, tem uma canção popular que reflete o poder, e o perigo, de um monopólio como esse:

> There was a jolly miller once lived on the River Dee
> He worked and sang from morn till night, no lark so blithe as he
> And this the burden of his song forever used to be
> I care for nobody, no, not I; and nobody cares for me.*

Quem detivesse o prestigiado e lucrativo Condado de Chester — o conde atual é o príncipe Charles, herdeiro do trono — ganhava um balaio de gatos de direitos, garantidos pelo monarca, para extrair dinheiro de diversas maneiras. Estes incluíam o direito de obrigar que todos os grãos produzidos localmente

* Um alegre moleiro outrora vivia no Rio Dee / Ele trabalhava e cantava da manhã até a noite, cotovia mais alegre que ele nunca vi / E eis o fardo que sua canção sempre carregava em si / Eu não ligo para ninguém, não, não eu; e ninguém liga para mim.

fossem processados em seu próprio moinho. O conde, que evidentemente dominava muito bem a microeconomia do monopólio de preços, subcontratou um único moleiro, que podia cobrar dos fazendeiros basicamente o quanto quisesse. A falta de popularidade do moleiro entre seus clientes, e sua profunda despreocupação com isso, como registrado na música, são facilmente explicáveis. Também é fácil explicar por que, quando a Guerra Civil entre o Parlamento e o rei irrompeu, em 1642, Chester, que era dominado por sua aristocracia monopolista, ficou do lado realista.

A posse de licenças não era um fenômeno exclusivamente londrino, nem sequer urbano. Mas os mercadores ricos de Londres eram efetivamente os principais beneficiados pela venda de monopólios comerciais. Isso era arriscado, tanto para eles como para o rei. Para muitos, o uso de impostos e licenças pela Coroa e sua pequena confraria de aliados aristocráticos refletia a influência maligna do catolicismo e sua rígida hierarquia estrangeira. Após campanhas de perseguição política no século XVI e a tentativa católica de explodir o Parlamento, em 1605, o papa se tornou um símbolo de exploração arbitrária, além de um bode expiatório geral para qualquer coisa que desse errado. Os preços cobrados pela Companhia de Sabão de Westminster, dominada por católicos e detentora da licença londrina do sabão, provocou protestos nas ruas, animados por improváveis gritos de "Não queremos mais sabão papal!".

Os monopólios do leite eram especialmente perigosos em Londres. Sua população vivia dividida entre extremos de riqueza e estava inchada em virtude da migração. A população passou de 50 mil pessoas em 1500, o que a tornava a 15ª maior cidade da Europa, para 350 mil em 1650, ficando atrás somente de Paris. Os londrinos estavam amontoados em uma série de ruelas medievais apertadas e malcheirosas. A proximidade gerou descontentamento. Um século depois, em 1746, Giacomo Casanova, em uma de suas visitas libertinas à capital, registrou: "Um homem vestido com roupas da corte não pode caminhar pelas ruas de Londres sem que a multidão lhe atire lama... A nata da nobreza se mistura confusamente ao populacho mais vil... o empregado mais miserável desafia um lorde." Na época, dizia-se ser um erro confundir o falatório de um café londrino com os brados da nação, mas em uma época em que o transporte e as comunicações eram lentos e caros, estes eram muitas vezes abafados por aquele.

Boatos, raiva e as ideias radicais do puritanismo antipapal se disseminaram rapidamente nessa atmosfera fétida e febril. Um dos conselheiros de Carlos I disse que a popularidade do Parlamento entre as massas londrinas "é seu amparo e seu único interesse". Pois essas massas londrinas — esta própria designação foi inventada ao final do século XVII — eram vistas com escárnio e desdém por muitos realistas, tanto por sua propensão à disseminação de doenças como por sua predileção pela violência (sabão mais barato talvez ajudasse).

Respeito por seu tamanho e medo de seu poder talvez fossem atitudes mais apropriadas que o desprezo por seus padrões sanitários. As multidões de Londres de fato incluíam desempregados, trabalhadores braçais e seus aprendizes, que se viam como mal pagos e superexplorados, formando um grupo particularmente instável. Porém, também havia muitos outros pequenos mercadores e comerciantes excluídos do círculo preferencial que rodeava a Coroa, cuja motivação política se estendia além da redução do preço do sabão. Samuel Pepys, o escritor de diários da Inglaterra do século XVII, ouviu ele próprio uma multidão que "gritava e bradava na rua por um parlamento livre e por dinheiro". Em segunda mão, ele relatou: "Conta-se que em plena rua no dia de ontem, em Westminster, eles de fato bradaram 'Um parlamento! Um parlamento!'. E eu creio realmente que isto causará derramamento de sangue."

A previsão de Pepys estava certa. Nas eleições de dezembro de 1641, radicais puritanos ganharam o controle do Conselho Comunitário da *City*, a autoridade local, e com ele veio o poder sobre a milícia da região. Associados à Câmara dos Comuns, eles estabeleceram um Comitê de Segurança (um termo reutilizado um século e meio depois, durante a Revolução Francesa, com o Comitê de Segurança Pública de Paris, um órgão muito mais sangrento).

Em janeiro de 1642, com o crescimento do conflito entre a Coroa e o Parlamento, Carlos tentou prender pessoalmente cinco parlamentares, para então descobrir que, tendo sido alertados previamente, eles haviam fugido. A milícia da *City* protegeu os cinco no dia seguinte enquanto eles desfilavam triunfantes pelo centro de Londres. Carlos temeu por sua segurança e fugiu da capital cinco dias depois, retirando-se para Nottingham, de onde declarou guerra e passou os sete anos seguintes tentando, sem sucesso, voltar ao poder. Seu retorno ao palácio real de Whitehall, em 1649, não foi nada triunfante: ele foi levado ali para ser executado publicamente, por ordem de uma liderança parlamentar que o vencera e capturara. Ao proteger o Parlamento quando este desafiou o rei, Londres obteve a vitória mais importante da Guerra Civil antes mesmo do início da guerra.

Da mesma forma, as massas parisienses tiveram um papel ainda mais fundamental na Revolução Francesa. Ajudaram a transformar o que havia começado como a tentativa de criar uma monarquia constitucional restrita para substituir o reinado absolutista de Luís XVI em um caos assassino prolongado, que terminou com o nascimento de uma República banhada em sangue.

Após terem um vislumbre de seu próprio poder ao tomarem a prisão da Bastilha, em Paris, em 14 de julho de 1789 (apesar de encontrarem apenas sete prisioneiros em seu interior, que foram libertados), os parisienses criaram seu próprio governo local, a Comuna,* e estabeleceram a Guarda Nacional como sua força militar. Os primeiros governos da Revolução — a Assembleia Nacional e a Assembleia Legislativa —, que desejavam uma monarquia limitada parecida com o modelo inglês, foram varridos do poder. Luís XVI e sua família não conseguiram escapar e, de fato, se viram presos dentro do palácio de Tuileries, no centro de Paris, por uma multidão de *sans-culottes* — assim chamados por rejeitarem, ou por não poderem pagar, os elegantes calções à altura dos joelhos usados pelos franceses mais ricos.

Com a ajuda das massas, a liderança radical, especialmente Georges Danton, chefe do *département* administrativo de Paris e comandante do batalhão distrital da Guarda Nacional, forçou a dissolução da Assembleia Legislativa em 1792. Foi eleita uma nova Convenção Nacional, que proclamou a República na França e executou o rei. Batalhas pelo poder entre as diversas forças políticas de Paris levaram à matança em massa de realistas, padres e, progressivamente, qualquer pessoa declarada inimiga da Revolução; somente em 1795 os moderados assumiram o controle e deram fim ao reino do terror.

Tanto em Paris como em Londres, o passado violento das cidades deixou marcas indeléveis na arquitetura. Uma história famosa é a do imperador francês Napoleão III, que pediu ao barão Eugène Haussmann que redesenhasse Paris entre 1852 e 1870. Seus novos bulevares, admirados pelas vistas amplas que proporcionavam, tinham propósitos sombriamente práticos além de suas motivações estéticas: sua largura era projetada para dar à cavalaria e à artilharia amplas avenidas pelas quais pudessem atacar e um campo de fogo mais aberto — a melhor maneira de suprimir qualquer levante popular futuro. Washington D.C. tem avenidas semelhantes que trazem os nomes dos estados e cortam diagonalmente a monotonia perpendicular do conhecido sistema de ruas dos EUA (em uma delas, a *Pennsylvania Avenue*, fica a Casa Branca). No caso de Washington, as avenidas refletem a influência dos arquitetos franceses, sem ter em mente o mesmo imperativo prático.

Em Londres, a restritiva muralha de dois andares, sem janelas, que cerca hoje o Bank of England, no coração da cidade, foi acrescida depois que o banco (ao lado de prisões próximas, em Newgate e Fleet) foi seriamente danifica-

* Não confundir com o episódio histórico da criação das Comunas de Paris, governo proletário estabelecido na capital francesa por um brevíssimo período, entre março e maio de 1871. (N.E.)

do nos protestos populares conhecidos como "Motins de Gordon", em junho de 1780. Os protestos, que levam o nome de seu líder, seguiram-se a uma pacífica manifestação anticatólica (soa familiar?) de mais de 10 mil pessoas que saiu do controle. A partir de então, o banco passou a ser protegido à noite por vigias armados com mosquetes. A guarda só foi encerrada em 1973, época em que a ameaça de violência popular antipapal já havia diminuído o suficiente, fazendo com que o risco valesse a pena.

Na Rússia, o controle da capital, além de derrubar a dinastia Romanov dos czares, demonstrou ainda mais drasticamente de que modo um movimento político pequeno e disciplinado, concentrado na capital, poderia tomar o controle de um país de 170 milhões de habitantes, que cobria quase 17 milhões de quilômetros quadrados.

O czarismo era um despotismo vulnerável que suprimia o crescimento de qualquer centro alternativo de poder, como a fraca Duma (parlamento), mas ainda assim detinha uma autoridade frágil sobre um país enorme e esparsamente povoado. Subjugado pelo terrível fracasso da Rússia na Frente Oriental da Primeira Guerra Mundial, o czar abdicou em fevereiro de 1917 após o crescimento progressivo de uma revolta em Petrogrado (anteriormente São Petersburgo — o nome havia sido russificado uns poucos anos antes para aplacar os sentimentos antigermânicos). Tendo começado entre os trabalhadores industriais, a rebelião progrediu então entre milhares de soldados amotinados. Foi um levante popular, mas não uma revolução comunista. O agrupamento político "bolchevique", liderado por Vladimir Lenin e Leon Trotski, que oito meses depois tomaria o controle do país e se tornaria o Partido Comunista da União Soviética, foi tomado de surpresa. Muitos de seus principais integrantes nem sequer estavam na Rússia nesse momento, o que gerou o espetáculo vagamente cômico no qual um bando de revolucionários teve de voltar para casa às pressas para alcançar a Revolução.

O que realmente levou, no fim das contas, ao triunfo dos bolcheviques nos meses seguintes foi seu controle crescente sobre os "sovietes", ou organizações de trabalhadores, de Petrogrado. Eles observaram seus rivais lutarem entre si e exaurirem o apoio popular local que detinham ao tentarem comandar um governo provisório implementado na Rússia após a revolução de fevereiro. Ante um descontentamento cada vez maior em relação à guerra, que ainda prosseguia, a Revolução de Outubro dos bolcheviques consistiu no assassinato de um governo instável por forças especiais, e não em uma batalha aberta pelo comando de um Estado funcional. A culminante "tomada" do Palácio de Inverno, sede central do governo, não sofreu quase nenhuma resistência. Mais pessoas foram mortas acidentalmente na produção do clássico filme do diretor Sergei sobre o episódio que no combate durante o acontecimento em si.

Se as identidades políticas do país como um todo tivessem liderado a Revolução de Outubro em 1917, moldando então a estrutura política da nação, a Rússia pós-czarista teria sido dominada pelos Socialistas Revolucionários — um partido rural cuja prioridade era dar aos camponeses os títulos de sua terra. Na prática, como a cidade e o campo estavam desesperados por estabilidade e o apoio aos socialistas revolucionários se estendia pelo vasto interior da Rússia, para os bolcheviques foi incrivelmente fácil dispensar a Assembleia Constituinte que deveria tomar o poder, na qual os promotores da revolução detinham uma clara maioria, e tomar o controle nas próprias mãos.

Governos instáveis aprenderam a lição sobre a atenção que devem prestar a seus arredores imediatos, e o resultado disso é, frequentemente, uma capital inchada além de qualquer lógica econômica. Alguns exemplos são marcantes. No primeiro capítulo, vimos como as políticas e atitudes equivocadas da Argentina deformaram seu desenvolvimento — uma classe proprietária de terras que não nelas, uma estufa privilegiada de companhias industriais incapazes de sobreviver quando plantadas nos campos da competição internacional e, como no início da Inglaterra dos Stuart, uma economia distorcida por um governo corrupto, que favorecia seus apadrinhados e restringia a economia por meio de regulamentações, monopólios e licenças. Não é de todo surpreendente que mais de 35% dos argentinos — não 35% de sua população urbana, o que é a média das democracias instáveis, e sim 35% de todo o país — vivam em Buenos Aires.

O padrão é comum por toda a América Latina. A Cidade do México, que em 1950 era uma pequena capital com menos de 3 milhões de pessoas, viveu uma expansão disfuncional que criou uma das primeiras grandes favelas do mundo moderno, hoje com uma população que passa dos 22 milhões. No pós-guerra, era bastante comum que um grupo de migrantes ocupasse algum terreno baldio nos arredores da cidade e escolhesse um líder para protestar contra o Partido Revolucionário Institucional, a legenda do governo. Este rapidamente lhes dava o título da terra e lhes fornecia alguma infraestrutura básica, e então o grupo passava a apoiar o PRI. Completava-se mais um pequeno capítulo no inchaço dessa capital congestionada e poluída. Dada a influência do governo central, até mesmo os governadores das demais regiões do país consideravam politicamente prudente passar uma boa parte de seu tempo na Cidade do México.

Parte da Ásia se saiu melhor, especialmente nos locais em que as autoridades conseguem e desejam fazer planejamentos e onde os emigrantes rurais efetivamente têm a possibilidade de conseguir empregos. É verdade que o distrito metropolitano de Bangkok, uma cidade incrivelmente congestionada, contém 9 milhões de pessoas, enquanto a segunda maior cidade da Tailândia, a tranquila Chiang Mai, muito frequentada por viajantes, tem uma população de 150 mil. Mas boa parte do aceleradíssimo crescimento asiático está vindo de cidades de segundo escalão. Na China, medidas deliberadas para estimular o crescimento de cidades menores e aliviar a pressão sobre metrópoles costeiras densamente povoadas provocaram uma proliferação de cidades, em vez de apenas o inchaço das já existentes. Seu número oficial cresceu de 193 para 640 desde 1978, e a parcela da população que vive em conurbações enormes como Xangai, Pequim e Shenzhen efetivamente declinou.

Muitas metrópoles asiáticas estão exaurindo seus lençóis aquíferos — os de Manila, Xangai e Bangkok se reduziram significativamente nas últimas poucas décadas. A China está conduzindo experimentos na tentativa de tornar as novas cidades sustentáveis, como um intrigante em Dongtan, uma ecocidade inteiramente planejada em uma ilha próxima a Xangai. O objetivo é criar uma cidade ambiental e socialmente sustentável. O assim chamado "*footprint* ecológico", uma medida da área de terra e água necessária para manter cada pessoa de modo sustentável, é de, em média, 5 hectares nos países ricos; em Xangai, é de 8; em Houston, uma cidade enorme e muito dependente de automóveis, é de 14. Em Dongtan é menor que 3. O cronograma de construção, porém, está atrasado, e ainda não sabemos se esse modelo se mostrará replicável.

Há outro obstáculo com o qual as cidades, e não só as abastadas do Primeiro Mundo, tiveram de lidar recentemente. Até agora, vimos como elas foram criadas pela demanda industrial por forças de trabalho concentradas e pela necessidade de centros de distribuição e comércio. Ainda assim, nos países ricos do mundo, à medida que o investimento de capital na indústria se torna mais intensivo e que este setor forma uma parcela menor da economia, a demanda por grandes aglomerações de trabalhadores industriais tem declinado. Os esqueletos vazios de algumas cidades em Michigan, antigos centros de produção de automóveis, mostram que as cidades que vivem além de seu objetivo inicial não necessariamente encontrarão um novo motivo para existir.

Com o crescimento do setor de serviços na economia, e especialmente com a melhoria nas telecomunicações e, mais recentemente, com a internet, terá efetivamente desaparecido toda a razão da existência das cidades tradicionais? A urbanização poderia se reverter? Nos anos 1970 houve preocupações genuínas com essa possibilidade. Diversas cidades, entre elas a metrópole de Nova York, a mais emblemática do mundo, pareceram à beira do colapso. Com a ascensão do crime e a fuga das empresas, Nova York esteve muito perto da falência. A recusa inicial de Gerald Ford, presidente na época, de resgatar as finanças da cidade com dinheiro federal gerou uma das melhores notícias de jornal de todos os tempos, no *New York Post:* "Ford para a cidade: morra."

Qualquer cidade que tenha uma grande operação industrial ou de transporte, e particularmente as que contem com ambas, está vulnerável. Liverpool, o porto no Noroeste da Inglaterra que executou boa parte do comércio transatlântico da Grã-Bretanha, foi uma das cidades mais ricas do país no século XIX. Em seu ápice, foi o centro do comércio global de sal e algodão, possuindo uma bolsa comercial (ainda que não um mercado físico) de escravos. O declínio de seu porto e da manufatura britânica reduziu a população de Liverpool quase pela metade, de 867 mil, em 1937, para 442 mil, em 2001.

A demanda por centros urbanos ou, ao menos, por tantos deles vem diminuindo há um século. Das 20 maiores cidades dos EUA em 1900, sete eram portos nos quais um rio encontrava o oceano (Boston, Providence, Nova York, Jersey City, Newark, Baltimore e São Francisco), cinco eram portos onde rios desaguavam nos Grandes Lagos (Chicago, Milwaukee, Detroit, Cleveland e Buffalo), três ficavam no rio Mississippi (Minneapolis, St. Louis e Nova Orleans), três no rio Ohio (Louisville, Cincinnati e Pittsburgh) e duas ficavam em rios da Costa Leste, próximos ao oceano (Filadélfia e Washington). Mas o custo do transporte de mercadorias caiu em 90%, em termos reais, ao longo do século XX, eliminando a necessidade de que cada região tenha seu próprio centro industrial e de distribuição.

Um século de motores de combustão interna baratos fez com que as pessoas conseguissem propelir a si mesmas e a suas mercadorias ao longo de distâncias maiores e com custos cada vez menores. O transporte barato afastou a população das cidades de Cleveland e Detroit, aproximando-a das terras baratas e do clima ameno de cidades maiores e de mais baixa densidade nos estados do Sul, como Phoenix e Arizona, que teve um crescimento de um terço nos últimos 15 anos, chegando a 1,5 milhão de pessoas. A maior parte dessas 20 cidades citadas acima representa ícones do declínio industrial. Somente seis delas estão entre as 20 maiores cidades de hoje. E entre as 16 maiores cidades dos EUA em 1950, somente quatro possuem uma população maior atualmente do que na época, ainda que a população nacional tenha dobrado desde então.

Frente a isso, a revolução da tecnologia da informação (TI) e da digitalização ocorrida no século XXI talvez tenha completado o serviço. O trabalho a distância pode eliminar a necessidade de transportar as pessoas ao local de trabalho, ou até mesmo a necessidade da própria existência de um local de trabalho. Ainda assim, muitas das cidades que pareciam estar morrendo nos anos 1970 — Nova York, Chicago e Londres — passaram por renascimentos notáveis.

De certa maneira, o que esses centros fizeram foi recriar o espírito que inspirou as cidades-Estado da Europa medieval e do início da Idade Moderna. A globalização, e especialmente a digitalização da informação, fez com que as cidades passassem novamente a depender mais de sua capacidade de funcionar como centros de convergência dos mercados internacionais que de suas ligações diretas com economias locais.

Para as elites de muitas indústrias altamente especializadas, como a publicidade, tem-se a impressão de que o contato cara a cara com os clientes continua sendo essencial. As indústrias mais digitalizadas e computadorizadas — mídia, software, serviços financeiros — se aglomeram em caros enclaves urbanos ou suburbanos, como o Vale do Silício e Wall Street. No Soho, no centro de Londres, ainda se reúnem companhias de pós-produção de filmes altamente especializadas. Quem não sair para beber com os outros produtores nos pubs do Soho acabará por perder os melhores trabalhos. Nova York é a única entre as 16 maiores cidades dos estados do Nordeste ou Meio-Oeste dos EUA cuja população é maior que há 50 anos.

Da mesma forma, não há nenhum motivo em particular pelo qual alguém, além dos oficiais do governo, deveria viver em Madri. A cidade se situa no meio de um grande planalto — incrivelmente, é a capital mais alta da Europa — que é violentamente quente no verão e gelado no inverno. Ainda assim, por reter uma massa crítica de escritórios corporativos e serviços financeiros, Madri conseguiu vencer os desafios apresentados por cidades de segundo escalão superficialmente mais glamorosas, como Barcelona.

A aglomeração está substituindo a alocação de recursos naturais e o comércio físico como um dos principais motivos para se viver nas cidades. Até mesmo indústrias inteiramente novas costumam criar um aglomerado urbano em vez de se espalharem de maneira uniforme. A cidade de Hyderabad, no Sul da Índia, passou de 1 a 7 milhões de habitantes em um par de décadas quando a indústria de TI surgiu do nada. Os imigrantes que trabalham em muitas indústrias crescentes também se mudam para lugares nos quais já vivem imigrantes semelhantes, criando uma dinâmica que reforça a si mesma.

Porém, como a aglomeração poderia acontecer em qualquer parte, a competição entre as cidades se tornou mais aguda, e a diferença entre êxitos e fracassos, mais evidente. Quando Chicago era o único grande porto na Costa Sudeste do lago Michigan, detinha um monopólio natural. Quando a importância do comércio físico declinou, tornou-se apenas uma entre tantas cidades — Detroit, Cleveland, Milwaukee — que poderiam ter sido o centro comercial e financeiro do Meio-Oeste. Chicago não precisou apenas coexistir com a competição, como também vencê-la — em particular, expandindo seus centros de negociação de commodities, os sustentando apesar da competição vinda de lugares como Nova York.

Assim como ocorre muitas vezes com algumas tecnologias modernas, nas quais certas companhias ou produtos dominam todo o mercado (o Windows, da Microsoft, por exemplo), um número limitado de cidades pode se especializar em uma indústria. Tóquio, Hong Kong e Cingapura dividem os mercados financeiros da Ásia, continuando tenazes apesar da concorrência. Muitos previram, por exemplo, que Xangai assumiria o posto de Hong Kong como entreposto da China quando o território fosse devolvido aos chineses, em 1997. Cingapura ofereceu 40 mil vistos para profissionais de Hong Kong em 1997, especialmente na área de finanças, na esperança de consolidar sua posição. A quota jamais chegou a ser preenchida. Os profissionais ficaram em Hong Kong, onde a concentração de conhecimentos e experiência da cidade acabou por prevalecer.

Quando uma cidade assume uma posição dominante em uma indústria crescente e altamente especializada como os serviços financeiros internacionais, é difícil removê-la de seu lugar. Muitos trabalhadores capacitados se mudam para cidades que já possuem uma preponderância de pessoas como eles. Mais ou menos como nas cidades-Estado medievais, lugares como Londres e Nova York já parecem ao menos semidesligados de suas economias circundantes. São mais internacionais, apresentam uma maior diversidade étnica e se mostram mais progressistas quanto a temas sociais e sexuais. Tente imaginar o prefeito de alguma cidade dos EUA (que não Nova York) vivendo por algum tempo, como fez Rudolph Giuliani, com um casal gay, e colocando sua namorada, e não sua esposa, na residência oficial.

Tornar-se um cluster é uma conquista muito desejada, mas há poucos exemplos de um que tenha sido construído deliberadamente do zero. Um experimento interessante (que Cingapura, entre outros, está observando ansiosamente) está sendo realizado em Dubai, onde bilhões de dólares vindos do petróleo estão sendo despejados na cidade, na tentativa de criar centros de pesquisa em biotecnologia.

Outro motivo para o renascimento das cidades, ligado ao primeiro, é sua função como lugares para se viver. As pessoas gostam de andar com pessoas semelhantes, tanto para a diversão como para o trabalho. Os mercados financeiros de Londres e Nova York não são os únicos que se mostram muito mais profundos e com maior liquidez que os das províncias — o mesmo ocorre com o mercado de relacionamentos. Além de serem bons lugares para a produção de serviços, as cidades também são os melhores lugares para seu consumo. A renda marginal dos consumidores de economias ricas não é gasta principalmente em mais coisas — computadores, TVs, até mesmo roupas, cujos preços, de qualquer forma, estão caindo —, mas sim em serviços pessoais: restaurantes, academias de ginástica, salões de beleza, cinemas e teatros. Isso dá às cidades uma vantagem natural, porque quanto mais pessoas houver, maior será a probabilidade de que tais serviços sejam oferecidos.

E isso é particularmente válido à medida que a demanda se torna cada vez mais especializada e exclusiva. Os consumidores não querem ver apenas os mesmos filmes que todos podem ver em cidades do interior, querem também teatro e música de nível internacional; não querem comer apenas em cadeias de lanchonetes, e sim em lugares que tragam a melhor culinária do mundo. A Selfridges, uma loja de departamentos londrina muito bem estabelecida, criou há alguns anos uma campanha publicitária destinada aparentemente a enfurecer os visitantes do interior. "Vale a pena viver em Londres", dizia o slogan acima de uma série de fotografias do meio rural. A representação emblemática de Nova York nos anos 1970 era *Taxi driver*, que representava a cidade como uma distopia violenta e amoral; a da última década — *Sex and the city* — a mostra como um parque de diversões adulto, seguro e indulgente.

Nos EUA, a razão entre os custos de moradia e os salários reais nas zonas urbanas cresceu intensamente nas últimas décadas. Ao que parece, as pessoas estão decidindo viver nas cidades por motivos diferentes do emprego. Locais como Nova York e Londres — e até Washington D.C., que nunca esteve muito bem colocada em qualquer lista de metrópoles movimentadas — conseguiram reabilitar áreas extremamente violentas próximas ao centro, tidas como zonas proibidas. Isso muitas vezes tem mais relação com o entretenimento que com o trabalho. A margem sul do Tâmisa, por exemplo, que era uma área vibrante, ainda que empobrecida, nos tempos em que o Parlamento estava em revolta contra o rei, foi recentemente revitalizada pela abertura da Tate Modern, a galeria de arte moderna e contemporânea, e pelo enorme sucesso do Borough Market, atualmente um dos mercados de alimentos mais badalados da capital britânica. Na década de 1970, no pior momento de sua existência, a Times Square de Nova York era um local desolado, abandonado e tomado pelo crime; desde então, a área renasceu. Mesmo que as populações dessas cidades estagnem, como muitas vezes ocorre, isso não necessariamente representa um fracasso. A vida na cidade cada vez mais significa pessoas solteiras morando sozinhas e uma agitação contínua na qual novos moradores urbanos substituem os que se esgotam, ou começam a se reproduzir, mudando-se para os subúrbios.

Se as tendências atuais se mantiverem, haverá muito mais cidades, mas também, provavelmente, um maior contraste entre as que foram relativamente bem ou malsucedidas. Assim como a globalização submete as empresas a uma competição mais intensa, aumentando ainda mais o retorno das companhias de sucesso e reduzindo o das perdedoras, as diferenças entre as cidades que estão vencendo e as que estão perdendo se tornarão cada vez mais óbvias.

Tudo isso indica não apenas que as cidades continuarão a desempenhar um papel central no futuro do bem-estar humano, mas também que o modo como elas serão administradas ganhará cada vez mais importância. Os ovos de ouro estão ficando maiores, e a galinha, mais irritável. Cidades baseadas em um único setor são também suscetíveis a declínios nessa indústria. Tendo em vista os danos substanciais sofridos pela indústria de serviços financeiros devido à crise econômica que se disseminou com tanta rapidez em 2008, cidades como Londres e Nova York, em que se concentram os banqueiros, possivelmente terão de trabalhar mais para continuar a prosperar. A tolerância à poluição, aos congestionamentos, aos altos impostos e o transporte ruim diminuirá juntamente com os bônus recebidos por esses executivos. Clusters podem se dispersar, além de se reunir. Florência, Veneza, Antuérpia, Bruges e até mesmo Amsterdã — todas elas, no último milênio, foram em algum momento cidades-Estado que funcionavam como entrepostos de enorme importância internacional. Atualmente, todas elas são relativamente periféricas.

Uma cidade bem-sucedida é algo difícil de se construir; já uma cidade fenomenal é ainda mais difícil. No entanto, governos incompetentes ou desencaminhados conseguiram atrofiar e até mesmo destruir tantas delas no passado que a complacência e o fatalismo frente à urbanização são atitudes profundamente equivocadas.

Isso posto, eu sugeriria que, a esta altura, a negação do direito de voto à capital dos EUA já fez seu trabalho. Com a tradição de democracia estável entranhada tão profundamente na sociedade, provavelmente podemos correr o risco de estender seus benefícios a todos. Talvez tenha chegado a hora, depois de tantos anos, de respirar fundo, correr o risco e dar a Washington D.C. o direito a voto.

3. Comércio

Por que o Egito importa a metade de seus alimentos essenciais?

Se existe um lugar onde deveria ser cultivado o trigo do mundo, este é o Egito. O Nilo, o segundo rio mais longo do planeta, inunda a cada ano seu vale e seu enorme e espalhado delta, encharcando inteiramente o rico solo aluvial que sua própria correnteza carregou pela África, depositando-o ao longo de milhares de anos. O rio e seu delta já foram comparados a um lótus — um galho longo e aparentemente frágil sustentando uma flor pesada, de intensa vitalidade.

Os solos são tão férteis após as cheias que os agricultores nem sequer precisam arar ou capinar. Testemunhas contam que os fazendeiros semeiam os grãos assim que a inundação recua e então soltam seus porcos nos campos para que pisem nas sementes, afundando-as no solo rico e úmido. Os porcos são trazidos novamente no momento da colheita, quando debulham o milho colhido, pisoteando-o. O país é o celeiro da região. As grandes cidades do Mediterrâneo dependem de suas exportações de cevada e trigo para se alimentarem.

Então, começando de novo: por que alguém cultivaria trigo no Egito? É um território grande, com uma população grande, e crescente, com muito pouca chuva própria, cujas limitadas terras cultiváveis são regadas por um rio de fluxo extremamente variável. Situa-se em umas das regiões habitadas mais secas do planeta, em que a água potável, que dirá a que será usada na agricultura, é guardada como um tesouro precioso. O trigo é uma cultura que requer bastante irrigação e não é particularmente valiosa; despejar bilhões de litros de recursos hídricos em seu cultivo certamente seria uma péssima alocação de recursos. Ao lado de praticamente todo o resto do Oriente Médio, trata-se de um dos maiores importadores de grãos do planeta.

Em ambos os casos, país e rio são os mesmos, e a lógica para se exportar ou importar trigo, absolutamente razoável. A diferença entre as duas situações foi gerada pelos efeitos do tempo e, fundamentalmente, do comércio. A primeira descrição é a do Egito em tempos ancestrais, quando foi inicialmente governado pelos faraós e então agregado às civilizações grega e romana. A história dos porcos pisoteando as sementes veio de Heródoto, um historiador grego do século V d.C. O Egito supria boa parte dos grãos que, como vimos, eram distribuídos entre os cidadãos da Roma Antiga. Fazia todo o sentido que essa fosse uma das grandes regiões produtoras de grãos do mundo antigo. Era um dos países mais férteis da área de comércio do Mediterrâneo e do mar Negro, uma região que, em virtude da tecnologia de transporte existente na época, representava o maior alcance possível do comércio de grãos.

Na segunda situação, do Egito contemporâneo, o mercado de trigo se expandiu, alcançando o mundo inteiro. Se Heródoto desembarcasse no país atual, ainda reconheceria a alimentação básica do país — o pão ázimo que vem sendo consumido desde antes dos tempos faraônicos. Porém, parado sobre o cais de Alexandria, ele se surpreenderia ao notar a ausência de navios repletos de grãos partindo para Roma, substituídos por cargueiros que atracam cheios de trigo vindo de Odessa, Montreal, Lousiana e do Sul da Austrália.

Um dos países mais úmidos do Mediterrâneo é um dos mais secos do mundo. Uma economia com uma vantagem natural em um mercado limitado pode acabar por apresentar um fraco desempenho em um mercado mais amplo. Não faz muito sentido gastar toda sua preciosa água na produção de alimentos que poderão ser comprados do exterior de maneira muito mais eficiente. Assim como a Roma Antiga, o Egito moderno importa a metade de seus alimentos essenciais.

O país permitiu que sua nova escassez relativa de água determinasse — ainda que parcialmente, como veremos mais adiante — o que deve ser produzido com seus próprios recursos e o que é preferível importar. Quando uma economia se especializa em um tipo específico de produto, isso frequentemente é determinado pela abundância relativa de terra, água, outros recursos naturais e mão de obra. Isso é particularmente verdadeiro no caso dos produtos agrícolas, cuja conexão com a geografia e o clima local é imediata. Ao fazerem negócios uns com os outros, os países podem se beneficiar dos recursos possuídos por seus parceiros comerciais ao mesmo tempo que compartilham os próprios benefícios.

Assim, o Egito atual está importando mais que apenas grãos. Também está importando água. Talvez não vejamos navios carregados de contêineres de 12m de altura cheios de água potável, alinhados em frente aos portos de Alexandria e do Cairo. Porém, ao comprar trigo, o Egito está, invisível e implicitamente, importando milhões de toneladas da água usada para produzi-lo.

Esse comércio de água "virtual", ou "embutida", como muitos dos feitos mais incríveis do sistema mundial de comércio, ocorre sem um projeto racional, ou ao menos manifesto. Nenhum grande plano, nenhum tratado, nenhuma equipe de burocratas internacionais. Apenas o mercado.

De fato, o mais incrível não é que tanta água, trabalho e terra sejam transportados ao redor do mundo, e sim que esse transporte seja tão pequeno. Restrições poderosas causadas pelos custos de transporte, inércia e resistência política impedem as economias de se tornarem dependentes de produtos do exterior. As restrições políticas se tornaram muito mais relevantes recentemente, quando altas abruptas nos preços dos alimentos provocaram a compra irracional de produtos e protestos populares por todo o mundo. O desejo de autossuficiência se intensifica quando lidamos com algo tão visceral e tão ligado às noções de identidade e nacionalidade quanto o nosso pão de cada dia.

Para que o comércio valha a pena, os custos de transporte — frete, tempo, risco de deterioração ou perda e a incerteza quanto ao preço e à demanda — devem ser contrabalançados pelo lucro adicional a ser ganho quando alguma mercadoria é levada de um lugar de abundância a um lugar de escassez. Não é de surpreender que, na história do comércio, todos aqueles produtos considerados pequenos, leves, duráveis e de preço confiável foram os primeiros a estabelecer rotas regulares de comércio. Produtos pesados, volumosos, perecíveis e baratos acompanham lentamente os primeiros. À medida que o custo do transporte diminui e sua velocidade aumenta, também se amplia a gama de produtos negociáveis. Contudo, esse processo pode levar séculos.

Ainda que sua intenção tenha sido contrastar a beleza do comércio antigo e medieval com a feiura do moderno, John Masefield, poeta oficial da Coroa britânica por quase 40 anos, descreveu o que se segue em um poema de elegante simplicidade, "Cargas":

> Quinquireme of Nineveh from distant Ophir,
> Rowing home to haven in sunny Palestine,
> With a cargo of ivory,
> And apes and peacocks,
> Sandalwood, cedarwood, and sweet white wine.
> Stately Spanish galleon coming from the Isthmus,
> Dipping through the Tropics by the palm-green shores,
> With a cargo of diamonds,
> Emeralds, amethysts,
> Topazes, and cinnamon, and gold moidores.
> Dirty British coaster with a salt-caked smoke stack,

Butting through the Channel in the mad March days,
With a cargo of Tyne coal,
Road-rails, pig-lead,
Firewood, iron-ware, and cheap tin trays.*

Pequenos, leves, duráveis, caros: sedas e especiarias formaram algumas das primeiras cadeias de abastecimento globais. A canela mencionada por Masefield estava sendo levada para a Espanha, que estendeu seu Império comercial nos séculos XV e XVI cruzando a Ásia e chegando à América do Sul. Mas essa mesma especiaria — particularmente valiosa por servir como conservante de alimentos — já era comercializada por terra entre o Sul e o Sudeste da Ásia e o Oriente Médio pelo menos desde o segundo milênio a.C. Esse comércio, controlado durante muitos séculos pelos comerciantes árabes e persas, era bastante volumoso, a ponto de ter sido mencionado no Velho Testamento.

A água está bem abaixo na lista dos produtos obviamente negociáveis. É verdade que ela existe com muito mais abundância em certas partes do mundo que em outras, e os possíveis ganhos de eficiência obtidos com seu transporte de regiões úmidas para regiões secas seriam consideráveis. Mas é excessivamente pesada e volumosa. E apesar de seu custo crescente nos países secos, a água raramente compensa o custo do transporte marítimo direto.

É verdade que em certa época houve um próspero comércio de água entre a América do Norte e a Índia, em sua forma congelada. Em *Walden*, o escritor do século XIX Henry David Thoreau descreveu o corte de milhares de toneladas de gelo do lago às margens do qual vivia, em Massachusetts. Os blocos eram embarcados para Bengala, sendo colocados em compartimentos subterrâneos para levar água gelada e sorvete aos suados oficiais coloniais britânicos. Na década de 1870, a Nova Inglaterra exportava 12 mil toneladas de gelo por ano para a Índia, a América Latina e o Sudeste Asiático. Mesmo após uma viagem de seis meses, os blocos eram grandes o suficiente para que boa parte chegasse ainda congelada.

Mas nesse caso, o que estava realmente sendo exportado não era a água, e sim o frio. Quando as máquinas de produção de gelo movidas a vapor fo-

* Quinquirreme de Nínive, da distante Ofir, / Remando para casa, a seu refúgio na ensolarada Palestina, / Com uma carga de marfim, / E macacos e pavões, / Sândalo, cedro e doce vinho branco. /Majestoso galeão espanhol vindo do Istmo / Mergulhando pelos trópicos junto a costas verdejantes de palmeiras, / Com uma carga de diamantes, / Esmeraldas, ametistas, / Topázios e canela e moidores. /Sujo costeiro britânico com a chaminé coberta de sal, / Golpeando o Canal nos loucos dias de março, / Com uma carga de carvão do Rio Tyne, / Trilhos, lingotes de chumbo, / Lenha, ferragens e bandejas baratas de latão.

ram inventadas e instaladas na Índia ao final do século XIX, o comércio de gelo com a América do Norte evaporou. Ainda assim, há paralelos interessantes entre o comércio de gelo do século XIX e o comércio de água virtual no Mediterrâneo antigo e no de hoje. A Índia, com efeito, estava importando o amargo inverno da Nova Inglaterra, incorporado em blocos de gelo. Roma e outros centros urbanos dos tempos antigos, e o Egito e outros países secos do século XXI, compram água implicitamente de nações mais úmidas, contida nas safras importadas.

Uma breve apreciação de um mapa do comércio de um produto como o trigo, que utiliza recursos hídricos intensivamente, revela um claro padrão geográfico. A água em geral é transportada de países úmidos para países secos. É mais barato, se todas as demais condições forem semelhantes, cultivar produtos agrícolas em lugares onde a água é abundante, portanto haverá uma tendência para que esses produtos substituam aqueles cultivados em locais mais secos.

Os governos de todo o mundo estão traçando planos para gerenciar seus estoques de água, tentando encontrar maneiras de distribuí-los entre os agricultores e a população urbana, descobrir como poderão retirá-la de seus sistemas fluviais sem causar um grave impacto ambiental e assim por diante. Sua tarefa é facilitada pelo mercado, que tratou de equilibrar amplas discrepâncias entre países transportando água por meio do sistema de comércio mundial. Ainda assim, o crescimento do Egito como o celeiro do mundo antigo se deveu em boa medida a transferências forçadas pelo governo, além do funcionamento silencioso da mão invisível do mercado.

O potencial de cultivo de grãos no vale e delta do Nilo era evidente desde os tempos primordiais. Ao lado da bacia semelhante, porém menor, dos rios Tigre e Eufrates, na Mesopotâmia, a região que corresponde ao Iraque moderno, o Nilo foi uma das origens da agricultura irrigada. Foi nos vales do Tigre-Eufrates e do Nilo que os seres humanos se conglomeraram em comunidades de fazendeiros sedentários, deixando de ser bandos nômades de caçadores-coletores. As áreas mais densamente povoadas do Oriente Médio moderno ainda são as bacias do Nilo e do Eufrates.

Nos tempos de Heródoto, o Egito estava unido como um único reino sob o mando dos faraós por mais de dois milênios e meio. No entanto, o cultivo da cevada e de uma forma primitiva de trigo havia se estabelecido muito antes disso, assim como formas primitivas de irrigação artificial para captar o potencial do rio.

Tanto o trigo como a cevada dependem amplamente de água, e a importância fundamental do rio acabou por inundar a política, a cultura e a religião de todos os que viviam em suas margens. As vidas e identidades de diversas divindades se inspiravam no curso da água: Hapi, um deus em forma de sapo, representava o delta ou suas enchentes anuais. Os egípcios orientavam sua bússola em direção ao sul, a fonte do Nilo, e o calendário egípcio estava construído ao redor das estações do rio — o ano começava na cheia, no meio do verão.

A irrigação natural causada pelas inundações anuais do Nilo, entre os meses atuais de julho e outubro, provavelmente teria permitido uma única colheita por ano ao longo de dois terços da área coberta pela inundação do rio. Durante os dois milênios anteriores à Era Faraônica, iniciada ao redor de 3000 a.C., os fazendeiros estenderam o alcance do rio. Eles construíram terraços ao longo do vale, dragaram os sulcos de inundação naturais que mantinham a água em reservatórios depois que o nível descia, cavaram canais para abrir os pontos baixos de barragens naturais e ergueram o líquido diretamente dos reservatórios ou canais para os campos, com baldes.

Uma das relíquias mais importantes do Egito pré-faraônico recebe o nome romântico de a "maça do Escorpião-Rei", um fragmento de um cetro de calcário que mostra um monarca guerreiro cavando um canal de irrigação com uma enxada cerimonial (a cena é encantadoramente parecida com a de um político moderno aproveitando a oportunidade de sair em uma boa foto ao cavar a primeira pá de terra na fundação de uma nova rodovia). O delta em si, alagadiço e cheio de florestas, era mais difícil de cultivar que o vale mais acima. No entanto, ele passou a dominar a vida econômica de aproximadamente 1400 a.C. em diante.

A importância do rio e de seu fluxo era evidenciada pelas reviravoltas políticas e sociais que acompanhavam suas flutuações. Cheias pouco expressivas traziam problemas. O Nilo era mais confiável que outros rios, mas ainda assim era inconstante. No terceiro milênio a.C., uma série de cheias fracas causou uma onda de protestos, saques de depósitos de grãos, canibalismo e mortes por inanição. Centenas de corpos apodreceram abandonados sobre as águas traiçoeiras.

Durante os reinados dos faraós Ramsés III e Ramsés VIII, no século XII a.C., uma escassez de água fez com que o preço do trigo subisse 24 vezes com relação ao dos demais produtos. O medo das águas baixas que assolava os governantes chegou ao Velho Testamento, na forma do pesadelo do faraó sobre sete vacas gordas e sete vacas magras, e sete anos de colheitas boas e ruins, interpretado por José como sete anos de abundância seguidos por sete anos de fome. Tais colheitas instáveis, e seu impacto devastador, são demonstrações duradouras da inconsistência das cheias do Nilo.

Mesmo assim, ainda podemos ver no deserto monumentos ao êxito da civilização egípcia em superar essas inconstâncias. O Egito tinha uma sociedade precocemente centralizada e bem ordenada, e já no terceiro milênio a.C. desenvolvera sistemas relativamente sofisticados de irrigação e armazenamento de grãos. Os templos e pirâmides deixados por eles são um testamento de sua boa administração dos suprimentos de comida, que permitiu que boa parte da mão de obra fosse poupada de lavrar a terra, sendo utilizada para entalhar colunas e transportar blocos de pedra.

O Egito, ao lado da Sicília e das regiões produtoras de trigo ao redor do mar Negro, também se tornou o principal exportador de grãos do Mediterrâneo. Os 50 dias após o solstício de verão eram considerados, em todo o Mediterrâneo, como os dias mais importantes para o comércio. Isso se devia tanto à colheita egípcia — o trigo era plantado após a retração da cheia, no outono, e então colhido na primavera — quanto ao clima ameno dessa época, adequado à navegação. Quando a irrigação se tornou mais sofisticada, a população e a produtividade do vale e do delta do Nilo aumentaram. As exportações de grãos pagavam a importação de itens escassos no Egito, como a prata, o ferro e a madeira, e também serviam para a contratação de mercenários estrangeiros.

Além da extraordinária vantagem da agricultura irrigada, dois outros fatores ajudaram a fazer com que o comércio egípcio de grãos a distâncias maiores se tornasse viável economicamente. Um deles foi a grande concentração urbana de Roma, como vimos no capítulo sobre as cidades. O tamanho de Roma gerava uma demanda por alimentos que dificilmente seria suprida por qualquer região produtora das redondezas. A segunda era o próprio Mediterrâneo como rede de abastecimento.

O transporte aquático era muito mais rápido e barato que o terrestre. No Egito antigo, hieróglifos de navios eram usados para denotar o transporte. Uma estimativa moderna diz que, no Império Romano, transportar uma carga qualquer por 1Km em um carro de boi custaria o mesmo que transportá-la por 57Km por um rio ou pelo mar; ou seja, era mais eficiente transportar grãos de um extremo do Mediterrâneo ao outro que arrastá-los por terra pelo interior italiano.

Em primeiro lugar, o transporte fluvial ajudou o próprio Egito a se tornar um mercado único, trazendo grãos das províncias do interior, a mais de 600Km, até a antiga capital, Mênfis, próxima ao Cairo moderno. E então os grãos eram embarcados pelo mar dos portos do Egito e da Sicília, o que permitiu que Grécia e Roma antigas deixassem de ser dependentes de seu interior agrícola e, particularmente no caso da Grécia, de chuvas muito pouco confiáveis. Como disse o filósofo Aristóteles: "O alimento vem para os que dominam os mares."

Esse mercado aumentou muito quando Roma conquistou o Egito, em 30 a.C. Dali por diante, Roma pôde extrair grãos na forma de impostos, em vez de se preocupar em produzir suas próprias exportações para pagar por eles. De fato, boa parte do comércio egípcio de grãos, dentro e fora do país, tratava-se mais de transferências forçadas estabelecidas por uma rígida sociedade hierárquica que da troca livre de produtos em um mercado aberto. O ápice parece ter sido alcançado no primeiro século a.C., em resposta à necessidade de abastecer Roma com grãos. Em outras palavras, o ápice da produção egípcia de grãos não veio em resposta à prosperidade e liberdade de seus cidadãos, mas sim à exploração colonial por uma potência estrangeira. Esse é um padrão recorrente.

Os romanos fizeram um grande esforço para reduzir os riscos do transporte de grãos. Conseguiam suprimir relativamente a pirataria no Mediterrâneo, e em certo momento, o imperador Cláudio indenizou mercadores contra perdas causadas por tempestades. Havia momentos de pânico quando o embarque de grãos do Norte da África para Roma se atrasava, e a Bíblia registra uma viagem de São Paulo a bordo de um navio de grãos de Alexandria que naufragou nas proximidades de Malta. Na prática, porém, Roma sofria incrivelmente pouco com suas crises de alimentos, graças aos suprimentos vindos do exterior.

Apesar da limitada tecnologia de construção naval da época, uma porção razoavelmente elevada do consumo total de grãos do Império Romano era comercializada ao redor do Mediterrâneo. Uma estimativa sugere que a produção agrícola do Império era de aproximadamente 18 milhões de toneladas de grãos. Talvez meio milhão fosse negociado livremente ao longo de distâncias médias ou longas, e mais que o dobro disso em viagens mais curtas. Outro 1,8 milhão de toneladas era exigido como impostos em espécie, viajando por longas distâncias. Se contarmos os impostos em espécie como comércio — e mesmo sem tomá-los à força, Roma ainda precisaria obter seus grãos de alguma forma —, trata-se de uma quantidade substancial. Na verdade, o próprio volume comercializado já é notável. Certos luxos como o azeite de oliva e o vinho, que não podiam ser produzidos em todas as partes dos Impérios Grego ou Romano, eram candidatos bastante óbvios ao comércio. Os grãos, por serem mais volumosos, pesados, baratos e passíveis de estragar ou de serem comidos por ratos, eram outra questão.

A infraestrutura do comércio de longa distância se tornava cada vez mais impressionante. Em 301 a.C., o imperador Diocleciano promulgou um decreto sobre os custos das viagens de transporte, anotado em tábuas de pedra e distribuído por todo o Império, trazendo mais de mil preços para viagens de diferentes distâncias. A fidelidade das cargas listadas com relação aos custos reais já foi questionada. Porém, nota-se claramente a existência de grandes descontos por milha em viagens mais longas, especialmente as viagens marítimas.

O comércio regional de bens, e particularmente de alimentos, tornou-se mais sofisticado com a adoção de moedas metálicas, facilitando assim as trocas. Em todo o Império eram organizados mercados locais, muitas vezes a cada oito dias — a duração da semana romana.

Quando o Império Romano colapsou, no século V a.C., o sistema comercial foi prejudicado. A infraestrutura de comércio — vias marítimas, estradas e mercados — erodiu, afetando as trocas da mesma forma. Lentamente, ao longo de muitos séculos, as redes de comércio foram reconstruídas, primeiro por Impérios islâmicos situados ao redor do Mediterrâneo e do Oriente Médio e depois por cidades-Estado europeias, como Veneza e Gênova. Em 1300, as regiões costeiras mediterrâneas, beneficiando-se das mesmas vantagens do comércio marítimo descobertas um milênio antes, haviam reconstruído uma rede de negócios para suprir as cidades da Itália, Sul da França e Espanha.

Como antes, a construção de um sistema de comércio intraeuropeu, e posteriormente de rotas comerciais mais longas, começou com produtos pequenos, leves e caros, passando depois aos grandes, pesados e baratos. No século XIII, os mongóis atravessaram as estepes da Ásia e estabeleceram um Império que se estendia da China ao Mediterrâneo. Daí por diante, a rota terrestre extraordinariamente difícil que trazia seda do Sudeste Asiático para Roma, com custos enormes, tornou-se muito mais segura e barata. Digam o que quiserem sobre os mongóis — e nos próximos capítulos, nos depararemos com sua prejudicial influência sobre algumas das civilizações que subjugaram —, mas eles certamente beneficiaram o comércio ao forçarem a paz. Em parte, seriam as incertezas quanto à rota terrestre da seda após o colapso do Império Mongol, associadas ao desejo português de flanquear os mercadores islâmicos que dominavam o comércio de especiarias, que levariam Colombo a se deparar acidentalmente com a América em 1492.

Dentro da Europa, o mesmo padrão de comércio emergia lentamente. Os primeiros bens a serem exportados em quantidades significativas tinham alto valor, sendo frequentemente produzidos por uma indústria especializada que não poderia ser replicada com facilidade em outras partes, mesmo que a matéria-prima estivesse disponível. Foram eles os primeiros a ligar duas zonas de comércio europeias tradicionalmente separadas, uma delas concentrada em suas costas a noroeste e a outra ao redor do Mediterrâneo.

Tecidos de lã do Noroeste europeu começaram a ganhar um grande mercado a partir dos século XI e XII. Esse comércio formava uma parte vital da economia inglesa, a tal ponto que o lorde chanceler, tradicionalmente a instância máxima do sistema judicial inglês, ainda fica sentado sobre um saco cheio de lã na Câmara dos Lordes. Tecidos de algodão vinham das Repúblicas italianas desde o século XIII, e da Espanha e de Portugal vinham azeite de oliva e cortiça.

A indústria do vinho europeia, apesar de abastecer uma elite bastante exclusiva, havia se concentrado em áreas especializadas a partir do século XII, em partes da França, do Reno, de Portugal e da Espanha, gerando o colapso dos antigos produtores de vinho da Inglaterra e dos Países Baixos. Em 1300, a região da Gasconha, no Sudoeste francês, exportava 100 mil toneladas de vinho para Londres a cada ano. Quando os preços dos grãos caíram na Europa depois que a Peste Negra, em meados dos século XIV, reduziu a demanda por alimentos básicos, os camponeses de Aix-en-Provence pediram aos senhorios de suas terras que lhes permitissem passar a produzir vinhos, suplicando: "Não temos lucro nenhum produzindo grãos."

Regiões próximas ao mar e a rios navegáveis com grandes áreas urbanas, que reduziam os custos médios de transporte, foram os que mais cresceram: Flandres, o Norte da Itália, Paris e Londres e os vales dos rios Pó, Sena, Garona, Tâmisa, Elba, Oder e Vístula.

Áreas que estabeleceram rotas de comércio vendendo produtos de pequeno volume e alto custo conseguiram posteriormente expandir sua gama de exportações. Por exemplo, a região densamente arborizada do Báltico, no Norte da Europa, foi originalmente atraída para o sistema de comércio como uma fonte de peles. No entanto, seu clima úmido e temperado posteriormente a tornou ideal para fornecer madeira e grãos para as partes mais secas e quentes da Europa. A região do mar Negro também começou com peles, além de fornecer os artigos de luxo que vinham da Ásia por rotas terrestres; posteriormente, a área retomou seu papel como fornecedor de grãos de Roma.

Mas o comércio de itens mais volumosos só cresceu lentamente. Uma demanda elevada e consistente muitas vezes não era suficiente para superar problemas de oferta. A necessidade certamente existia: na Europa medieval, as pessoas gastavam cerca da metade de sua renda em alimentos, e aproximadamente a metade disso era gasta em pão. A relação entre a demanda e o preço era muito pouco elástica — a quantidade consumida mudava pouco com o custo, e com isso, a queda da oferta em um lugar elevava os preços rapidamente, gerando um incentivo para que outros entrassem no mercado e compensassem a escassez. Escrevendo ao final do século XVII, na Inglaterra, Gregory King, um funcionário público com um dom extraordinário para a economia estatística, formulou uma lei segundo a qual uma queda de 10% na oferta elevava os preços em 30%.

A demanda inelástica deveria ter encorajado o crescimento do comércio internacional — o mesmo ocorre com o petróleo, outra commodity com poucos substitutos próximos, intensamente negociada na economia do século XXI. Ainda assim, sob a "tirania da distância" — os custos do transporte e a incerteza do comércio —, as trocas internacionais de grãos tardaram a se desenvolver. Ainda no século XVI, até mesmo a zona do Mediterrâneo provavelmente comercializava apenas cerca de 10% de sua produção de grãos.

Durante uma crise alimentar no século XVI, a República italiana de Veneza enviou um representante para os Estados bálticos, produtores de grãos, para investigar a possibilidade de assegurar o abastecimento. Ao retornar, ele informou que o transporte de grãos por terra através da Europa teria sido proibitivamente custoso, quadruplicando seu preço ao longo do caminho (em comparação, o preço da seda, que atravessava o mundo da China até a Itália, apenas triplicava, ao menos durante o tempo em que os mongóis protegeram a rota). Até mesmo os preços dos alimentos da Sicília, onde havia uma longa tradição de exportação de grãos, mais que duplicavam na viagem relativamente curta até a Espanha. Uma carga de grãos que custasse 10 *reales* espanhóis ao deixar uma fazenda siciliana acabava por custar 22,5 *reales* na chegada, entre os quais o transporte por terra acrescentava 3 *reales*, uma licença de exportação mais 5 *reales*, o frete marítimo para a Espanha outros 3,5 *reales*, e o seguro mais um *real*. A vantagem competitiva do exportador tinha que ser considerável para superar tal desvantagem de custo.

Somente em lugares com grandes concentrações de consumidores, geralmente cidades como Londres, com excelente acesso de transporte, havia um comércio particularmente volumoso e eficiente de alimentos básicos. Mesmo assim, como na Roma Antiga, isso se devia à intervenção dos governos na economia, e não a seu funcionamento livre. As autoridades de Londres fizeram um grande lobby para que o comércio de alimentos fosse distorcido a seu favor. Quando Londres cresceu além da capacidade das áreas circundantes de abastecê-la com grãos, tendo sua população inchada por migrantes rurais, a cidade iniciou uma insistente campanha política. Já em 1516, o lorde *mayor*[*] de Londres começou a enviar agentes para os portos ingleses para monitorar se estaria ocorrendo a exportação de grãos que poderiam ser destinados à ca-

[*] *Lord mayor* é o nobre responsável pela administração da City, o centro financeiro de Londres, e tem status de ministro de Estado. É uma função diferente da do prefeito de Londres (*mayor*), que administra a cidade. (N.E.)

pital. Mais adiante nesse século, as autoridades da capital britânica, um tanto ambiciosas, propuseram que nenhum navio carregado de grãos que atracasse em um porto inglês por qualquer motivo tivesse autorização para partir com sua carga.

Essa suspeita quanto ao comércio aberto pode ter criado algumas rotas comerciais. Mas também ajudou a retardar o desenvolvimento de padrões de comércio mais sustentáveis. Grupos ativos e influentes de mercadores muitas vezes conseguiam organizar uma massa crítica de infraestrutura comercial que conseguia baixar os custos. Os mercadores holandeses, por exemplo, ajudaram a abrir caminho para o comércio de bens perecíveis, como frutas, vegetais e flores, pelos quais o país ainda é famoso. Porém, quando faltavam alimentos, muitas vezes quem acabava sendo executado era o mensageiro. Os mercadores e atravessadores que ajudavam a criar os mercados muitas vezes eram culpados quando os preços de mercado subiam (de fato, ainda são: sempre que os preços do petróleo sobem, observa-se uma desaprovação pública das companhias petrolíferas e postos de gasolina "aproveitadores", e a "especulação" já foi responsabilizada por rápidas elevações nos preços dos alimentos em tempos recentes).

A Inglaterra medieval tinha leis que proibiam o "açambarcamento", ou seja, a compra de grandes quantidades de alimentos no mercado aberto enquanto os preços estavam baixos, com a intenção de revendê-los quando os preços se recuperassem. Adam Smith, posteriormente, comparou esse preconceito ao medo da bruxaria. O exemplo do comércio de grãos siciliano nos mostra que o maior dos custos individuais era a *tratta*, ou licença de exportação, que também era exigida dos comerciantes de grãos na Inglaterra no início da Idade Moderna. Boa parte das barreiras ao comércio livre eram artificiais, não naturais. Como na Roma Antiga, o poder de um Estado centralizado talvez tenha auxiliado o surgimento de rotas comerciais. Porém, quando as barreiras naturais causadas pelos custos de transporte caíram, a influência dos governos muitas vezes acabou por retardar o comércio, em vez de promovê-lo.

A importante abertura do comércio internacional de bens volumosos — particularmente com economias de fora da Europa — se deveu, em grande medida, a dois fatores. Em primeiro lugar, a Europa estava chegando a seus limites de produção doméstica. Em segundo, as drásticas diferenças vistas no Novo Mundo, com o qual a Europa passou a negociar, geraram enormes ganhos de eficiência. Uma coisa era se beneficiar da relativa umidade e disponibilidade de terras do Báltico com relação ao Mediterrâneo. Explorar a água e as enormes extensões de terreno do Novo Mundo, por outro lado, trazia vantagens de uma magnitude inteiramente diferente.

No século XVIII, o crescimento populacional estava criando uma pressão crescente sobre os recursos humanos e naturais dos países avançados da Europa Ocidental. O mesmo valia para as regiões mais ricas e densamente povoadas do Japão e da China nessa mesma época. Nessa etapa, como demonstrou o historiador Greg Clark em um estudo notável, o grande crescimento populacional em todo o mundo conseguira apenas reduzir o padrão de vida, pois o número maior de pessoas exerceu pressão sobre a quantidade limitada de terras produtivas e outros recursos. Em média, por incrível que pareça, o nível de vida das pessoas aparentemente não estava melhor que alguns séculos ou milênios antes.

Uma longa e inconclusiva discussão tem se dado sobre por que o Norte da Europa, e particularmente a Grã-Bretanha, e não a Ásia, conseguiu romper esse padrão no século XIX, industrializando-se antes e com mais rapidez e gerando aumentos sustentados de renda per capita. Uma explicação intrigante (ainda que Clark não a abone) é a de que os benefícios do comércio com a América aliviaram o Norte da Europa das restrições causadas pela carência de terras, permitindo que a região aumentasse sua produtividade.

Em 1800, as áreas mais importantes do continente (a maior parte da Europa Ocidental, especialmente a Inglaterra e a Holanda), os deltas dos rios Zhu Jiang (das Pérolas) e Yangtze (Azul), na China, e as regiões de Kinai e Kanto, no Japão, enfrentavam problemas semelhantes. Haviam vivenciado um grande aumento de população e produção. Na Europa, a população dobrou entre 1750 e 1850. As economias europeia, chinesa e japonesa faziam cada vez mais comércio com regiões geograficamente mais periféricas, em busca de produtos que utilizassem grandes áreas de terra, particularmente lenha e madeira para construção. A Europa Ocidental comprou árvores do Báltico; o delta do rio Azul conseguiu sua madeira de regiões rio acima e da Manchúria. Entretanto, a pressão ambiental causada até mesmo sobre as áreas de comércio mais distantes era evidente. Na China, as produções de alimentos e fibras, inclusive a agricultura extensiva do algodão, acompanharam o crescimento da população, mas somente ao custo de um grave desmatamento.

Na Inglaterra, uma das partes mais avançadas e densamente povoadas da Europa, o preço do trigo com relação a outros produtos aumentou em 40% entre 1760 e 1790 — e isso antes que as guerras napoleônicas tornassem os alimentos ainda mais escassos e o abastecimento ainda mais problemático. A Inglaterra, que já importava grãos de Alemanha, Polônia, Rússia e outras partes, voltou-se à importação de alimentos da Irlanda, que, em 1824, fornecia uma quantidade equivalente a aproximadamente 10% de toda a produção britânica de produtos agrícolas, madeira e peixes. A Grã-Bretanha também tinha uma dificuldade considerável em aumentar a produção de produtos como o linho e o cânhamo, usados para a fabricação de roupas.

A lenha e a madeira para construção se tornaram particularmente escassas. A oferta de árvores, que cresciam lentamente, foi ainda mais difícil de organizar rapidamente que a de grãos e outros produtos agrícolas; e, de qualquer forma, as florestas estavam sendo derrubadas não só para a extração de lenha e madeira para construção, mas também para a abertura de terras aráveis. Os navios de Masefield, "golpeando o Canal" repletos de lenha, respondiam ao que, no século XVIII, se tornara uma escassez aguda. Os custos britânicos com madeira a ser queimada aumentaram em sete vezes entre 1500 e 1630; a Dinamarca, outra região densamente povoada, perdeu cerca de 80% de suas matas entre 1500 e 1800.

Com uma população crescente, muitos europeus tremiam de frio no escuro. Uma estimativa sugere que, no século XVIII, o continente produzia combustível equivalente a apenas meia tonelada de carvão por pessoa por ano. Isso representava mais do que era consumido na China e no Japão, mas os europeus do Norte tinham que lidar com invernos amargos e tinham um modo de cozinhar particularmente dispendioso em termos energéticos.

A descoberta e exploração das reservas de carvão na Europa, e particularmente na Grã-Bretanha, ajudaram um bocado. Porém, mesmo com essa oferta de combustível, havia um imperativo premente para importar madeira, alimentos e fibras, além de, implicitamente, a terra e a água usadas para cultivá-los. As possessões e colônias ultramarinas da Grã-Bretanha eram, sempre que possível, despojadas dos recursos que começavam a escassear na pequena e populosa metrópole. Os colonialistas britânicos saíram à procura de colônias densamente arborizadas, de Quebec a Madras, buscando especialmente a madeira de alta qualidade usada para construir navios. À época da Revolução Americana, ao final do século XVIII, um terço da frota mercante britânica era construída nas colônias da América do Norte.

Em um ato de planejamento futuro corajoso, porém espetacularmente inepto, a Grã-Bretanha realizou o esforço considerável de estabelecer uma de suas colônias penais na ilha de Norfolk, uma mancha remota no meio do oceano a mil milhas de Sydney (posteriormente, a ilha tentou ficar famosa mais uma vez, ao ser colonizada por descendentes dos marinheiros amotinados do *HMS Bounty*). Durante a primeira tentativa de se estabelecer uma colônia ali, em 1788, havia a esperança de que os troncos das árvores altas que cobriam amplamente a ilha servissem como mastros e vergas para os navios da Marinha Real, e de que ali fosse possível cultivar linho para a fabricação de tecidos. Na ocasião, a árvore conhecida como o "pinheiro de Norfolk", que tecnicamente não pertencia à família dos pinheiros, fez uma contribuição não muito heroica ao Império Britânico. Sua madeira resultou tão frágil que os mastros feitos com ela se rompiam na primeira tempestade mais forte.

O comércio com as Américas, e particularmente com as colônias de plantations do Nordeste brasileiro, do Caribe e, posteriormente, dos estados do Sul dos EUA, era bem mais frutífero. Essas regiões tinham uma abundância de terra e água. Ainda que não houvesse grandes avanços tecnológicos na época — o advento de navios a vapor feitos de ferro só se daria no século XIX —, a Marinha britânica reproduziu o êxito romano na supressão da pirataria, dessa vez praticada no Atlântico e não no Mediterrâneo, o que permitiu que a carga passasse a viajar em navios desarmados e sem escoltas, com tripulações menores.

Assim como a agricultura argentina, que posteriormente seria organizada como uma base de abastecimento para a Europa, a monocultura para exportação das colônias, enviando poucos produtos em grande quantidade para o exterior, também se adequava muito bem às economias de escala necessárias para suprir a Grã-Bretanha com suas necessidades, de maneira rápida e barata. Juntamente com a madeira, a América enviava açúcar e algodão para a Grã-Bretanha, ajudando os britânicos a lidar com sua crise de recursos, aumentando sua ingestão calórica e permitindo que retivessem energia ao utilizarem roupas quentes e baratas.

O açúcar, como veremos em um próximo capítulo, tornou-se um dos principais combustíveis para os trabalhadores da Revolução Industrial. O açúcar fornecia algo em torno de 4% do total de calorias consumidas na Grã-Bretanha em 1800; um século depois, representava entre 18 e 22%. Para gerar a mesma quantidade de calorias pelo cultivo de trigo ou batatas, a Inglaterra teria precisado de 0,8 a 1 milhão de hectares adicionais de terra arável. Para substituir a madeira importada da América do Norte em 1825, o país teria precisado de algo como 600 mil hectares de florestas europeias. Tendo em vista que o total de terras cultiváveis na Grã-Bretanha era de aproximadamente 7 milhões de hectares, o comércio desses dois produtos apenas representava a adição de praticamente um quarto a mais de "hectares fantasma" aos recursos agrícolas britânicos. E no caso do algodão, o efeito do Novo Mundo se torna realmente excepcional. Em 1830, para substituir as importações de algodão com lã, a fibra doméstica tradicional da Grã-Bretanha, teriam sido necessários 9,3 milhões de hectares adicionais, dedicados à criação de ovelhas — uma área maior que toda a terra arável e o pasto do país combinados.

É claro que a Grã-Bretanha e a Europa geralmente precisavam pagar por essas importações, mas podiam fazê-lo com produtos nos quais eram investidos trabalho e capital intensivos, especialmente manufaturas como roupas e sapatos, nas quais haviam começado a se especializar. Como as colônias se baseavam na escravidão — e o algodão dos EUA era produzido por escravos, mesmo após a abolição da escravatura em todo o Império Britânico, em 1834 —, a Grã-Bretanha não teve de enfrentar o problema com o qual se depararam os demais países. A China e o Japão descobriram que os camponeses que trabalhavam nas fazendas de produtos para exportação logo se voltavam à agricultura de subsistência ou a indústrias caseiras, precisando ser atraídos de volta com salários mais altos.

O fato de a Grã-Bretanha se mostrar cada vez mais confortável com a ideia de deixar que as vantagens comparativas de sua economia com relação à do Novo Mundo se desenrolassem facilitava a lucratividade do comércio transatlântico. A revogação das Leis dos Cereais, em meados do século XIX, foi um sinal de que a elite política britânica estava disposta a considerar a importação de produtos agrícolas e a exportação de manufaturas como uma organização permanente de sua economia futura. O país preferia comprar alimentos e fibras de todo o mundo a buscar sua autossuficiência. Gradualmente, ainda que alguns tenham levado mais tempo que outros, a maior parte da Europa adotou a mesma posição.

O trigo de EUA, Canadá, Austrália e Argentina — e da Ucrânia, uma vez construída uma ferrovia rumo à Crimeia para o transporte de grãos — alterou completamente os moldes da agricultura europeia. A abertura dos pampas na Argentina e das pradarias nos EUA também expulsou da terra milhões de fazendeiros europeus, então tornados pouco competitivos, e em muitos casos fez com que eles emigrassem para seus países concorrentes na América, onde havia abundância de terra e escassez de trabalho. Uma série de colheitas ruins assolou a Europa na década de 1880, mas em vez de representar um desastre para os consumidores europeus, foi uma oportunidade de negócios para os produtores do Novo Mundo. Diferentemente do que ocorreu em séculos anteriores, nos quais a escassez gerou picos de valor, o preço real do trigo na Europa (ajustado com relação aos movimentos da inflação geral) caiu 15% entre 1873 e 1896.

Já falamos bastante da importação de terra virtual ou embutida nos séculos XVIII e XIX. Quanto ao comércio de água virtual no século XX, ainda que o padrão de competitividade seja claro, ainda é possível permitir que as vantagens naturais de cada região sejam aproveitadas com muito mais liberdade.

Apenas recentemente mais pessoas passaram a entender que a água é como o petróleo. Trata-se de um produto essencial para a condução de uma economia moderna, sua demanda não responde ao preço no curto prazo, ainda que possa ser mais flexível a médio, e aqueles que o possuem têm uma tendência perturbadora a gerenciá-lo erroneamente, de maneiras incrivelmente tolas. A segunda dessas características geralmente provoca a terceira. Padrões de uso da água estabelecidos ao longo do tempo, mesmo que as circunstâncias tenham agora mudado consideravelmente, não são fáceis de modificar. Em particular, a infraestrutura física e social da agricultura muitas vezes depende de que a água continue a ser utilizada como sempre, o que frequentemente significa fornecê-la de graça ou abaixo de seu custo real. Os fazendeiros relutam em abandonar seu estilo de vida em virtude da escassez de algo que habitualmente consideram como um direito. E assim como o petróleo, a água frequentemente brota do solo, com custo baixo, até se esgotar. Os países podem continuar a utilizá-la por um tempo extraordinariamente longo, sem consequências aparentes, até que a festa acabe subitamente.

O controle dos recursos hídricos, especialmente por meio de represas, foi um dos grandes símbolos de progresso e orgulho nacional durante o século XX. Não é difícil entender por quê. Em um século em que populações crescentes e cada vez mais urbanizadas passaram a ser sustentadas por um número menor de fazendeiros, a capacidade de controlar o abastecimento de água se tornou mais importante.

E as represas também geram energia, outro insumo essencial das economias modernas. A Hoover, na fronteira entre os estados de Nevada e Arizona, e a série de projetos hidrelétricos e de irrigação comandados pela Autoridade do Vale do Tennessee, um órgão federal dos EUA, estiveram entre os símbolos mais potentes e duradouros do New Deal de Franklin D. Roosevelt, o programa de obras públicas e intervenção governamental destinado a combater a Grande Depressão e a modernizar os EUA. A represa de Assuã, construída entre 1959 e 1970, foi o orgulho do nacionalismo egípcio durante o governo do coronel Nasser. Jawaharlal Nehru, o primeiro primeiro-ministro da Índia independente, disse que as represas eram os templos de seu país moderno. As grandes represas do século XX contiveram enchentes, levaram energia às cidades e permitiram que desertos florescessem.

Na verdade, não existe uma escassez generalizada de água no mundo: o planeta tem o suficiente para alimentar e lavar seus habitantes. Tampouco é provável que venha a haver uma escassez, contanto que a população, seguindo as projeções atuais, se estabilize abaixo de 10 bilhões de pessoas e que continuem a ser desenvolvidas tecnologias de economia de água na produção agrícola e industrial. Porém, a escassez localizada de água ocorre efetivamente, devido a um amplo grau de distribuição inadequada. Muita água é oferecida gratuitamente quando, como com qualquer recurso escasso compartilhado, ela deveria ter um preço. Como explicitado em um relatório das Nações Unidas alguns anos atrás, há uma escassez de água no mundo da mesma maneira que haveria uma escassez de Porsches se estes custassem US$ 300 cada um. Venda algum produto por um preço baixo demais e ele será usado em excesso.

Um dos motivos para os preços persistentemente baixos da água é a evidente permuta entre a conservação da água e outros objetivos considerados desejáveis, em particular o ilusório conceito de "segurança alimentar". Assim como a "segurança energética" que tanto preocupa os políticos de hoje, especialmente nos EUA, a segurança alimentar muitas vezes é confundida com autossuficiência. A primeira significa assegurar que sempre haverá o suficiente para comer; a segunda significa cultivá-la você mesmo.

A autossuficiência protege um país de certos riscos, como a interrupção do comércio por uma guerra, bloqueios econômicos, chantagens ou outros acontecimentos pouco comuns. Mas com isso, o abastecimento alimentar do país se torna dependente da confiabilidade da agricultura doméstica. Como descobriram os irlandeses durantes as fomes do século XIX, quando as colheitas de batatas foram um fracasso, isso pode ser perigoso.

Tais questões de segurança alimentar são particularmente agudas no Oriente Médio e no Norte da África — Egito, Argélia, Líbia, Tunísia e Marrocos — devido à escassez e à inconstância da água e ao tamanho e rápido crescimento das populações. Administrar o abastecimento de água é fundamental para a vida. Um mapa da região mostra um encaixe quase perfeito entre a precipitação anual de chuvas e a densidade populacional — as pessoas se amontoam nas costas relativamente chuvosas do Marrocos e da Tunísia. As exceções são os vales do Nilo e do Eufrates, ainda mais densamente povoados, aos quais a água chega na horizontal e não na vertical, e em quantidades maiores.

Os seres humanos usam a água primordialmente para a agricultura. Cada pessoa precisa de aproximadamente 1m^3 por ano para beber e algo entre 50m^3 e 100m^3 para a higiene. Entretanto, a "pegada hídrica" — a água total usada para sustentar cada pessoa e, por extensão, cada país — reflete principalmente a produção de alimentos. A comida consumida por cada pessoa necessita de, no mínimo, 1.000m^3 de água para se produzida, ou, na terminologia que apresentamos anteriormente, tem 1.000m^3 de água embutida. No comércio internacional de bens, 80% do fluxo de água virtual ou embutida está na forma de produtos agropecuários, três quartos dos quais em produtos vegetais e um quarto em produtos animais.

No Oriente Médio e no Norte da África, o uso agrícola de água tem um perfil muito mais político e ambiental que em outras partes. A produção agrícola em zonas temperadas, como na Europa Ocidental, baseia-se amplamente na precipitação de chuva. A água está contida no solo e se reabastece naturalmente, em vez de ser escoada de rios ou lençóis. Já no Oriente Médio, a maior parte do solo é árida, e os fazendeiros utilizam muita irrigação. Em termos globais, somente cerca de 11% a 12% da água doce de superfície (em rios, lagos e córregos) está armazenada em reservatórios. Nesse caso meso-oriental e no norte-africano, esse número é de 85%. O resultado é o uso disseminado de irrigação. O Irã, por exemplo, tem a quinta maior área agrícola irrigada do mundo e retém uma quantidade suficiente de água em seus reservatórios para irrigar muito mais.

Milhares de anos após os faraós, a irrigação ainda é fundamental para a agricultura egípcia. Métodos tradicionais de retenção de água, baseados na captura das enchentes anuais, foram radicalmente aprimorados no século XX com a construção da represa de Assuã e com o fornecimento de irrigação para a agricultura egípcia ao longo de todo o ano. A reputação das grandes represas tem caído nas últimas décadas: seus benefícios econômicos foram sistematicamente exagerados, e os custos ambientais e sociais de bloquear grandes rios e deslocar vilas inteiras muitas vezes foram ignorados. No entanto, Aswan parece ter sido uma das represas muito bem-sucedidas. Seus benefícios diretos sobre a irrigação e a produção de eletricidade representam cerca de 2% da renda nacional do país. A represa também protegeu os agricultores contra colheitas ruins e os residentes do Nilo contra enchentes, uma segurança cujo valor estimado é de mais 0,4% a 1,7% do produto interno bruto.

Ainda assim, recursos hídricos limitados, por mais bem administrados que sejam, nem sempre conseguem acompanhar o crescimento da população. Com relação à água necessária para abastecer seu consumo de alimentos e produtos, além do consumo direto e higiene, o Oriente Médio como um todo começou a passar por uma escassez em meados da década de 1970.

Os políticos da região, preocupados com a acusação de que deixaram seus países à mercê da natureza, negam veementemente que sua água tenha se esgotado. Com isso, porém, geralmente querem dizer que existe água suficiente para práticas domésticas como a higiene e a preparação de alimentos e para manter os empregos industriais e agrícolas atualmente existentes. Isso pode ser verdade. Mas há um conceito consideravelmente diferente e mais estreito que o da "pegada hídrica", que leva em consideração o quanto é consumido por cada país, e não a quantidade utilizada por cada país em sua própria economia. A diferença está na quantidade total de água embutida nas importações — o volume enviado para fora do país menos o volume importado. Tony Allan, o acadêmico que inventou o conceito de água virtual ou embutida, calcula que, com o crescimento das populações e o maior uso de água, os territórios de Israel e da Palestina deixaram de ser autossuficientes em água já nos anos 1950; o mesmo ocorreu com a Jordânia na década de 1960 e com o Egito na de 1970.

Alertas sombrios de que as guerras do futuro serão pela água, e não pelo petróleo, tornaram-se lugar-comum. O árido Oriente Médio, um criadouro de tensões étnicas, religiosas e políticas, é o lugar óbvio onde essas guerras deverão começar. Ainda assim, o grande crescimento populacional e de uso de água das últimas décadas evidentemente ainda não provocou um conflito tão disseminado.

A região tem vivido tensões pelo controle da água há milênios. Gideão, que libertou os israelitas do jugo dos midianitas no livro dos Juízes, no Velho Testamento, instrui seu povo a tomar o rio após derrotar seus opressores: "Também Gideão enviou mensageiros a todas as montanhas de Efraim, dizendo: Descei ao encontro dos midianitas, e tomai-lhes as águas até Bete-Bara, e também o Jordão." Os antigos egípcios se viam permanentemente preocupados em impedir que o Nilo fosse desviado ou bloqueado e cogitavam invadir o Sudão, corrente acima, para se assegurar disso. Quando a Grã-Bretanha tomou o controle do Egito ao final do século XIX, os oficiais coloniais tiveram que entrar em um acordo com a Etiópia para que esta prometesse não desviar as águas.

A tensão entre o moderno Estado de Israel e seus vizinhos árabes sempre tendeu a gerar conflitos, e a água parece ser um bom candidato a funcionar como um *casus belli* recorrente. Na década de 1950, não muito depois de sua criação, Israel começou a construir um sistema de canais conhecido como o Aqueduto Nacional. O plano era transportar água do rio Jordão e do mar da Galileia, o lago de água doce no alto do rio, para o deserto do Negev. A reação árabe não foi muito hospitaleira: a artilharia síria abriu fogo sobre as equipes de construção israelenses em 1955, e o rei Hussein, da Jordânia, denunciou o "roubo de águas árabes". Depois que anos de tentativas de mediação por parte dos EUA não deram em nada, a Liga Árabe concebeu um plano para desviar afluentes do Jordão para dentro da Síria de modo a frustrar as intenções israelenses. A proposta rapidamente gerou bombardeios aéreos e de artilharia por parte de Israel, para impedir a conclusão das operações de desvio.

Ainda assim, desde então, apesar do crescimento das populações e do uso de água e da conclusão do Aqueduto Nacional, a luta pela água não causou nenhuma guerra. Aliás, o tratado de paz de 1994 entre Israel e a Jordânia efetivamente incluía um acordo para o compartilhamento da água. Porém, muito antes disso, as limitações hídricas foram aliviadas pela tendência de ambos os países a começar a importar água embutida em alimentos. Nas três décadas depois de 1970, o valor das importações de alimentos no Oriente Médio e Norte da África aumentou em 17 vezes. Boa parte desse crescimento veio acompanhada da enorme elevação dos preços globais de petróleo na década de 1970, pois isso deu aos países produtores de petróleo maiores ganhos com suas exportações, com as quais puderam comprar alimentos importados. Entre 1970 e 1982, o valor per capita das importações agrícolas da região aumentou dez vezes — um grande aumento, mesmo em uma época de inflação alta (a necessidade de ganhos com exportações para permitir importações de água virtual é importante: os países secos da África subsaariana são compradores bastante modestos de água virtual, porque têm muito poucas exportações com as quais pagar por ela).

A situação da Jordânia, um país pequeno com uma população de 6 milhões de pessoas — que cresceu dez vezes no último meio século — é particularmente dramática. Oitenta por cento de suas necessidades hídricas são obtidos pela importação de água virtual — muito mais que em outros países secos da região. Atualmente, a quantidade de água importada pelo Oriente Médio e o Norte da África na forma virtual é maior que a que corre fisicamente pelo Egito através do Nilo. Isso, como explica Tony Allan, é um tipo de redistribuição de água que os engenheiros jamais poderiam imaginar. Os políticos e fazendeiros do Oriente Médio podem enxergar a dependência de importações como prova do fracasso de suas habilidades agrícolas, mas faz mais sentido vê-la como um êxito ressonante do comércio. O Egito, com uma população de aproximadamente 80 milhões de pessoas, é atualmente o segundo maior importador mundial de trigo, comprando cerca da metade de seus grãos do exterior. Para que o país pudesse passar a cultivar todos os cereais que consome, precisaria de aproximadamente um sexto de todo o estoque de água mantido na represa de Aswan.

Mas isso não significa que o Oriente Médio mantenha toda sua água em casa. A Jordânia e Israel possuem um próspera indústria exportadora de vegetais, ervas e outros produtos agrícolas de alto valor, vendidos à Europa. Frente a isso, parece uma distorção importar água com um conjunto de produtos e a enviar para o exterior com outro. Na realidade, é uma situação perfeitamente lógica. O peso ou o valor do que pode ser cultivado com a mesma quantidade de água varia consideravelmente entre um produto e outro. São necessários cerca de 1.000m^3 de água para cultivar uma tonelada de legumes, por exemplo, em comparação a 1.450m^3 para uma tonelada de trigo, enquanto uma tonelada de carne utiliza impressionantes 42.500 m^3 de água, gastos nos insumos necessários para a criação de gado. A carne é o produto que mais contribui para o fluxo de água virtual justamente por esse motivo. Ela constitui 13% do comércio global de água virtual, seguida pela soja (11%) e pelo trigo (9%).

E ainda que a carne valha um preço maior por tonelada que os legumes, os retornos financeiros para os agricultores do Oriente Médio ainda são drasticamente diferentes. Os legumes geram US$ 0,50 por metro cúbico de água, o trigo gera US$ 0,08 e a carne, US$ 0,05. Em países que permitiram a atuação do mercado, este respondeu. Os supermercados europeus vendem regularmente ervas produzidas em Israel e na Jordânia. Produtos como ervas e legumes utilizam relativamente pouca água, e também terra, mas usam mão de obra bastante intensiva. Portanto, adéquam-se a países secos e densamente povoados, com pouco solo fértil.

A China está em uma situação semelhante. Sua população gigantesca tem causado uma pressão considerável sobre as limitadas reservas de água do país. O enorme rio Amarelo, ou Huang Ho, em cujo vale se iniciou a agricultura sedentária da China, frequentemente seca antes de chegar ao mar. Porém, ainda que a demanda chinesa por água tenha subido rapidamente depois que sua população passou a consumir muito mais carne — um sinal do aumento de sua renda —, o país aliviou parte dessa pressão importando produtos agrícolas que utilizam água e terra intensamente, como a soja utilizada para alimentar porcos. Em troca, o país exporta produtos que necessitam de mão de obra intensiva, como cogumelos e alho, sem falar em suas colossais e lucrativas vendas de produtos manufaturados, cuja produção requer uma quantidade relativamente baixa de água.

No entanto, o padrão segundo o qual os recursos correm de áreas de abundância para áreas de escassez é frequentemente violado por limitações políticas artificiais. O maior exportador líquido de água virtual é, por estranho que pareça, a Austrália, situada no segundo continente mais seco do planeta, depois da Antártida. Mais adiante veremos por que é tão comum que um grupo de produtores — frequentemente agricultores — consiga controlar as políticas governamentais e as alterar a seu favor. Muitas vezes é mais fácil fazer isso com a água que com outros recursos, já que a água é frequentemente dada de graça, ou tem seu preço determinado de maneira bastante peculiar.

A lógica segundo a qual o comércio é determinado pelos recursos dependerá de o preço desse recurso espelhar seu valor verdadeiro. Países com muita terra fértil e não muitos habitantes, por exemplo, tenderão a exportar produtos agrícolas que necessitem de muita terra, porque esta será relativamente barata. Porém, quando um recurso como a água é oferecido gratuitamente, ou por preços distintos a diferentes grupos de produtores e consumidores, tais decisões podem ficar distorcidas.

A Austrália tem muita terra. Mas também é muito seca e tem um ecossistema frágil. Ainda assim, seus agricultores exportadores ajudam a enviar, a cada ano, 4 bilhões de toneladas líquidas de água virtual para fora do país. A quantidade de água para irrigação retirada da enorme bacia Murray-Darling, um sistema fluvial que começa nas regiões tropicais de Queensland e nas altas montanhas de Nova Gales do Sul e deságua no mar na cidade de Adelaide, no Sul do país, está causando importantes danos ambientais.

A Austrália tem um sistema de comércio de água relativamente sofisticado. No entanto, ainda que permita aos fazendeiros venderem uns aos outros seus direitos sobre o uso do recurso, o país restringe gravemente sua capacidade de vendê-los para a indústria e para as cidades. Em virtude disso, ela continua a exportar produtos de baixo valor, mas que utilizam grande quantidade de água, como arroz e algodão, enquanto suas cidades sofrem importantes limitações hídricas. Na prática, ao entregar sua água escassa a seus fazendeiros a um custo radicalmente baixo, a Austrália está privando suas próprias cidades, ao mesmo tempo em que subsidia os consumidores do resto do mundo.

Exceto no caso de secas, os direitos sobre a água são negociados a aproximadamente A$100 (cerca de US$80) por milhão de litros, ou mil toneladas. Nas cidades, o preço é dez vezes maior. Se houvesse um mercado livre de água, muitos agricultores venderiam sua alíquota para as cidades, em vez de, por exemplo, manter campos de arroz alagados durante cinco meses por ano. O país deixaria de exportar tanta água virtual. No entanto, até agora, o imperativo político de manter viva a indústria agrícola impediu o funcionamento da lógica de mercado com relação à escassez e à abundância. É verdade que o governo da Austrália anunciou um plano para comprar parte dos direitos dos fazendeiros sobre a água, deixando-a assim nos sistemas fluviais, mas os cientistas ambientais dizem que isso precisa avançar muito mais.

Apesar do crescimento nas importações de água virtual, o mesmo ainda não ocorre em muitas partes do Oriente Médio e do Norte da África, devido à incapacidade dos governos de dar um preço razoável a esse recurso. A maior demonstração de falta de bom senso já vista veio do governo da Arábia Saudita, que decidiu se utilizar de um grande manancial aquífero subterrâneo para se tornar, no início da década de 1990, o sexto maior exportador mundial de trigo. O país bombeou grandes quantidades de água dessa fonte, que não se reenche naturalmente, para criar campos de trigo irrigados literalmente no deserto. Felizmente, a sanidade tem prevalecido desde então, e o país se tornou um grande importador líquido de água embutida.

No entanto, o baixo valor cobrado pela água ainda persiste. Muitos países do Oriente Médio subsidiam implicitamente o uso excessivo de água por seus agricultores, pois o governo sustenta fortemente os preços dos produtos agrícolas domésticos enquanto impede a entrada de importações baratas, por meio de tarifas elevadas. Os governos também subsidiam crédito e energia para os agricultores. Em países como Irã e Síria, que mantêm fortes restrições ao comércio e cujos governos controlam os direitos sobre a água, as exportações de produtos que não utilizam grandes quantidades de água, como frutas e vegetais, cresceram muito pouco nos 20 anos após 1980, enquanto outros países expandiam rapidamente as suas. No Marrocos, a produção de beterraba e forragem, produtos de baixo valor, tradicionalmente receberam um suprimento especial de água, acompanhado de tarifas que os protegiam das importações de mais baixo preço. Estima-se que, se retiradas as tarifas de importação, seus lucros líquidos cairiam em 40%. No entanto, esses fazendeiros poderiam compensar inteiramente essa perda se fossem autorizados a vender seus direitos hídricos a outros agricultores que cultivassem produtos de valor mais elevado. Em dezembro de 2005, os agricultores da região de Tadla, no mesmo país, ecoando os camponeses de Aix-en-Provence do século XIV, organizaram um protesto justamente com esse motivo.

Em termos globais, a importação de água virtual contribui com aproximadamente 16% das pegadas hídricas nacionais médias — isso não é muito quando consideramos as enormes diferenças entre os países no que diz respeito a seus recursos hídricos. Sem esse mercado, o uso global de água para o cultivo de cereais seria 6% mais alto — não é uma economia de se desprezar, mas tampouco chega a ser drástica. Em parte, isso se deve a outras influências naturais, como a disponibilidade de terra e mão de obra, mas boa parte se deve a restrições artificiais sobre o funcionamento do mercado.

Mesmo no próprio Egito, as importações de água embutida contribuem com apenas cerca de um quarto da pegada hídrica do país. A segurança alimentar — definida como autossuficiência alimentar — é um deus ao qual os políticos egípcios são obrigados a prestar repetidas homenagens. O país mantém subsídios e restrições às importações que o impedem de se tornar dependente demais do resto do mundo em termos alimentares, mesmo ao custo de utilizar parte de sua reserva limitada de água de maneira bastante ineficaz.

Ao redor do mundo, a crise global dos preços de alimentos iniciada em 2007 apenas estimulou essa tendência. Os governos, em vez de reconhecerem a importância de permitir que os produtores mais eficientes do mundo explorem suas vantagens, retraíram-se na tentativa de produzir tudo por conta própria. As Filipinas, um país extremamente populoso que cultiva arroz de maneira cara e ineficiente em terraços montanhosos, ainda assim anunciaram sua intenção de se tornar autossuficiente.

É fácil compreender o imperativo político que leva cada país a fazer o mesmo. Ninguém quer depender de um mercado internacional inconstante, no qual os preços podem subir de forma muito abrupta, correndo assim o risco de ficar sem alimentos. Tais retrações em direção à autossuficiência impossibilitarão a especialização que fez com que o Egito deixasse de ser o celeiro do Império Romano e se tornasse o maior importador mundial de trigo, conseguindo assim, em ambas as situações, alimentar enormes populações urbanas com bastante eficiência e tranquilidade.

Assim como boa parte do comércio que constitui a economia global, a água embutida é um mercado que luta eternamente por se libertar de impedimentos naturais e artificiais — o custo do transporte, a ligação com a autossuficiência nacional, a inércia gerada pelos costumes e práticas e também pelas aduanas e impostos domésticos. A verdadeira pergunta não é por que o Egito importa tantos alimentos essenciais, mas sim por que não importa mais ainda?

4. Recursos Naturais

Por que o petróleo e os diamantes dão mais problemas do que valem de fato?

Em uma história assombrosa escrita por John Steinbeck, chamada *A pérola*, Kino, um pobre pescador mexicano, descobre de maneira lamentável a força destrutiva das riquezas naturais. Ele encontra uma pérola gigante — uma descoberta extremamente rara, algo que ocorre apenas uma vez por século. "Esta é a pérola do mundo", declara. Seu horizonte se amplia. Ele pode comprar um rifle; pode mandar seu filho para a escola.

Mas seu tesouro só lhe traz desgraças. "Gente de todas as espécies criou interesse por Kino — pessoas que tinham coisas para vender e pessoas que tinham favores a pedir", escreve o narrador. "Todos os homens ficaram de repente relacionados com a pérola de Kino, e a pérola de Kino passou a fazer parte dos sonhos, das especulações, das tramas, dos planos, dos futuros, dos desejos, das necessidades, das cobiças, das fomes de todos, e o único obstáculo à realização de tudo isso era Kino, de modo que ele se tornou curiosamente inimigo de todos. A notícia fez subir à tona uma coisa infinitamente negra e má na vila; a destilação escura era como o escorpião ou como a fome quando se sente o cheiro de comida ou como a solidão quando o amor é negado."

Os compradores de pérolas locais entram em conluio para tentar enganá-lo, fingindo que o objeto era de baixo valor. Kino é atacado por figuras desconhecidas à noite. Escapa com a família para a cidade grande, para vender ele próprio o achado. No caminho, ladrões o perseguem e matam seu filho ao tentarem se apoderar do prêmio.

O tesouro de Kino é único e insubstituível, tornando-se mais importante que a própria vida. No final, entretanto, acaba por não ter valor nenhum. Pois da mesma maneira, muitos países aparentemente presenteados com dádivas na forma de minerais raros e preciosos também se veem em situações piores justamente por tê-los descoberto. Assim como a da pérola, a descoberta de petróleo ou diamantes induz todo tipo de inveja e cobiça, transforma os comerciantes em ladrões e negociadores em caçadores de recompensas, incentiva a rivalidade em detrimento da cooperação e, no fim das contas, traz mais males que bens a quem os descobriu.

O poder destrutivo das pedras preciosas é particularmente perverso. Em última análise, muitas delas são valiosas simplesmente porque são valiosas. Os diamantes não têm nada de insubstituível. Joias feitas de zircônia cúbica podem ser indistinguíveis dos diamantes, a não ser para um especialista; gemas para uso industrial podem ser criadas artificialmente a um custo muito mais baixo que o da mineração da pedra natural. E o preço dos diamantes foi mantido alto durante décadas, pois as pedras foram compradas e mantidas em depósitos por um cartel global. Quando a raça humana for julgada, esta será uma das acusações mais estranhas e fortes contra ela: de que deu menos valor às vidas dos homens que a uma pedra cujo preço não dependia de nada além de si mesmo, tendo sido erguida das profundezas da terra, lapidada e polida para gerar uma joia de fogo branco e então devolvida ao subsolo, sem que ninguém jamais a tivesse visto.

O petróleo, um ingrediente essencial para a moderna produção industrial, pelo menos é um mineral mais razoável pelo qual se lutar. De fato, o recurso se tornou um fenômeno muito mais importante nos séculos XX e XXI, quando o motor de combustão interna movido a petróleo assumiu o posto de principal fonte de energia para o transporte e a manufatura, anteriormente ocupado pelo pistão a vapor movido a carvão e pelo cavalo movido a aveia.

Até recentemente, a ideia de que os minerais causam mais problemas do que de fato vale a pena poderia ter soado estranha para muita gente. Poucas pessoas de fora do círculo dos economistas do desenvolvimento estavam familiarizadas com os trabalhos lidando com a "maldição dos recursos" — uma praga com um nome que nos remete aos piratas, como a *Maldição do Pérola Negra* que perseguiu o capitão Jack Sparrow em *Piratas do Caribe*. Atualmente, o pêndulo da opinião pública começou a oscilar. O poder corruptor da riqueza mineral foi mostrado de maneira agressiva e esquemática em filmes como *Diamante de sangue*, ambientado na guerra civil que varreu Serra Leoa na década de 1990, transformando o país em um dos mais destituídos do planeta. Quando o regime de Saddam Hussein caiu em Bagdá, um dos primeiros questionamentos públicos foi sobre de que maneira o Iraque recém-conquistado poderia evitar a má administração de seu petróleo, algo que caracterizara tantos outros países do Oriente Médio.

Talvez haja o perigo de que o otimismo excessivo dê lugar a um pessimismo irrefletido. O petróleo e os diamantes, de fato, provaram não ter valor nenhum para a maior parte dos habitantes dos países dos quais são extraídos. No entanto, alguns países conseguiram administrá-los bastante bem, e não só os que já eram ricos, pacíficos e bem governados antes da chegada da riqueza mineral. A "indústria extrativa", como é chamada coloquialmente a de petróleo, gás e mineração, foi frequentemente muito mal administrada. Mas pode ser bem administrada.

Parece estranhíssimo que a descoberta de algo tão estimado possa empobrecer seu descobridor. Porém, as economias, em sua maior parte, enriquecem por serem capazes de fornecer bens e serviços, e não por possuírem uma fonte de commodities básicas. E não é necessário um grau gigantesco de riqueza não merecida para ameaçar o desejo de um país de obter uma receita, mesmo quando essa receita pudesse ser maior que sua herança. A prole preguiçosa de famílias ricas muitas vezes termina mais pobre que os filhos esforçados de pais mais humildes.

Mesmo em tempos de preços exorbitantes do petróleo, a renda gerada por recursos minerais em uma economia moderna e avançada continua baixa. Até mesmo para um produtor de petróleo como a Grã-Bretanha a extração mineral representa somente um pouco mais de 2% de sua renda nacional. A Noruega muitas vezes é apontada como exemplo de uma economia enriquecida pelo petróleo (e, como veremos, uma das poucas que conseguiu administrá-lo bem). O país é o décimo maior exportador de petróleo do mundo (acima da Nigéria e do Kuwait), sendo classificado regularmente como uma das duas ou três economias mais ricas do planeta por habitante. Ainda assim, o petróleo norueguês só se tornou bastante valioso há pouco tempo, na década de 1970, época em que a Noruega já tinha uma economia rica. E ainda que seja mais rica que seus vizinhos nórdicos menos favorecidos, como a Suécia, a Dinamarca e a Finlândia, a diferença não é extrema, situando-se na faixa de 10 a 20% per capita.

Agora, a contribuição dos recursos naturais não é medida puramente pelos empregos e renda que surgem de sua extração. Se puderem servir como o primeiro elo de uma extensa cadeia de abastecimento, na qual cada vez mais valor seja agregado com o processamento do produto ou sua utilização como insumo para um processo maior, a descoberta pode ter um impacto muito maior do que sua aparente contribuição econômica. Na verdade, os recursos podem servir apenas como um pontapé inicial em um processo no qual, a partir de então, desempenham um papel relativamente secundário. A turfa, um musgo sólido e compacto que cresce lentamente nos pântanos da Irlanda e da Escócia, foi usada tradicionalmente como um combustível de baixo valor em fumacentas lareiras domésticas. Cortar turfa nunca deixou ninguém rico, e nunca deixará. Mas tratar o malte da cevada com fogueiras de turfa e com água filtrada por pântanos de turfa para a produção do uísque escocês criou uma indústria de muitos bilhões de dólares a partir de uns poucos vales lamacentos nos recantos célticos da Europa.

Por outro lado, os diamantes exportados das minas do Oeste da África vêm sendo lapidados há séculos na Antuérpia ou em Amsterdã, onde a combinação de habilidade técnica e confiabilidade compensou os custos mais elevados. A Índia, e Bombaim em particular, tem crescido recentemente como um centro de lapidação e polimento de pedras preciosas, mas a África Ocidental ainda não se tornou um centro importante de agregação de valor à indústria dos diamantes. Como tantas vezes ocorre na África, o que será demonstrado em um capítulo posterior sobre cadeias de abastecimento, o continente, por diversos motivos, conseguiu capturar apenas os estágios mais básicos da produção.

Então, por que os minerais não são mais úteis? Em primeiro lugar, é da natureza do petróleo, do gás e da mineração beneficiar somente uns poucos trabalhadores. A maior parte dos países que reduziram muito rapidamente a pobreza conseguiu fazê-lo por meio de indústrias de produção em massa que utilizam grande quantidade de mão de obra, gerando muitos empregos de salários baixos ou médios. Os casos mais evidentes são os dos chamados "tigres asiáticos", Hong Kong, Taiwan, Cingapura e Coreia, seguidos por outras economias de crescimento acelerado da região, como Malásia e, agora, a China e o Vietnã. E tradicionalmente, o primeiro degrau na escada do desenvolvimento é a produção de roupas.

O único capital fixo necessário em uma fábrica de vestimentas é um edifício e algumas máquinas de costura. Quase todo o resto depende apenas de habilidade, tempo e esforço dos trabalhadores. Nas indústrias extrativas, por outro lado, o processo costuma utilizar um grande investimento de capital, empregando muito mais máquinas do que pessoas. A extração de petróleo e gás geralmente requer sondas de perfuração gigantescas, de alta tecnologia, plataformas marítimas e grandes sistemas de oleodutos ou gasodutos operados por um número relativamente pequeno de funcionários.

Nos países suficientemente avançados, que conseguem produzir sua própria maquinaria de extração, isso talvez não importe muito para a economia como um todo. Os empregos podem ser criados a um passo dali, nas fábricas que produzem as sondas, mesmo que estas possam ser operadas por muito poucos trabalhadores. Porém, em países que importam boa parte de sua maquinaria, uma porção significativa dos rendimentos da mineração desaparece no exterior, com a compra de bens de capital. Em países assim, os benefícios são revertidos para os donos do equipamento e do negócio e para um número relativamente pequeno de trabalhadores.

Além disso, a operação de uma grande indústria exportadora de commodities pode efetivamente dificultar a criação de empregos no resto da economia, um fenômeno conhecido como "doença holandesa". Ainda que o nome pareça o de alguma praga que afete as folhas dos olmos, a enfermidade se refere, na verdade, ao destino que acometeu a Holanda em meados da década de 1970. Os altos preços do petróleo e do gás transformaram os depósitos de gás do país — excepcionalmente fáceis de se alcançar, por se situarem em terra — em exportações valiosas. O dinheiro gerado pela venda do produto inundou o país, vindo de toda parte, e quando os dólares, francos, marcos alemães e ienes foram trocados por florins holandeses, a moeda do país, a taxa de câmbio subiu. Isso fez com que suas demais exportações deixassem de ser competitivas. Um revendedor londrino que comprasse mil florins em tulipas teria pagado £5 em janeiro de 1970, mas em dezembro de 1979, teria que desembolsar £118.

Essencialmente, os recursos dedicados ao cultivo de tulipas, ou ao que quer que a economia holandesa produzisse, foram voltados à extração de gás. E como a indústria do gás empregava muito menos pessoas que o cultivo de flores, o desemprego geral na Holanda efetivamente cresceu. O efeito do aumento da produção na redução do desemprego foi mais que compensado por um crescimento das indústrias de capital intensivo, em detrimento das indústrias de mão de obra intensiva.

Descobrir recursos naturais é mais ou menos como ganhar um grande prêmio em dinheiro na loteria. A partir desse momento, trabalhar não parece valer muito a pena, depois do que ganhamos sem sair do sofá. No entanto, a longo prazo, talvez acabássemos em situação melhor se continuássemos a trabalhar, particularmente se, com isso, nossa renda e habilidades continuarem a crescer. E é quase certo que trabalhando ficaríamos mais felizes do que sentados sob uma nuvem de fumaça de *cannabis*, em uma aversão a si mesmo semelhante ao da juventude holandesa ao final dos anos 1970, descontente e desempregada, apanhada pelo tédio que afeta aqueles para quem, neste caso literalmente, nada do que possam fazer valerá a pena (pois, de qualquer forma, ninguém lhes pagará pelo que quer que façam).

O padrão se repetiu, com efeitos muito piores, nos países em desenvolvimento, como a Zâmbia. Em um país após o outro, a descoberta de minerais ou um aumento súbito de seu preço levou a um colapso na agricultura, pois os produtos agrícolas — que competem em mercados internacionais agressivos — deixaram de ser lucrativos. Os fazendeiros se mudaram para as cidades em busca de empregos na indústria. Porém, como a indústria também havia falido ou sido desestimulada por uma alta taxa de câmbio e custos inflacionados, esses empregos não existiam.

Além disso, o efeito de um modelo de desenvolvimento que não utilize grandes quantidades de mão de obra tem consequências preocupantes em alguns países, por motivos que não se restringem unicamente à economia. O Oriente Médio, por exemplo, muito rico em petróleo, está cheio de jovens vivendo em economias que parecem bastante bem-sucedidas. A Arábia Saudita tem uma renda per capita de quase US$ 15 mil, ocupando um lugar no terço superior das estatísticas globais. Ainda assim, estima-se que sua taxa real de desemprego seja de até 25%, concentrada nos jovens. E como eles têm um grande peso no perfil demográfico do país — a metade dos homens sauditas tem até 22 anos de idade —, este tem um enorme e indócil eleitorado composto daquele tipo de cidadão que se mostrou vulnerável à atração do islamismo radical.

Grandes aumentos de renda em países produtores de petróleo raramente se transformam em um desenvolvimento sustentado. Os primeiros grandes choques do petróleo, na década de 1970, provocaram uma intensa transferência de renda dos países importadores desse recurso, como o Japão e a maior parte da Europa, para os países exportadores, especialmente os do Oriente Médio. Os árabes tinham o resto do mundo nas mãos. Era inevitável que a renda real dos importadores sofresse um forte abalo. Alguns, como a Alemanha, nos quais os sindicatos e os industriais concordaram em dividir os prejuízos, mantendo baixos os salários e preços, saíram-se melhor que outros, como a Grã-Bretanha, nos quais se estabeleceu um ciclo destrutivo de aumentos alternados de salários e preços. No entanto, os exportadores de petróleo não utilizaram o aumento de preços para tentar equiparar sua renda com a dos importadores. Em 2000, a renda per capita nacional da Arábia Saudita ainda era menor que a de países como a República Tcheca e a Eslováquia, que haviam sido economias comandadas pelo sistema comunista apenas 15 anos antes e cuja renda não chegava à metade da média europeia. A sorte na loteria não substitui uma economia dinâmica e inovadora.

Como parte da reabilitação da Líbia aos olhos dos países ocidentais após os ataques do 11 de Setembro, o coronel Muammar Khadafi, líder do ex-país pária, chamou uma equipe de consultores externos. Entre eles estava Michael Porter, um acadêmico de Harvard especializado na "competitividade" das economias, que o aconselhou sobre o que fazer para diversificar a economia líbia. Conta-se que um consultor descreveu o país como "uma bagunça". Com preços e salários altos demais em virtude do petróleo, eles têm se esforçado para encontrar algo mais para produzir, de modo a construir uma indústria competitiva.

Como era de se esperar, um dos poucos países produtores de petróleo que parece ter se diversificado adequadamente é um que não tem muito petróleo próprio. Dubai, um dos Emirados Árabes Unidos, tem sido habitualmente muito menos dependente do petróleo que outros Estados do Golfo. Tendo estabelecido seu papel como entreposto comercial há muito tempo, contando com uma boa dose de contrabando de ouro e outros produtos para a Índia, conseguiu se expandir, tornando-se um centro bancário e financeiro. Acrescentou a isso o turismo e até mesmo um núcleo de pesquisa em biotecnologia, montado a partir do nada. O emirado lidou com o problema da falta de competitividade trazendo trabalhadores temporários baratos de Índia, Paquistão e Bangladesh, países que têm salários e condições de vida muito mais baixas que os dos mimados cidadãos de Dubai.

No entanto, a maldição dos recursos pode atingir até mesmo economias que estejam fazendo esforços corajosos para se diversificar. Os produtores de tulipas da Holanda não foram os únicos a sofrerem com a doença holandesa. Um dos exemplos mais extremos dessa situação talvez tenha ocorrido alguns anos atrás na República da Zâmbia. Ela foi construída com base no cobre — "nascida com uma colher de cobre na boca", dizia o lema. Os viajantes que chegam ao aeroporto nacional de Lusaka são recebidos por um chafariz feito a partir de um enorme pedaço de minério de cobre, e um mapa gigante da África, feito de cobre polido, está pendurado na parede do setor de desembarque, deixando o conceito perfeitamente claro.

Como muitos países africanos, o modo como a Zâmbia administrou suas reservas de cobre após a independência resultou em uma triste história de nacionalismo inepto com relação aos recursos. Em 1970, o país havia tomado o controle das minas do metal da Anglo American, uma empresa que, fazendo jus ao menos à metade de seu nome, tem ações nas bolsas de Londres e Joanesburgo. A Zâmbia decidiu então desperdiçar boa parte dos rendimentos trazidos pela subida dos preços das commodities na década de 1970 e administrar as minas de modo seriamente equivocado. Konkola Deep, uma mina que extrai cobre do segundo maior depósito do mundo, adentra 1,5Km abaixo da terra em meio a um estrato de rochas encharcadas. Centenas de milhares de metros cúbicos de água precisam ser bombeados para fora da mina a cada dia para mantê-la em funcionamento. Porém, sob a tutela do Estado, a manutenção e o investimento foram negligenciados. Na década de 1990, quando Kenneth Kaunda, o primeiro presidente, foi finalmente removido do gabinete, os preços do cobre estavam baixos, e o país só conseguiu atrair ofertas a valores muito reduzidos e com uma promessa de isenção temporária de impostos, por 60 anos. O comprador? A Anglo American.

No momento em que o preço global do cobre subiu novamente em 2006, puxado pela demanda chinesa, a empresa vendeu as minas a diversos compradores estrangeiros, entre eles companhias da China, do Canadá e da Índia. As riquezas que jazem profundamente sob a terra zambiana são desconcertantes. Aos preços vigentes em meados da década de 2000, os depósitos de cobre sob Konkola Deep valem US$1,4 trilhão. Se a extração desse cobre fosse fácil e simples, em vez de cara e complexa, esse valor teria sido suficiente para pagar 1/3 da dívida nacional dos EUA. Porém, a Zâmbia ficou com uma fatia bastante pequena dos benefícios. Como as operações de mineração eram estrangeiras, os lucros saíram do país, sendo distribuídos entre acionistas de Londres, Índia e Pequim — neste último caso, o governo chinês. Devido às ofertas incrivelmente generosas necessárias para atrair investidores quando o preço do cobre estava baixo, as companhias pagavam poucos impostos sobre o lucro e poucos royalties minerais sobre o valor extraído.

Além disso, usavam-se principalmente máquinas e equipamentos importados. Os proprietários chineses chegaram a trazer seus próprios mineiros, conterrâneos, para trabalhar nelas, e boa parte desses salários era economizada para ser gasta no retorno deles para casa. Em outras palavras, a maior parte do valor da mineração do cobre na Zâmbia tendia a deixar o país. Ainda assim, talvez devido a pressões especulativas em um mercado de moeda estrangeira relativamente pequeno, a moeda nacional, a kwacha, subiu 70% com relação às outras moedas.

Os zambianos haviam sido corretamente orientados por doadores dos países ricos, economistas do desenvolvimento e todo o resto do mundo, a diversificar suas exportações e a depender menos do cobre. O país respondeu com uma indústria baseada em flores, frutas e vegetais a serem enviados aos supermercados europeus, um modelo semelhante ao do Quênia, um país do Leste da África. De súbito, as primeiras impressões de algum viajante sobre a economia da Zâmbia mudaram. Antes mesmo de pousarem para ver o chafariz de cobre no aeroporto, os passageiros que chegavam a Lusaka podiam ver grandes círculos de um verde vívido espalhados sobre a paisagem marrom ao redor da capital, onde eram cultivados rosas, vagens e ervilhas, além de feijão verde a serem consumidos em Londres e Madri. O rio Zambezi, que marca a fronteira sul da Zâmbia, também serviu como base para uma crescente indústria do turismo. O governo desastroso de Robert Mugabe no país vizinho, o Zimbábue, teve ao menos um bom efeito colateral na Zâmbia: os visitantes europeus preferiram ver o esplendor ressonante das cataratas Vitória pelo lado zambiano.

De repente, essas suadas conquistas se viram ameaçadas por uma moeda cada vez mais valorizada. O valor das exportações, por ser contado em dólares, caiu. Os custos com trabalhadores rurais e funcionários de hotéis domésticos, por serem em kwacha, mantiveram-se iguais, e o resultado foi um grande impacto sobre as margens de lucro. Em outras palavras, a alta no preço do cobre e, com isso, da moeda, fez com que diversos recém-criados negócios de exportação, que tinham alto valor e utilizavam mão de obra intensiva, e cujos benefícios ficavam principalmente com os zambianos, sendo pagos em kwacha, se vissem ameaçados pela antiga presença das minas, sujas e perigosas, cujo lucro, investimento de capital e parte dos salários deixavam o país, sendo entregues a estrangeiros em dólares, libras, rúpias e ienes. Seria difícil bolar um exemplo mais marcante da doença holandesa.

Esse mal neerlandês não passa de uma manifestação puramente econômica da maldição dos recursos, na qual um recurso mineral toma o lugar de atividades potencialmente mais lucrativas. Porém, a dominância de uma única e limitada commodity também tem sua dimensão política. E, em todo caso, a política tem o potencial de ser ainda mais hostil ao desenvolvimento que a economia. Anteriormente neste capítulo, observamos que um país muito dificilmente enriquece apenas por possuir um recurso mineral e nada mais. Assim, se o petróleo ou os diamantes, além de tornarem outras atividades pouco lucrativas, também alterarem toda a mentalidade do país e os motivos que incitam as pessoas e os negócios a adentrarem a economia, estamos diante de uma situação muito contraproducente. O petróleo e os diamantes frequentemente levam à má governança e à guerra.

O grande paradoxo do capitalismo é o da destruição levando à criação. As empresas, ao tentarem eliminar suas concorrentes do mercado, acabam por criar muitos outros negócios e dão empregos às pessoas, buscando melhores tecnologias, modos de operação mais eficientes e maneiras mais inteligentes de determinar os preços de seus produtos — pois qualquer coisa que lhes traga mais clientes lhes dará uma vantagem sobre a concorrência. Mas isso só funciona se forem observadas certas regras do jogo. A concorrência precisa ser baseada em normas consensuais e ser mantida dentro de limites bem estabelecidos — o objetivo não pode ser a vitória a qualquer custo. O futebol, como observou o filósofo Bertrand Russell, não seria um esporte interessante se as equipes perdedoras fossem executadas, ou abandonadas para morrer de fome (tudo bem, admito que haveria, na hora do intervalo, menos acusações de negligência no dar o sangue, além do fato de que essa punição certamente renderia milhões na venda do *pay-per-view*).

Também não veríamos um grande futebol se as equipes pudessem usar qualquer meio necessário para marcar um gol no time adversário — ferramentas, mutilações, facas, porretes, veículos de assalto, ataques aéreos. Da mesma forma, os negócios geram benefícios quando se estabelece uma concorrência justa entre produtos e preços, dentro de um sistema de leis que permita a vitória do mais eficiente. Os consumidores não se beneficiam quando as companhias se veem livres para fazer o que quiserem a fim de ganhar uma vantagem competitiva, como trapacear, roubar, subornar, intimidar e atacar.

Um dos problemas gerados por um recurso natural limitado é o fato de que, depois que sua posse foi conquistada por qualquer meio, é muito difícil desafiá-la. Se não houver a possibilidade de se encontrar outro depósito do mesmo mineral dentro da mesma economia, o recurso muitas vezes se vê livre de concorrência. Os recursos minerais muitas vezes geram um retorno muito acima do custo necessário para produzi-los. Isso ocorre porque, diferentemente das atividades econômicas convencionais, a oferta é limitada pela natureza, e com isso não é possível combater o lucro excedente por meio da concorrência. Uma companhia estatal de petróleo — e muitas companhias de petróleo nos países em desenvolvimento são públicas — pode estar ganhando lucros gigantescos em sua refinaria, extraindo petróleo ao custo de US$ 1 por barril e o vendendo no mercado mundial por cem vezes isso. No entanto, nenhum competidor privado poderá abrir um campo de petróleo rival no mesmo país, vendendo-o a preços mais baixos, a não ser que exista a possibilidade de se encontrar um novo campo. A subida dos preços do petróleo estimula as empresas a buscarem novos campos, naturalmente, ou faz com que passe a ser economicamente viável extrair petróleo de depósitos existentes, porém inacessíveis; ainda assim, o processo de descoberta e extração é lento e caro.

Na terminologia econômica, as companhias estão ganhando "renda econômica", ou seja, os produtores estão recebendo muito mais do que realmente precisam para manter a produção, porque outras companhias não têm a possibilidade de entrar na concorrência para reduzir seu lucro. O controle de um recurso para o qual existe um mercado pronto permanente e pouca ou nenhuma concorrência, que não requer nada além de manter as sondas funcionando, deveria trazer um dos maiores benefícios ao qual anseiam todos os monopolistas — uma vida tranquila. Mas quando um governo se envolve no jogo, para manter essa situação passa a ser necessário gastar em exércitos e guardas presidenciais, para impedir que qualquer outra pessoa assuma o controle. Esse tipo de concorrência não beneficia o país como um todo. A economia se torna uma luta, frequentemente ilegal e violenta, sobre o controle e os benefícios de certo recurso, e não uma competição aberta na tentativa de construir inovações cada vez mais eficientes.

As indústrias extrativas são notórias por sua corrupção. Elas andam, por assim dizer, em más companhias. Há uma teoria sobre a moeda, conhecida como lei de Gresham, segundo a qual a circulação de dinheiro falso acaba por eliminar a circulação das notas e moedas verdadeiras. Se você sabe que a sua moeda de ouro é genuína, não irá querer usá-la como dinheiro em uma transação na qual talvez receba moedas falsas como troco. O dinheiro ruim elimina o bom. O mesmo pode acontecer com empresas. As companhias que recebem os contratos do petróleo não são necessariamente as melhores para o serviço, e sim as que estão dispostas a subornar, especialmente porque será muito difícil desafiar sua posição uma vez que ganharem o contrato. E assim, as companhias honestas e decentes têm dificuldade em competir. As companhias petrolíferas — inclusive as das democracias ocidentais — fizeram, ao longo das décadas, coisas bastante repulsivas para manter o petróleo fluindo, e para vergonha de seus governos, muitas vezes tiveram apoio oficial.

Mesmo em democracias ricas e estáveis nas quais os rendimentos são recolhidos honestamente, sua distribuição pode causar tensões. O Alaska, por exemplo, é tão rico em petróleo e gás que não arrecada imposto de renda e, de fato, distribui dividendos entre todos os cidadãos, um valor que, na última década, foi de US$ 1.500 por ano, em média. Com isso surgiram disputas periódicas, e uma delas foi parar na Suprema Corte dos Estados Unidos. A questão era decidir se os moradores recém-chegados ao Alaska deveriam receber tanto quanto os residentes mais antigos. Talvez seja uma sorte que, para receber o bônus, seja preciso mudar-se para um estado frio e remoto, no qual a noite dura 20 horas por dia no inverno, o que possivelmente atrai a atenção de um grande número de aproveitadores. Se o petróleo fosse descoberto na ensolarada Califórnia e começasse a distribuição de seus dividendos, a plataforma continental da Costa Oeste dos EUA talvez afundasse no Pacífico, devido ao peso da população que inundaria San Diego com as mãos estendidas para receber os dólares grátis.

E em países nos quais a fraqueza da democracia e do governo facilita a elevação arbitrária de impostos e o roubo de dinheiro, seu uso para comprar favores ou a mera utilização dos rendimentos para proveito pessoal, as lutas se tornam extraordinariamente destrutivas, tomando toda a sociedade. Não há nada mais perigoso, para um governo nervoso, que o crescimento rápido de um novo centro de poder em potencial, financiado por um fluxo confiável de dinheiro que escape ao controle estatal.

Quando a Organização dos Países Exportadores de Petróleo (Opep) foi formada, na década de 1970, seu objetivo era estender o monopólio do petróleo por todo o mundo — criar um cartel global. Porém, mesmo nessa época, houve quem antevisse o resultado. O venezuelano Juan Pablo Pérez Alfonso, primeiro líder da Opep, previu de maneira infeliz, inesperada e incrivelmente precisa: "Daqui a dez anos, daqui a 20 anos, o petróleo nos trará a ruína. É o excremento do diabo. Estamos todos afundando nos excrementos do diabo."

Como veremos em mais detalhes em um capítulo adiante, o domínio do petróleo e do gás na economia russa ajudou a enfraquecer a democracia do país, e é provável que a situação continue dessa maneira. E o fato de que, na África, os quatro governantes que se encontram no poder há mais tempo, todos autocratas, estejam em zonas de produção de petróleo não é mera coincidência. Seus governos não fazem muito mais do que tentar se manter no poder, vendo-se frequentemente envolvidos em conflitos armados, e certamente entregam muito pouco a seus cidadãos. São o que o acadêmico Ricardo Soares de Oliveira chama de "Estados fracassados bem-sucedidos".*

Os recursos minerais também podem provocar vários outros tipos de competição destrutiva: por parte de rebeldes no próprio país, de Estados externos e entre proprietários e trabalhadores. Muitas guerras civis tropeçam na incapacidade de um dos lados de continuar a se abastecer, mesmo que esse lado controle uma parte do país. O Sul perdeu a Guerra Civil Americana em parte porque as linhas de abastecimento de alimentos e armas para suas forças armadas eram muito longas. Os dois lados da Guerra Civil Inglesa, no século XVII, encontraram oposição violenta em locais cansados de serem continuamente extorquidos em busca de alimentos e dinheiro. Porém, as guerras civis financiadas por recursos naturais que podem ser vendidos fora do país podem continuar indefinidamente.

Historicamente, países ricos em recursos, especialmente os que possuem outras características associadas a conflitos, como pobreza e baixo crescimento, têm muito mais probabilidade de acabarem em uma guerra civil. Jonas Savimbi, o líder do movimento rebelde Unita, em Angola, controlou o que, com efeito, era um Estado alternativo no meio da selva durante 20 anos. Ele travou uma guerra civil que começou logo depois que Angola ganhou sua independência

---

* A expressão *successful failed states* refere-se aos Estados africanos produtores de petróleo, situados na Costa da Guiné. São considerados falidos (ou fracassados) por não cumprirem minimamente suas funções soberanas, sobretudo no que diz respeito a segurança, educação, saúde e infraestrutura, mas, ao mesmo tempo, bem-sucedidos por atraírem investimentos europeus, americanos e asiáticos de longo prazo na área de extração e comercialização do petróleo. (N.R.)

de Portugal, em 1975. E continuou a lutar, com interrupções ocasionais para a realização de eleições fajutas e acordos de paz fracassados, até sua morte, em 2002. Foi uma demonstração admirável de organização e liderança. Em uma outra vida, Savimbi talvez tivesse sido um excelente executivo empresarial, ainda que provavelmente não fosse famoso pelas relações harmoniosas com seus funcionários. Ele efetivamente recebeu bastante auxílio estrangeiro, sendo muito habilidoso ao jogar a União Soviética e os EUA um contra o outro, recebendo financiamento dos dois. Porém, a base de suas operações, que explica por que estas conseguiram se manter após o fim dos auxílios recebidos durante a Guerra Fria, era o controle sobre os diamantes no interior angolano.

Os diamantes, em especial, são um mineral quase perfeito para financiar movimentos rebeldes independentes ou governos alternativos. Funcionam praticamente como uma moeda global, pois são pequenos e leves e seu valor não se deprecia. Apesar das tentativas de uma campanha global, o Processo Kimberley, com o objetivo de registrar sua origem, os diamantes são muito difíceis de rastrear. A guerra civil em Serra Leoa se arrastou por uma década, começando em 1991 depois que a Frente Unida Revolucionária, o principal movimento rebelde, ganhou o controle das minas de diamantes e usou sua riqueza para financiar suas operações. O ouro é mais pesado, mas igualmente útil. O petróleo é mais volumoso e difícil de extrair, mas, como um cartão Visa ou Mastercard, é aceito em toda parte.

Os minerais não se limitam a prolongar guerras civis: eles também atraem atenções indesejadas vindas do exterior. Uma das desgraças da problemática República Democrática do Congo (antigamente parte do Zaire, que era um epítome da corrupção e da má administração entre países africanos) é ter depósitos de coltan, sigla dada na África a dois minerais, columbita e tantalita, usados na fabricação de telefones celulares. O país também possui diamantes, cobre e ouro. Relata-se que diversos países, entre eles Uganda, enviaram tropas através da fronteira da RDC para pilhar recursos durante a guerra civil do país, que durou de 1997 a 2003. O fato de que Uganda tenha posteriormente começado a exportar minerais que não se encontram naturalmente em seu território não ajudou a corroborar as alegações de inocência de seu governo.

Outro aspecto útil e, portanto, desastroso dos minerais é a facilidade dos governos que os possuem em pedir empréstimos. É difícil confiscar os bens de um Estado que deixa de pagar uma dívida, ainda que certos "fundos abutre" (*vulture funds*) que estão processando países latino-americanos e africanos por moratórias em suas dívidas tenham tentado. E assim, os que oferecem empréstimos a governos geralmente precisam ceder o crédito sem garantias. Tais grupos se veem muito mais dispostos a emprestar dinheiro a países sabidamente detentores de minerais que possam ser vendidos em moeda forte. De fato, em alguns casos, os rendimentos diretos do petróleo foram usados como garantia de empréstimos, de modo que o credor externo tenha o direito de confiscar suas receitas para garantir o pagamento.

Muitos países em desenvolvimento contraíram dívidas espetaculares ao pedirem empréstimos imprudentes a credores imprudentes, mas os produtores de petróleo certamente encabeçam a lista. Quando o regime de Saddam Hussein caiu, em 2003, o Iraque tinha acumulado dívidas e moratórias valendo algo entre duas e quatro vezes o tamanho de toda sua economia, um valor estimado em cerca de US$ 6 mil para cada iraquiano. Para que o governo pudesse se reestruturar financeiramente, foi necessário o maior perdão de uma dívida na história. Da mesma forma, enquanto dezenas de países africanos tiveram perdoadas suas dívidas com outros governos e instituições oficiais, como o Banco Mundial, o caso da Nigéria, um país rico em petróleo, foi de longe o maior. Ela precisou de um perdão de US$18 bilhões para que o governo tivesse alguma mobilidade financeira.

Os trabalhadores das minas, pelo menos os que tiverem o direito de se organizar coletivamente, também passam boa parte do tempo tentando reverter uma proporção maior dos rendimentos para si mesmos. Se eles ficam sabendo que a empresa está ganhando dinheiro a torto e a direito, o incentivo para que tentem abocanhar uma parte das receitas para si mesmos se torna muito maior. Sindicatos capazes de interromper a produção, particularmente em tempos de preços altos no caso dos minerais, encontram-se em uma posição semelhante à de bandidos que conseguem bloquear a passagem por um desfiladeiro. Isso se aplica ainda mais se o mineral produzido, como petróleo ou carvão, for essencial para o funcionamento do resto da economia doméstica.

Não é de surpreender que, ao longo da história e em todo o mundo, a mineração frequentemente tenha gerado os sindicatos mais ativos. Harold Macmillan, primeiro-ministro conservador da Grã-Bretanha na primeira metade da década de 1960, dizia ter como regra jamais antagonizar três tipos de organização: a Igreja Católica, a Brigade of Guards (uma unidade de elite do Exército britânico) e o Sindicato Nacional dos Mineradores. Só em 1984 Margaret Thatcher assumiu o risco de enfrentar os últimos. Nessa época, o movimento sindical britânico havia sido muito enfraquecido pelo esgotamento da produção e pela maior disponibilidade de carvão estrangeiro para substituir o produto doméstico. Mesmo assim, a greve dos mineradores, que se arrastou durante um ano entre 1984 e 1985, transformando-se em uma das vitórias políticas decisivas da década de Thatcher como primeira-ministra, foi uma disputa acirrada.

O movimento sindical dos EUA, ainda que muito menor, foi igualmente construído com base nos mineradores. De carvão, cobre e prata. Seu equivalente moderno mais próximo se encontra no Chile. Nem mesmo os 25 anos de repressão aos sindicatos durante a ditadura de Augusto Pinochet conseguiram eliminar a possibilidade de os mineradores de cobre chilenos ficarem com uma boa parcela das grandes receitas vindas após uma subida global nos preços do metal. Todo grande aumento de preço traz um confronto ritualizado, em que os sindicatos ameaçam largar as ferramentas, e por vezes o fazem, em um jogo de blefes com o governo. Nenhum dos dois lados quer que a mineração seja interrompida, mas ambos sabem que há muitas receitas a serem barganhadas com base na ameaça de interrompê-la.

Mesmo em um nível muito mais reduzido, os motoristas de caminhões-tanque da Grã-Bretanha tradicionalmente receberam muito mais que motoristas semelhantes de outras indústrias, ainda que o grau de habilidade e perigo envolvido na profissão seja idêntico. De fato, o custo que os motoristas de caminhões-tanque podem representar para o país e para o empregador ficou claro nos protestos ligados ao combustível ocorridos em 2000. Um punhado de motoristas praticamente interrompeu a economia do país ao fazer uma greve independente, sem ligação com sindicatos. O grande trem de carga da economia teve seu caminho interrompido por uma dúzia de bandidos em um desfiladeiro.

As escavações e perfurações muitas vezes acabam se misturando ao sexo e às drogas, e não de uma boa maneira. A mineração e a prostituição sempre se reforçaram mutuamente. Os mineradores costumam ser homens relativamente bem pagos, isolados de suas esposas e famílias, e com isso, dados a relações sexuais com parceiras concomitantes, entre elas prostitutas. Especialmente nos países em desenvolvimento, isso os torna cada vez mais vulneráveis ao HIV e, com ele, à Aids. Áreas como o cinturão do cobre da Zâmbia estão cobertas de prostituição e infecções. Os bares estão repletos de mulheres, às vezes até de 12 anos de idade, que vendem seus corpos por uns poucos dólares, geralmente recebendo um dólar ou dois de bônus se não usarem preservativo.

E a epidemia de uso de metanfetamina cristal nos EUA foi particularmente aguda entre trabalhadores nas indústrias de perfuração de petróleo e gás. O *crystal meth*, ou "gelo", ao que parece, alivia o tédio de ficar preso por semanas a fio nas plataformas do golfo do México.

Às vezes, acidentes históricos e geográficos servem como belos testes para vermos o quanto os minerais podem levar à corrupção. São Tomé e Príncipe, um minúsculo país formado por duas ilhas na Costa Oeste da África, descobriu petróleo entre 1997 e 1999. Mais até que os EUA e a Argentina, ele serve como um grupo-controle quase perfeito para um experimento natural realizado em Cabo Verde, um país próximo. Cabo Verde tinha muitas semelhanças com São Tomé e Príncipe: também havia sido uma colônia portuguesa, havia conquistado sua independência no mesmo ano (1975), tivera um primeiro governo semelhante após a independência e também conseguira organizar suas primeiras eleições democráticas livres 16 anos após a independência, em 1991. A migração e outros elos entre os dois países preservaram sua similaridade cultural.

O resultado do encontro de petróleo em São Tomé e Príncipe faria qualquer economista do desenvolvimento saltar de alegria — ela confirmou precisamente as previsões da maldição dos recursos. Uma série de pesquisas com o público mostrou que, após os anúncios da descoberta, feitos entre 1997 e 1999, a percepção de corrupção em comparação à de Cabo Verde, que não tinha petróleo, cresceu entre 21 e 38%, conforme o tema abordado (a alocação da vagas na educação e de empregos estatais, compra de votos em eleições etc.). O maior aumento ocorreu em áreas mais ligadas àqueles que se encontram no poder e, portanto, conseguem ganhar o controle do petróleo e assegurar a renda econômica futura.

Como a Zâmbia, São Tomé e Príncipe também recebeu apenas uma pequena fração do valor de sua descoberta. Nesse caso, isso não se deveu à tentativa do governo de extrair o petróleo por conta própria, já que a descoberta foi feita por companhias dos EUA que exploravam a costa do país, mas sim porque o governo assinou contratos ingênuos com essas companhias sem se dar conta de seu poder de barganha.

A posse de recursos naturais soa como uma história de desgraças ininterruptas. No entanto, alguns países conseguiram superar com êxito o paradoxo da abundância, mantendo-se imunes aos efeitos políticos e econômicos da doença holandesa. Para que isso seja possível, duas coisas devem acontecer. Em primeiro lugar, a receita gerada pelo recurso deve ser manejada de um modo que não distorça todo o resto da economia. Em segundo, ele deve ser suficientemente protegido dos interesses aquisitivos e da ameaça de expropriação política.

Nada disso é fácil. Países que conseguem fazê-lo geralmente já são ricos por outros meios, de modo que a receita do petróleo não é a única recompensa a ser ganha, e as demais indústrias já são suficientemente lucrativas e flexíveis, conseguindo se adaptar. Na Noruega, a receita do petróleo acima de certo nível é mantida em um fundo nacional de estabilização, uma gigantesca poupança estatal. O dinheiro é mantido em dólares, para evitar elevações súbitas no valor da coroa norueguesa, sendo liberado para o consumo de acordo com as previsões sobre a riqueza e as necessidades futuras da Noruega. O Chile, que é o maior produtor mundial de cobre, tem um sistema semelhante.

Esses fundos devem ser tratados com cautela. O gasto deve ocorrer em uma taxa que possa ser mantida a longo prazo. Voltando à nossa analogia com a loteria, isto seria mais ou menos como colocar um grande prêmio no banco e gastar apenas os juros.

O dinheiro, sempre que possível, deve ser gasto em medidas que tornem o resto da economia mais competitivo. Em vez de fornecer subsídios permanentes para contrabalançar o efeito da taxa de câmbio causado pelas exportações minerais, um caminho mais razoável é melhorar a infraestrutura, a educação e a capacidade produtiva geral. Nos países em desenvolvimento, onde esses elementos tendem a ser escassos e muitas vezes restringem gravemente o desenvolvimento econômico, um gasto assim pode fazer com que, ao melhorar o funcionamento dos demais mercados, o recurso mineral acabe por se mostrar positivo para o resto da economia. Indústrias de maior valor agregado, cuja competitividade depende não só do preço como também da qualidade, são menos suscetíveis a alterações na taxa de câmbio, ao menos no curto prazo.

Alguns países de renda média como a Malásia e a Indonésia, que possuem depósitos substanciais de petróleo e gás, conseguiram limitar a distorção causada pelos recursos naturais na economia e na política nacionais. Nesses casos, governos autocráticos, porém relativamente estáveis, perceberam que seus interesses pessoais estavam vagamente relacionados à riqueza de seus cidadãos. Portanto, não cometeram o erro de enxergar suas economias como um jogo de soma zero. A Malásia conseguiu gastar suas receitas do petróleo segundo um plano de desenvolvimento nacional, em vez de distribuí-las aleatoriamente ou de comprar favores políticos — medidas que um governo mais desesperado ou instável talvez estivesse disposto a adotar. Esses países também já possuíam economias relativamente bem-sucedidas antes da chegada do petróleo.

Ainda mais surpreendentes são os poucos países que começaram com pouco mais que um único recurso natural e conseguiram ser bem-sucedidos. O exemplo mais marcante é o de Botsuana, cujo propósito de vida parece ser atuar como uma exceção para a maior parte das regras que regem a África e, de fato, todo o resto do mundo. Seu feito notável foi ter usado a riqueza dos diamantes de maneira razoável e construtiva, não permitindo que ela bloqueasse o crescimento da economia nem envenenasse a política nacional.

Botsuana conquistou sua independência da Grã-Bretanha em 1966, durante a grande queda do Império Britânico na África. Enquanto a maior parte do continente sucumbia a guerra civil, inflação, corrupção, doenças, dívidas devastadoras e desastres econômicos, Botsuana, de maneira surpreendente, conseguiu se tornar a economia de crescimento mais acelerado em todo o mundo durante os 30 anos seguintes. O país cresceu mais rápido que os EUA ou o Japão, mais rápido que a Coreia do Sul, mais rápido que Hong Kong, Taiwan ou a China.

No centro da bem-sucedida administração da riqueza dos diamantes em Botsuana está um acordo de compartilhamento de receitas com a De Beers, a companhia que, por muito tempo, dominou o mercado mundial de diamantes. A empresa realiza as escavações de diamantes e o país fica com uma parte da receita. O modo como o acordo está estruturado dá à corporação a confiança de que o contrato será honrado, e com isso ele continua a investir nas minas para mantê-las funcionando. Botsuana fica com a segurança de receber uma parte da receita e sabe que ganhará com qualquer subida no preço global de diamantes, mas estará protegida das quedas de preço.

Um dos fatores que atuam a favor de Botsuana, ironicamente, é a dificuldade de extrair os diamantes. Como na África do Sul, os diamantes estão enterrados profundamente. Por outro lado, as gemas de países africanos problemáticos, como Serra Leoa, são pedras aluviais que podem ser garimpadas diretamente dos leitos dos rios. O processo de coleta de diamantes aluviais pode utilizar muita mão de obra, diferentemente da escavação profunda do subsolo, que é de capital intensivo, mas a força de trabalho raramente se vê satisfeita com a situação. A coleta de diamantes aluviais é uma operação fácil demais para qualquer gangue de capangas armados que consiga fortificar alguns quilômetros de um rio e capturar prisioneiros que farão a exploração sob a mira de uma arma. Para tocar uma operação de extração de diamantes em minas de difícil acesso, como as de Botsuana, é necessária uma autoridade muito mais estável. Na prática, somente uma companhia estrangeira privada extremamente capacitada, como a De Beers, tinha os conhecimentos necessários para extrair efetivamente os diamantes.

No entanto, ainda que a profundidade das minas tenha ajudado, a geologia por si só não define o destino de um país. Diversos regimes baseados no petróleo (Nigéria, Angola, Sudão) dependeram, e ainda dependem, de companhias petrolíferas externas para extrair os "excrementos do diabo". Ainda assim, esses regimes conseguiram administrar os rendimentos de maneira incrivelmente equivocada.

A peculiaridade de Botsuana atraiu muita atenção de cientistas políticos e economistas, que se perguntaram por que o país teve tanto êxito e por que esse êxito foi uma anomalia tão grande. Ao observarmos a série de racionalizações gerada a partir daí, parece haver uma luta para impedir que essas explicações escapem em direção à tautologia. Botsuana é um sucesso porque tomou as medidas certas; Botsuana é um sucesso porque tinha melhores políticos, ou melhores instituições políticas, que outros países africanos. Botsuana é um sucesso porque foi um sucesso.

O que parece muito claro é que o sucesso de Botsuana não se deveu a uma grande sorte em suas instituições políticas, legais e sociais herdadas de sua história colonial. Algumas economias muito bem-sucedidas, como a de Hong Kong, tinham poucos recursos naturais, mas receberam heranças coloniais que mostraram ser muito mais preciosas: o Estado de direito, uma infraestrutura bastante boa e uma população relativamente bem instruída. No caso de Hong Kong, isso ocorreu em parte porque uma classe de negociantes, anteriormente radicada em Xangai, acabou ali ao fugir do comunismo.

Botsuana não tinha nada disso. Quando conquistou sua independência do Império Britânico, em 1966, o país tinha 12Km de estradas pavimentadas, 22 pessoas com educação de nível superior e 100 pessoas que haviam completado o ensino médio. De fato, como os britânicos não sabiam da presença dos diamantes, dedicaram muito pouco tempo ou recursos ao país, tratando-o como um escudo entre suas outras possessões coloniais africanas e as colônias alemãs e portuguesas que as circundavam.

O país tampouco estava livre de possíveis rivalidades étnicas. Diferentemente da crença popular de que só há uma tribo em Botsuana, há ali diversas — ainda que alguns acadêmicos afirmem que o país teve uma herança comparativamente benigna, pois tinha uma tradição de questionar e criticar seus chefes tradicionais.

A esperança no novo país, que não tinha saída para o mar e fazia fronteira com o regime do apartheid, na África do Sul, e com a Rodésia, dominada por governantes brancos, não era muito elevada. Um relatório do governo britânico sobre o futuro de Botsuana, escrito em 1960, afirmou que o país tinha "uma péssima perspectiva econômica... baseada em frágeis esperanças quanto à sua agricultura, ao sal e ao carvão".

Ainda assim, o país tomou uma grande série de decisões acertadas, enquanto outros países tomavam decisões ruins. Instituições políticas sólidas anteriormente inexistentes, entre elas o Estado de direito, ainda que não uma democracia multipartidária, conseguiram se desenvolver paralelamente à exploração da riqueza dos diamantes.

Seretse Khama — o primeiro presidente de Botsuana — e seus parceiros fizeram uma série de jogadas classicamente tidas como acertadas. Criaram um fundo nacional para administrar a riqueza dos diamantes, em vez de fomentar divisões étnicas e permitir que as tribos ficassem elas mesmas com a receita. A mineração dos diamantes foi feita lentamente, de modo a se adequar à capacidade do país de gastar os rendimentos com sabedoria (a De Beers na verdade queria explorá-los com mais rapidez). Escolheram projetos para o fundo, ordenando-os estritamente com base no retorno econômico que poderiam gerar. Khama chegou a rejeitar uma oferta de priorizar a construção de uma rua que passaria pela residência presidencial, dizendo que a construção de estradas deveria seguir as prioridades nacionais. Ele, que foi um dos poucos grandes líderes da África pós-independência, quase não chegou à presidência: vergonhosamente, os britânicos o haviam retirado de seu cargo anterior como chefe tribal, temendo que seu casamento inter-racial com uma mulher londrina afrontasse o apartheid da África do Sul.

Em vez de transformar os diamantes em um jogo de soma zero no qual os ganhos da De Beers representassem perdas para Botsuana, o plano de compartilhamento de receitas assegurou benefícios a ambos. A empresa ganha uma receita previsível e a confiança de que interferências políticas não interromperão seus ganhos. Para Botsuana, os diamantes são extraídos de forma honesta e habilidosa, e o país pode fazer planos com base na riqueza que receberá a partir deles. A De Beers não vai à falência por ter de comprar caros "seguros contra o risco político", ou seja, contra o risco de uma mudança súbita de condução governamental. E Botsuana não teme que a De Beers decida abandonar o país sem aviso.

Ao se vincular à companhia por meio de um acordo rígido, o país mostrou que administraria seus recursos de maneira séria. Fez o que poderíamos chamar de um "pré-compromisso crível". Atou-se ao mastro. No poema épico de Homero, Ulisses fez com que o amarrassem à haste de seu navio antes de passar pela ilha das Sereias, assim poderia ouvi-las cantar sem ter a tentação de alterar o rumo de sua embarcação para as rochas, dirigindo-se assim à destruição e à morte. Por conhecer as histórias sobre o canto fascinante daqueles seres mágicos, ele sabia que, ainda que não desejasse sucumbir à tentação, a única maneira de evitá-la seria impedir-se previamente, à força.

Atualmente, Botsuana se tornou suficientemente rica e poderosa na relação para poder influenciar melhor os termos do contrato sem medo de afastar a De Beers ou outros investidores estrangeiros. Mais recentemente, conseguiu atrair uma porção maior da cadeia de abastecimento para dentro do país, negociando para que a transnacional montasse operações locais de seleção, lapidação e polimento de pedras brutas em troca do direito de continuar a minerar as reservas nacionais.

Por outro lado, a Zâmbia, território ao lado de Botsuana, que primeiro afastou os investidores estrangeiros e depois administrou erroneamente suas minas, encontra-se em uma posição de barganha muito mais fraca. Em vez de conseguir ditar os termos dos acordos, como fez seu vizinho, a Zâmbia precisou de grandes negociações até conseguir aumentar ligeiramente seus minúsculos royalties minerais, conseguindo recuperar parte do ganho dos investidores privados estrangeiros que recebem boa parte da receita advinda do cobre do país. A estatização do cobre zambiano após a independência era politicamente atraente e recorria a um sentimento de justiça redistributiva. Porém, com o passar do tempo, essa decisão demonstrou ser pouco sábia. A Zâmbia buscou os ganhos de curto prazo, descobriu que não conseguiria sustentá-los, e acabou por se prejudicar. Se você quiser expulsar as companhias internacionais de mineração ou petróleo quando tiver vontade, é melhor se assegurar de que elas sempre precisarão mais de você do que você delas.

Botsuana não é um paraíso econômico, e não só em virtude de sua taxa estratosférica de infectados pelo HIV. Apesar de ter evitado a doença holandesa política e de ter desenvolvido algum grau de integração na cadeia de abastecimento dos diamantes, o resto da economia continua bastante inexpressivo. O desemprego e a desigualdade são elevados. O país não desenvolveu muitos outros setores além dos diamantes — apenas explorou diamantes muito bem. Ainda assim, isso é suficiente para que o botsuano médio tenha uma renda mais de seis vezes maior que a dos vizinhos zambianos. Nem todo país pode imitar Botsuana, porque nem todo país possui diamantes. Porém, se todo país africano dotado de recursos minerais os tivesse explorado tão bem quanto Botsuana, o continente estaria em uma situação amplamente melhor.

Dois problemas surgem quando tentamos replicar o sucesso de Botsuana. Em primeiro lugar, a maior parte dos governos simplesmente se recusa a se atar ao mastro. Em segundo, particularmente em um continente como a África, com memórias recentes de dominação por potências coloniais, é quase impossível que um estrangeiro consiga entrar no país e os forçar a fazê-lo.

Saber quais são as medidas certas a serem tomadas não significa que sua implementação será bastante direta. Durante a década de 1990 e no novo milênio, um novo consenso e uma nova campanha cresceram rapidamente na tentativa de eliminar a maldição dos recursos em países em desenvolvimento. A campanha era centrada tanto nos pagadores quanto nos recebedores de royalties, impostos e taxas de extração de minerais.

O primeiro passo era a transparência — tentar descobrir qual era o tamanho do bolo e impedir que suas fatias fossem entregues secretamente por meio de subornos. Do lado do pagador, uma campanha lançada por organizações não governamentais chamada Publique O Que Paga (*Publish What You Pay*, PWYP) tinha como objetivo fazer com que as companhias petrolíferas e de mineração revelassem o quanto entregavam em royalties e taxas aos governos. Do lado do recebedor, surgiu uma nova iniciativa liderada por doadores oficiais, como a Grã-Bretanha, conhecida como Extractive Industries Transparency Initiative ("Iniciativa de Transparência das Indústrias Extrativas"), para estimular os governos a agirem menos como Angola e mais como Botsuana.

O segundo passo foi instituir um marco amplo para definir de que maneira os recursos minerais deveriam ser gastos, preferencialmente por meio de um fundo nacional baseado nos princípios descritos acima. Uma parte importante do processo foi a determinação de que o fundo deveria ser cuidadosamente monitorado por ONGs locais e, quando necessário, por atores estrangeiros, como o Banco Mundial.

No entanto, muitos países se recusaram a aceitar os princípios. Afinal de contas, são países soberanos que podem determinar seus próprios destinos. Além disso, é claro, a riqueza mineral lhes dá mais poder para fazê-lo, o que, no fim das contas, foi o que nos trouxe à situação atual. Mesmo em países que sofrem uma maior influência do mundo exterior, a tentativa de comprar ou forçar externamente as reformas tendeu a fracassar, como muitas vezes ocorre. Em um projeto pioneiro financiado em parte pelo Banco Mundial, foi construído um oleoduto de centenas de quilômetros atravessando os desertos remotos do Chade, no Oeste da África, até um terminal petrolífero na costa de seu país vizinho, a República de Camarões. Uma parte da renda gerada pela venda do petróleo seria destinada a um fundo para as "gerações futuras", administrado de forma transparente, e a maior parte do resto seria utilizada para gastos em saúde e educação.

No entanto, o Chade deu poucos sinais de que queria imitar Botsuana. Oficiais bem-intencionados do Banco Mundial muitas vezes são incapazes de fazer frente a um governo determinado, particularmente um governo pressionado sob grande oposição política ou sob os olhos atentos de ONGs nacionais. Após a abertura do oleoduto, o governo do Chade contornou repetidamente as disposições do contrato sobre a receita, transferindo os gastos para o setor militar e de segurança. O presidente declarou um estado de emergência que lhe permitiu gastar a receita do petróleo como bem entendesse. Por fim, em 2008, o Banco Mundial desistiu e se retirou do projeto.

Para examinar essas questões complicadas, o próprio banco havia organizado um prolongado debate conhecido como *Extractive Industries Review* ("Análise das Indústrias Extrativas"), que tinha como objetivo avaliar a capacidade dos países em desenvolvimento de enriquecer por meio da exploração de petróleo, gás e minérios. Infelizmente, o estudo serviu como uma mostra clara do abismo irreconciliável entre as diferentes opiniões, em vez de gerar pontos de entendimento. De 2000 a 2004, o estudo foi conduzido por Emil Salim, um ancião indonésio que fora ministro do Meio Ambiente durante o regime ditatorial do presidente Suharto.

O estudo acabou por recomendar que o banco interrompesse gradualmente todo o financiamento a projetos ligados ao carvão e ao petróleo. Graças à influência dos EUA e da União Europeia sobre o Banco Mundial e à importância das companhias petrolíferas americanas e da Europa, juntamente com a pressão dos governos de países em desenvolvimento para que o banco continuasse envolvido, essa medida jamais veio a ser adotada pelos administradores da entidade. No entanto, isso refletia os pontos de vista expressados em uma série de discussões acaloradas em fóruns regionais. Muitos ativistas e acadêmicos do desenvolvimento argumentaram que não havia nenhuma garantia de que a maldição dos recursos pudesse ser superada. Simplesmente não havia nenhum indício de que as indústrias extrativas pudessem ser sistematicamente confiáveis na tentativa de enriquecer os pobres.

É fácil dizer que medidas devem ser tomadas. Porém, a menos que tenhamos instituições para impô-las e as defender, saber quais são as medidas corretas não tem muita utilidade. E como quer que as instituições evoluam, não é fácil tentar forçá-las do exterior. Quase por definição, governos ricos em recursos geralmente se tornam poderosos o suficiente para evitar essas tentativas de influenciá-los.

As companhias ocidentais de petróleo e mineração são alvos mais fáceis para os ativistas. Certas exigências podem ser impostas a essas empresas pela lei, e elas se preocupam com os possíveis riscos à sua reputação ao se envolverem em projetos desastrosos, como ocorreu quando se viram metidas na violenta política da região do delta da Nigéria. No entanto, as companhias ocidentais não são os únicos compradores desses recursos. O mercado tem agora um novo grande participante, a China, que mostra poucos sinais de estar disposta a seguir as mesmas regras.

Embora, devido ao massacre de Darfur e a diversos abusos contra os direitos humanos, nenhuma companhia ocidental pudesse bombear petróleo abertamente no Sudão, a China não mostrou tais escrúpulos. Pequim adota o argumento, que não deixa de ser razoável, de que está apenas fazendo o que as companhias ocidentais costumavam fazer antes do surgimento de ideias modernas como o Publique O Que Paga. De qualquer forma, afirmam os chineses, estando parcialmente justificado, o país é forçado a entrar em países difíceis, porque a maior parte das fontes de petróleo existentes já foi tomada pelos EUA e pela Europa.

Em *A pérola*, de Steinbeck, depois que Kino e sua mulher são atacados, mas antes que seu filho seja morto, ela lhe pede que jogue a pérola de volta ao mar. "Essa coisa é má", grita ela. "Essa pérola é como um pecado! Vai nos destruir. Jogue-a fora, Kino. Vamos quebrá-la entre duas pedras. Vamos enterrá-la e esquecer onde a enterramos... Ela só nos trouxe maldade." Kino se recusa a fazê-lo. "Esta é a nossa única chance", diz ele. "Nosso filho precisa ir à escola. Ele tem de se livrar das amarras que nos prendem."

Kino tinha que estar certo. Mas não estava. Tampouco estão, na maior parte das vezes, os países que descobrem que uma joia capaz de provocar a inveja, a cobiça e o ódio não é um tesouro inestimável, é uma joia que vale menos que nada.

5. Religião

Por que os países islâmicos não enriquecem?

A ideia de que os países islâmicos não conseguem enriquecer se tornou uma preocupação constante entre comentaristas internacionais após os ataques de 11 de setembro de 2001 nos EUA. Os sequestradores dos aviões vinham de famílias abastadas de um país relativamente bem-sucedido, a Arábia Saudita. No entanto, o fracasso econômico e estatal no Afeganistão, outro país muçulmano, fizera com que este servisse como quartel-general para a al-Qaeda, a organização fundamentalista que dirigiu os raptores. E a aparente ausência de empregos e oportunidades no mundo islâmico, criando exércitos em potencial de jovens furiosos, fez ressurgir uma velha preocupação.

Mas o Afeganistão é no mínimo um exemplo extremo — e no passado recente, ao que parece, uma exceção. Durante as últimas décadas, as economias dos países islâmicos não demonstraram nenhuma tendência sistemática a crescer mais lentamente que os países dominados por outras religiões. Então, será que sequer temos alguma pergunta a responder por aqui?

Na verdade, temos, sim: por que o desempenho dos países islâmicos é tão desigual? Por que, apesar de seu êxito relativo nos últimos 50 anos, esses países frequentemente chegaram ao século XX mais pobres que outros, dotados de um cenário de hegemonia de outra fé? E o mais intrigante, por que, durante os 13 séculos de existência do islamismo, as economias de suas sociedades inicialmente foram mais bem-sucedidas que as demais, e depois ficaram para trás?

Além disso, a questão do muçulmanismo e seu crescimento faz parte de uma linha de investigação muito mais ampla, que trata do efeito das crenças religiosas sobre o desempenho econômico. Algumas crenças simplesmente seriam melhores que outras em relação ao crescimento? Estará Mamom escondido por trás da máscara de Cristo, Maomé ou Buda?* Quais profetas são mais lucrativos?

* Alusão ao famoso trecho do Novo Testamento (Mt, 6, 24), em que Jesus, aludindo a uma divindade pagã antiga, conhecida por sua sede por bens materiais, usa-o como uma metáfora

Um exame cuidadoso dos livros sagrados e balanços contábeis ao longo dos séculos sugere que a relação é complexa. Os conteúdos de dogmas religiosos e de filosofias de governo, por si sós, não demonstraram ser um impedimento sistemático ao êxito econômico. A fé parece exercer sua influência sobre o crescimento de um modo mais sutil, menos determinístico. O crescimento não parece estar ligado à teologia em si, mas sim às ações dos padres, políticos, monarcas e burocratas que exploram a doutrina religiosa para conquistar objetivos inteiramente temporais ligados à riqueza e ao poder.

O debate sobre quais deuses são bons para o crescimento já tem uma história bastante longa. A origem dinástica dessa discussão em particular é *A ética protestante e o "espírito" do capitalismo*, um livro de 1905 escrito pelo sociólogo alemão Max Weber. Weber defendia a ideia de que o crescimento de uma economia capitalista no início da Era Moderna europeia, particularmente nos séculos XVI e XVII, estava associado ao protestantismo calvinista surgido a partir da Reforma no século XVI, criando movimentos como o puritanismo inglês. Weber foi mais além, argumentando que as culturas da Índia, da China e do mundo islâmico haviam se mostrado hostis ao capitalismo. Os escritos do pensador geraram um clã de contribuidores tão extenso que vale a pena examinar seu patriarca mais detalhadamente.

Weber muitas vezes é mal interpretado, o que não quer dizer que estava certo. Ele começou com algumas análises sobre o Grão-Ducado de Baden, mostrando que os protestantes geralmente eram mais bem-sucedidos que os católicos nos negócios — também estavam mais bem representados nas profissões liberais e nos cargos mais elevados da vida pública, portanto já é um tanto suspeito, desde o início, que ele tenha se concentrado tão determinadamente no setor privado, mas deixemos isto para lá. Voltando atrás e examinando os escritos dos pensadores puritanos após a Reforma, Weber alegou que a crença religiosa calvinista, ainda que não tenha causado o capitalismo, de uma maneira simplista, ajudou a inspirar a mentalidade que estimulou seu florescimento. Isso, acreditava o sociólogo, explicava o sucesso econômico de países protestantes como a Holanda e a Inglaterra.

Seu relato do surgimento da ética protestante é quase impossível de refutar, pois para isso precisaríamos passar bastante tempo ao lado de puritanos do século XVII, tendo em mãos um manual de diagnósticos psiquiátricos. O calvinismo ensinava que a entrada no Reino dos Céus era predestinada. Os

---

para o dinheiro: "Ninguém pode servir a dois senhores; porque ou há de odiar um e amar o outro, ou se dedicará a um e desprezará o outro. Não podeis servir a Deus e a Mamom." (N.E.)

que não haviam sido escolhidos por Deus desde o início jamais chegariam ao céu. Não lhes servia a satisfação católica de saber que quem seguisse o ciclo sacramental de pecado, arrependimento e expiação, morrendo então com todos os pecados perdoados, asseguraria sua entrada no paraíso. Isso, na opinião de Weber, criava uma "inaudita solidão interior" no indivíduo. Os seguidores do calvinismo, supunha o autor, preenchiam esse vazio com trabalho duro, talvez com a crença inconsciente de que a riqueza e o sucesso seriam um sinal de que eles estavam entre os escolhidos para a salvação, por mais contraditório que isso fosse ante a ideia de predestinação. E como o trabalho era um "chamado" que glorificava a Deus, e não uma maneira de conseguir mais dinheiro para ser gasto consigo mesmo, o calvinista se abstinha do consumo excessivo. Os puritanos não eram muito chegados a joias. Desse impulso um tanto insano e infeliz de preencher suas vidas com ordem e sucesso material, pensava Weber, surgiu um espírito que ajudou a inspirar o capitalismo moderno por meio de uma série de atitudes e comportamentos: trabalho como um bem em si mesmo, impaciência ante a atitude tradicional de que o trabalho era um mal necessário e deveria ser limitado ao mínimo possível para seguir adiante e a tendência de poupar em vez de gastar a riqueza.

Para um psicólogo amador, Weber ao menos foi engenhoso. Naturalmente, é quase impossível provar o que pensavam de fato os puritanos do século XVII. Como costumava dizer o historiador E. P. Thompson, não podemos entrevistar lápides. Porém, as provas circunstanciais sobre as atitudes dos puritanos da época — o que as pessoas escreviam e diziam — não são particularmente favoráveis ao sociólogo.

Uma leitura mais ampla das escolas de pensamento protestantes radicais dos séculos XVI e XVII — cujos escritos são citados pelo próprio Weber — revela uma gama maior de opiniões que dificilmente entrariam no currículo da Escola de Administração de Harvard. Ainda que não glorificassem a pobreza como tanto faziam os ensinamentos católicos, frequentemente viam-se reflexos dos alertas bíblicos de que homens ricos raramente entravam no Reino dos Céus. John Downame, um popular escritor e pastor puritano, argumentou: "Por acaso a experiência comum não nos ensina que a prosperidade mundana é a madrasta da virtude, que os que mais carecem desta são os que mais abundam em coisas mundanas e que os mais ricos em graça espiritual são os que mais carecem delas?" Richard Baxter, um dos escritores do século XVII citados com frequência por Weber como exemplo da ética protestante, atacou ferozmente "as falsas normas daqueles que pensam que sua mercadoria vale tanto quanto as pessoas estiverem dispostas a pagar por ela".

Essa atitude viajou para a América do Norte com os puritanos. Qualquer que seja o motivo para a subsequente transformação dos EUA em uma das mais bem-sucedidas economias capitalistas do mundo, não foram as intenções teológicas de seus colonizadores calvinistas. Os patriarcas da colônia de Plymouth esbravejavam contra a "maldade notória... com a qual a maior parte dos homens conduz todo seu comércio — comprar o mais barato e vender o mais caro que puderem". A colônia estabelecia preços, salários e taxas de juros máximos e dizia que o preço de uma vaca deveria ser determinado pelo que se considerasse ser necessário ao vendedor, e não pelo que o comprador estivesse disposto a pagar.

William Bradford, um dos primeiros governadores da colônia, disse que um aumento na prosperidade material "seria a ruína da Nova Inglaterra, ao menos das igrejas de Deus ali presentes". Que isso tampouco tenha ocorrido, e que o protestantismo continue a florescer na América do Norte ao lado de uma economia amplamente bem-sucedida, mostra a maleabilidade da doutrina teológica quando esta encontra a dura realidade do interesse econômico próprio. Weber nos diz que já em 1632 havia queixas sobre a "cobiça pelo lucro" demonstrada pelos habitantes da Nova Inglaterra, apenas 12 anos após a chegada do *Mayflower*: se assim era, isto se mostra amplamente contraditório ao que diziam seus líderes.

Na prática, se houve alguma associação entre o protestantismo radical e o capitalismo selvagem na Inglaterra, o mais provável é que este estivesse conduzindo aquele. No capítulo sobre as cidades, vimos que os detentores de licenças e monopólios da Coroa durante a monarquia frequentemente eram católicos, ou ao menos esta associação estava firmemente entranhada na opinião de muitos dos que se viam excluídos dessa elite privilegiada. Assim, não é de surpreender que os pequenos comerciantes e produtores se voltassem para a religião que também desafiava a primazia de Roma.

O puritanismo inglês era forte entre pequenos produtores de roupas e outras manufaturas e nas regiões do país economicamente mais avançadas, além de Londres e da Ânglia Oriental — a casa de Oliver Cromwell, que se tornou lorde protetor da Inglaterra durante seu breve experimento com o republicanismo. No entanto (como o próprio Weber admitiu), o puritanismo mudou com o tempo. A doutrina mais mundana dos escritores do século XVII, com sua ênfase no trabalho duro e na riqueza, estava muito mais alinhada com o ideal capitalista do que os puritanos da reforma de um século antes. Weber cita um escrito de um protestante do século XVII que parece encorajar os esforços capitalistas. Na verdade, porém, essa era a segunda edição de um trabalho publicado inicialmente no século anterior, que não havia tratado do assunto. O espírito do capitalismo talvez tenha inspirado o protestantismo radical na Inglaterra, e não vice-versa. A Escócia, um dos países mais calvinistas da Europa, manteve-se economicamente atrasada durante séculos após a Reforma.

A Inglaterra protestante e alguns distritos da Holanda de fato floresceram do século XVI em diante. Porém, não houve atividades financeiras, comerciais ou industriais de grande escala na Inglaterra nem na Holanda do século XVII que não tivessem sido anteriormente alcançadas nas cidades católicas medievais de Lyon e Augsburgo ou nos Estados do Norte da Itália, como Veneza e Florença. Como vimos no capítulo sobre cidades, essas cidades-Estado da Renascença desenvolveram protótipos sofisticados das ferramentas do capitalismo moderno.

A análise de Weber não envelheceu muito bem no século XX. Ele alegou, no momento em que escreveu o livro (1905), que os alemães da tradição luterana, diferentemente dos calvinistas, mostravam-se "bem-humorados" e "naturais" em comparação aos britânicos e americanos. "Ingleses e americanos, que ainda hoje ... se acham sob o signo da anulação radical da espontaneidade ... que geralmente causa estranheza aos alemães como se fosse estreiteza, falta de liberdade e retraimento interior", opinou o autor. Os alemães de hoje talvez tenham dificuldade de encontrar essas características ao se depararem com turistas americanos ou com as torcidas de futebol inglesas.

Para os fãs da ética protestante, as últimas décadas do século XX devem ter se mostrado um tanto frustrantes. Os sociólogos da tradição weberiana na década de 1960 citavam regularmente o subdesenvolvimento dos países católicos europeus. No entanto, foram subsequentemente questionados pelo rápido crescimento econômico da Itália, da Espanha e da República da Irlanda. A não ser pelo fracasso relativo da América do Sul, amplamente católica, em comparação ao êxito dos países norte-americanos, amplamente protestantes, a superioridade econômica do protestantismo em relação ao catolicismo é uma tese cada vez mais difícil de se defender.

Essas análises se mostram erradas com tanta frequência que dificilmente conseguem deixar de ser meras racionalizações *ad hoc* de eventos atuais. Outros alvos comuns no passado foram as tradições religiosas e culturais da Ásia, particularmente o hinduísmo e o confucionismo. Em 1915, um especialista australiano convidado pelo governo japonês para avaliar as perspectivas econômicas do país concluiu:

> Lamento dizer que, comercialmente, o Japão não tem a melhor das reputações quanto à condução dos negócios... Minha impressão quanto à sua mão de obra barata foi logo frustrada quando vi o povo a trabalhar. Não há dúvida de que são mal pagos, mas o retorno é igualmente ruim; ao ver seus homens trabalhando,

tive a sensação de que os senhores são uma raça muito tranquila e satisfeita, para quem o tempo não é problema. Quando conversei com alguns gerentes, eles me informaram ser impossível alterar os hábitos da herança nacional.

Mais uma vez, utiliza-se uma psicologia de valor duvidoso para explicar por que uma tradição em particular seria incompatível com o crescimento econômico. No caso das religiões asiáticas, os críticos muitas vezes se baseiam em uma distinção feita por antropólogos. Nas "sociedades da culpa" governadas por religiões como o cristianismo, as normas que governam a interação social estão internalizadas no indivíduo. Nas "sociedades da vergonha" inspiradas por religiões e filosofias orientais como o confucionismo, a desaprovação da comunidade como um todo impinge o bom comportamento. Ao gerarem um mecanismo de monitoramento dentro do indivíduo, diz a teoria, as sociedades da culpa são mais eficientes na criação do senso de motivação e do esforço necessários para o florescimento de uma sociedade capitalista.

Isso soa vagamente plausível, mas assim como a distinção protestante-católico, a teoria afundou ao se deparar com a dureza dos fatos. A suposta estagnação da mente oriental não conseguiu impedir o rápido enriquecimento daqueles japoneses tranquilos e preguiçosos, nem tampouco de um grupo de países que lidera o Leste Asiático, formado por Hong Kong, Taiwan, Cingapura e Coreia do Sul, além de, mais recentemente, uma segunda onda formada por Tailândia, Vietnã e China, sem falar no crescimento rápido vivenciado pela Índia nos últimos 15 anos.

De fato, as modas intelectuais relacionadas a esse tema são tão efêmeras que, durante os anos 1980, surgiu uma linha de pensamento que argumentava justamente o oposto. Dezenas de livros de administração de negócios argumentavam que, na verdade, o capitalismo funcionava melhor quando imbuído de "valores asiáticos" — geralmente definidos como uma ligação com a solidariedade social e econômica, em vez do individualismo destrutivo, e manifesto nas relações de longo prazo entre governos, investidores e produtores, no lugar do vale-tudo promíscuo do capitalismo ocidental. Essas racionalizações caíram bastante por terra após a crise financeira e econômica na Ásia em 1997 e 1998, na qual se observou que algumas dessas relações próximas também haviam sido claramente disfuncionais.

Tendo perdido um número considerável de *rounds*, a tese de que a religião determina o crescimento ainda assim foi resgatada da semiaposentadoria para mais uma tentativa, desta vez tendo como alvo as crenças muçulmanas, e não as católicas. Frente a isso, há um material de trabalho muito mais promissor no islamismo que no papismo. Ora, por acaso o Corão não proíbe a usura

— a cobrança de juros em empréstimos, um elemento essencial de qualquer economia de mercado moderna? Os países muçulmanos do Oriente Médio não são ícones da estagnação econômica, vivendo da renda do petróleo no lugar de produzir bens e serviços? A fixação islâmica em aceitar o destino em vez de tentar fazer algo da própria vida não está extremamente entranhada, fazendo com que a resignação do "*Inshallah*" ("Queira Deus") acompanhe rotineiramente a formulação de planos e promessas no Oriente Médio?

Na verdade, ainda que, de certas maneiras, a teologia do islamismo pareça dificultar o crescimento, isso tem muito pouca relação com um viés anticomercial intrínseco, particularmente no que diz respeito à suposta proibição da usura. É mais provável que algumas das sociedades que adotaram o islamismo tenham se mostrado resistentes a mudanças e reformas, em geral por outros motivos. E um ou dois aspectos dos dogmas religiosos islâmicos, que de fato foram inicialmente úteis para o crescimento econômico, não conseguiram se adaptar, tornando-se um empecilho.

Primeiro, os fatos sobre o passado recente. As sociedades islâmicas simplesmente não demonstraram nenhuma tendência a crescer mais devagar que as demais ao longo do último meio século. Esse resultado foi demonstrado por Marcus Noland, do Instituto Peterson de Economia Internacional, uma das instituições de pesquisa mais respeitadas de Washington, em um estudo publicado em 2003. Seu artigo causou uma verdadeira cacofonia de gritos de surpresa entre seus colegas economistas, mas nenhuma refutação convincente. A Indonésia e a Malásia, por exemplo, foram relativamente bem-sucedidas. E dentro de países onde há comunidades islâmicas misturadas a outras, como Gana — uma boa maneira de isolar a influência específica da religião sobre o crescimento —, não se notou nenhum indício de que os muçulmanos estivessem se saindo pior. Ao que tudo indica, o islamismo parece ser bom para o crescimento.

Então, por que não se saíram melhor antes do século XX? Historicamente, o desempenho inferior do islamismo começou a partir dos séculos XII e XIII. A religião foi fundada no século VII d.C., de certa maneira em uma tentativa de purificar e unir as "religiões do livro" — o cristianismo e o judaísmo. A religião se espalhou e cresceu muito rapidamente, preenchendo o espaço deixado pela implosão do Império Romano.

Em certos aspectos, o islamismo era uma religião mais favorável ao comércio, ao menos em sua teologia, que seu principal rival, o cristianismo. Há uma disseminada crença de que o Corão impõe uma proibição geral sobre a usura — a cobrança de juros sobre empréstimos. Porém, tanto na teoria como na prática, poucos indícios sugerem que esse tenha sido um grande impedimento ao crescimento. As referências específicas do Corão e outros textos se referem a *riba*, que significa "aumento" e não parece estar ligado à cobrança de juros em si, mas sim à prática de aplicar penalidades — duplicar a quantia devida em capital e juros se o devedor não conseguir pagar o empréstimo a tempo. Essa proibição em particular pode ter sido motivada pela autopreservação por parte de uma religião nova e carente de dinheiro. Ela acompanha outras passagens que dizem ser preferível pagar *zakat*, um tipo de imposto distribuído como doações pelo Profeta, em vez de emprestar dinheiro com juros. Os avisos contra a usura no Corão certamente são muito mais leves que os do Velho Testamento, e tanto cristãos quanto judeus têm uma longa tradição como banqueiros e financistas.

O Corão traz outras restrições comerciais, mas a maior parte delas se refere à especulação e ao que poderia ser considerado exploração ou agiotagem, mais do que negócios em si. A não ser pelas óbvias restrições ao comércio de alimentos e bebidas cujo consumo é proibido para os muçulmanos, como o vinho e a carne de porco, as demais regras sobre os negócios mais parecem um guia sobre ética comercial ou um manual de regulação do mercado de futuros do que uma injunção à pobreza monástica. Por exemplo, a especulação sobre bens essenciais, como a água, é proibida. Também é reprovada a entrada em um contrato de entrega futura sem que se saibam os preços e prazos específicos. No entanto, em princípio, não há nada que proíba tais mercados "a prazo" ou "de futuros", que reduzem o risco tanto de produtores como de compradores e que se tornaram uma parte essencial do comércio moderno.

O tom geral do Corão e do Hadith — os ensinamentos e atos complementares do profeta Maomé — trata de conduzir os negócios de maneira justa e de usar os rendimentos para apoiar o islamismo, e não de cercar a vida comercial de proibições, tratando-a com desconfiança. Segundo um deles, Maomé disse: "Se lucrares fazendo o que é permitido, teu ato é uma *jihad* [*ato sagrado*], e se o usares para a tua família e aparentados, será um *sadaqa* [*ato de caridade*], e verdadeiramente um dirrã ganho legalmente pelo comércio vale mais que dez dirrãs ganhos de qualquer outra maneira." Isto faz lembrar o pronunciamento de John Wesley, fundador da Igreja Metodista (e um dos preferidos daquela apóstola do capitalismo da baixa igreja, Margaret Thatcher): "Ganhe tudo o que puder; guarde tudo o que puder; doe tudo o que puder." Outro ensinamento traz a seguinte citação de Maomé: "O mercador que é sincero e confiável estará [*no Dia do Julgamento*] entre os profetas, os justos e os mártires." Afinal de contas, o profeta Maomé era mercador antes de se tornar pregador. E o islamismo é a única das grandes religiões a ser fundada por um mercador.

Um manual árabe de comércio supostamente escrito no século XI descreve diversos tipos de comerciante perfeitamente legal, entre eles o que compra bens quando estão baratos e os vende depois que os preços subiram. Outro tipo é intermediário entre dois mercados, conhecendo as diferenças de preços e taxas aduaneiras entre eles.

O Corão pode ser interpretado judicialmente de diversas maneiras, inclusive porque há diversas escolas dentro do islamismo, das quais as duas principais são a sunita e a xiita. No entanto, na tradição Hanafita da lei sunita, seguida por muitos — e que posteriormente serviu como a base legal do Império Otomano —, os juristas ofereceram muitos métodos para contornar a proibição teórica da usura. Nada induz tanto a maleabilidade teológica quanto um pouco de interesse próprio, e segundo uma estimativa, 3/4 dos acadêmicos religiosos muçulmanos dos séculos IX e X estavam pessoalmente envolvidos em negócios.

Uma artimanha conhecida consistia em um esquema de venda e recompra: eu vendo meu livro a você por 120 dirrãs, a serem pagos dentro de um ano. Compro o livro de volta imediatamente, por 100 dirrãs. Eu fico com o livro: você efetivamente contraiu comigo um empréstimo de 100 dirrãs por um ano, com 20% de juros. Essa falcatrua era chamada de contrato *mohatra* e, de tão comum, tornou-se um termo comercial padrão usado durante séculos. Ao instituir um decreto em 1679, o Santo Ofício do Vaticano condenou a ideia de que "*contractus 'mohatra' licitus est*", determinando que tais contratos violavam as proibições bíblicas sobre a usura. O fato de que os contratos de empréstimo do islamismo fossem considerados liberais demais para o cristianismo não ajuda a corroborar a tese de que essa era uma religião intrinsecamente anticomercial. Mesmo nos casos em que os juristas islâmicos de fato atacavam ferozmente os empréstimos, os muçulmanos frequentemente utilizavam as comunidades de cristãos ou judeus para fazê-los em seu nome. A vontade geralmente gera o jeitinho.

Os primeiros vários séculos do islamismo certamente não sugeriram que a religião fosse hostilmente oposta ao desenvolvimento econômico. Enquanto as sociedades europeias se recuperavam do colapso do Império Romano e das rotas de comércio por ele criadas, uma sucessão de civilizações islâmicas provou ser política, científica, econômica, cultural e militarmente avançada.

O islamismo uniu as duas regiões comerciais do Mediterrâneo e do oceano Índico e transformou o árabe na língua comercial mais importante do mundo. O suaíli, um idioma comum em boa parte da Costa Leste da África, combina elementos do árabe com línguas africanas. O idioma evoluiu para atuar em favor do grande comércio que ocorria entre os portos do Oriente Médio e do Leste da África.

O império árabe que se expandiu até controlar o Oriente Médio do século VII em diante foi seguido pela civilização moura do Norte da África, que controlou boa parte da Espanha, resistindo no Sul da Península Ibérica até o século XV. Depois da invasão mongol e sua subsequente conversão ao islamismo nos séculos XIII e XIV, foram estabelecidos três grandes impérios islâmicos: o Otomano, que tomou Constantinopla do Bizantino (cristão) em 1453, mudando seu nome para Istambul e se expandindo por boa parte da Ásia Central, do Norte da África e do Oriente Médio mediterrâneo nos séculos XV e XVI, a dinastia Safávida, que se radicou no que corresponde atualmente ao Irã e controlava a Península Arábica, e a Dinastia Mogul, na Índia. Em seu ápice, os impérios islâmicos foram muito maiores e mais poderosos que qualquer coisa existente na Europa na mesma época.

Longe de instituírem uma teocracia monolítica asfixiante, alguns dos mais bem-sucedidos desses impérios — particularmente os mouros e otomanos — geralmente permitiram o crescimento do cristianismo e do judaísmo. O Império Otomano, por exemplo, apesar de se basear no código legal islâmico, permitia que os cristãos fossem julgados conforme suas próprias leis em casos que não envolvessem muçulmanos e proibiam especificamente a escravidão de cristãos e judeus dentro do império. Os otomanos também promoveram uma troca vívida de ideias além de mercadorias, absorvendo da Europa novas descobertas sobre geografia e navegação e desenvolvendo seus próprios conhecimentos em engenharia e astronomia.

As economias islâmicas tiveram êxito em aumentar suas riquezas por meio do comércio, permitindo que cada economia se especializasse no que fazia melhor. Desenvolveram um conjunto sofisticado de instituições financeiras e comerciais, entre elas os mercados futuros: as tâmaras eram vendidas em leilão antes de estarem maduras, e lotes por atacado de cebolas, alho, cenouras, rabanetes etc. também eram vendidos antes de serem colhidos. Parece provável que as cidades-Estado italianas, como Veneza, tenham importado tipos de contrato comercial do mundo islâmico, e as palavras "tarifa", "risco", "tráfico" e "aduana" tenham origem nas línguas orientais.

Então, por que as sociedades da civilização islâmica estagnaram, juntamente com os chineses, outros importantes rivais ante o domínio econômico europeu na primeira metade do segundo milênio? Da resposta a essa pergunta surge uma análise mais sutil e menos fatalista sobre o papel da religião na história econômica. O que importa, ao que parece, não é tanto a doutrina precisa, mas sim o uso dado à religião, além da disposição das sociedades para mudarem ou de reinterpretarem suas leis baseadas em crenças religiosas.

As economias islâmicas tiveram que se esforçar para aumentar a produtividade, ou produção per capita. Não houve nenhum grande avanço na eficiência agrícola — o avanço que, séculos depois, promoveria o desenvolvimento europeu. Os negócios e as parcerias continuaram pequenos. Houve poucos exemplos de setores privados substanciais operando genuinamente independentes do Estado. Alguns efetivamente existiam, entre eles uma indústria têxtil no Egito medieval. Também houve algumas corporações de ofício organizadas, como as de coletores de pérolas do golfo Pérsico, características do capitalismo europeu posterior. Mas eram controladas de perto por burocratas.

Diferentemente do que ocorreu na Europa, as cidades muçulmanas não puderam se desenvolver como entidades autônomas nem desbravar as ideias de liberdade pessoal ou comercial. Permaneceram como centros de piedade religiosa. Os impérios islâmicos não desenvolveram Estados interessados primordialmente no progresso tecnológico ou na produtividade. Gastaram mais tempo lutando pelo que já tinham ou tentando conquistar mais por meio de invasões.

Mas isso teve muito mais relação com acidentes geográficos ou históricos que com a teologia ou com a estrutura administrativa da religião prevalecente. O infortúnio do islamismo talvez tenha sido nascer no Oriente Médio e manter seus centros de poder político ali, originalmente em Meca e Bagdá (isso talvez ainda seja um infortúnio, dado o efeito deletério do petróleo sobre o crescimento econômico, discutido no capítulo anterior, mas este azar, de certa forma, é anterior à economia baseada no petróleo).

Estar situado no Oriente Médio significava pouca sorte em termos de recursos: a escassez de minerais e madeira dificultou a transição a uma economia de mercado baseada na manufatura, como ocorreu na Europa. E na época, como agora, a região não era dada à paz. O mundo islâmico foi assolado por ataques destrutivos por parte de saqueadores que frequentemente ameaçavam derrubar o desenvolvimento econômico estável e sustentado. Em particular, a ameaça crescente dos mongóis, na Ásia Central, concretizou sua capacidade destrutiva sob o comando de Gengis Khan, no século XIII. A invasão mongol arrasou cidades por todo o mundo islâmico.

Bagdá, um dos grandes centros de comando e cultura islâmica, caiu após uma única batalha. Os mongóis não destruíram o islamismo: ainda que suas áreas mais continentais no Leste Asiático tendessem ao budismo, eles não tinham um projeto religioso em particular. De fato, no início do século XIV, os mongóis que controlavam a Ásia Central e partes do Oriente Médio haviam se convertido ao islamismo. Eles reconstruíram as cidades e as rejuvenesceram, transformando-as em centros de aprendizado e cultura.

No entanto, exigiram a reverência completa a um monarca absolutista, e como resultado disso, os impérios foram conduzidos com uma disciplina literalmente militar. O código legal mongol, atribuído ao mais famoso dos autocratas mongóis, o próprio Gengis Khan, era um sistema militar restrito. O Estado era conduzido a partir do centro, com a ajuda de um grande exército nômade que devia lealdade pessoal ao líder. Os impérios mongóis declinaram na segunda metade do século XIV, mas deixaram um legado que combinou um medo perpétuo de invasões associado a uma ligação à força militar para repeli-las ou preveni-las. Como veremos mais adiante, a tendência absolutista centralizadora pós-mongol também se consolidou na Rússia cristã, com tristes resultados.

Os líderes muçulmanos que conseguiram rechaçar os mongóis ou assumir o poder quando estes começaram a retroceder precisavam ser líderes militares agressivos. Os regimes islâmicos se caracterizaram pela expansão por meio da conquista militar ou por se defenderem ante possíveis invasões. O sultanato "mameluco" que conseguiu impedir a invasão mongol no Egito e na Síria utilizava soldados comprados como escravos, principalmente do Cáucaso e da região do mar Negro. Os mamelucos, cujo regime era dominado por uma elite militar proprietária de terras, cobravam impostos de suas cidades para arrecadar dinheiro para o Estado.

O mundo islâmico, particularmente o regime mameluco, sofreu um golpe particularmente severo no século XIV devido à praga que ficou conhecida como Peste Negra, que os mongóis ajudaram inadvertidamente a espalhar pelo mundo ao protegerem a rota terrestre de comércio do Oriente. E todos os três grandes impérios islâmicos que surgiram após os mongóis — otomanos, safávidas e moguls — eram centralizados e militarizados. Quando necessário, esses líderes utilizavam as instituições islâmicas como um meio de encerrar o debate, ou ao menos interrompiam as discussões dentro do islamismo que ameaçassem o status quo.

No século XIV, o islamismo estava se tornando endurecido, não mais aberto à discussão, ao contrário do que aconteceria com o cristianismo na Europa graças à Reforma. No século XVI, os impérios Otomano e Safávida se viam como grandes rivais. Cada um deles se atinha ferozmente a uma das tradições rivais do islamismo — os otomanos eram sunitas, e os safávidas, xiitas. As formas liberais e questionadoras do islamismo, como a seita sufi, perderam terreno rapidamente para as certezas fixas da lei islâmica existente.

Ao mesmo tempo, a Europa Ocidental avançava, ainda que lentamente, em direção à restrição do poder absoluto do monarca. Diferentes grupos —

primeiro os proprietários de terras, depois os mercadores e manufatureiros — estavam criando bases alternativas de poder. Esses conflitos muitas vezes se davam por meio de debates religiosos dentro do cristianismo, especialmente após a Reforma.

Acima de tudo, a incapacidade de qualquer denominação cristã específica de predominar sobre as demais, e não a natureza do protestantismo, foi que criou uma civilização mais aberta, com uma maior variedade de crenças. A Reforma não teve como objetivo trazer liberdade política e religiosa. Ela queria manter a unidade da Igreja Católica, porém reformando-a. Seu promotor, o teólogo alemão Martinho Lutero, também era radicalmente antissemita e incitou repetidamente a perseguição dos judeus.

O puritanismo tampouco era um credo organizado com a intenção original de alcançar o liberalismo político. Após a restauração da monarquia na Inglaterra, em 1660, quando a tolerância religiosa começou a se disseminar, os colonizadores de Massachusetts foram muito mais intolerantes com relação a outras seitas cristãs do que a sociedade inglesa que eles haviam deixado para trás. No entanto, os quacres e outros grupos indesejáveis puderam sair dali e fundar suas próprias casas em outros lugares, como Rhode Island ou a Pensilvânia. O êxito apenas parcial da Reforma na Europa e na América do Norte foi o que, inadvertidamente, levou a uma sociedade mais pluralista. Vale notar que as cidades-Estado católicas, como Florença, que precederam a Inglaterra protestante no desenvolvimento capitalista também haviam sido famosos centros de livre-pensamento humanista.

Por outro lado, a cultura dominante na condução dos impérios islâmicos tendia à autoridade militar: decisões vindas de cima para baixo, ausência de questionamento, onde o Estado centralizado detinha uma ampla parcela do poder. Assim como os mamelucos, o Império Otomano se baseava em unidades militares formadas por soldados que começaram como escravos. A ausência de uma classe mercante bem organizada fez com que não houvesse um número suficiente de vozes para montar um lobby destinado a alterar as práticas islâmicas que se mostravam contrárias ao crescimento econômico. Um exemplo dessa situação, ironicamente, pode ter sido a tradição islâmica com relação às parcerias de negócios e às heranças. A ironia vem do fato de que essas práticas tinham inicialmente o objetivo de auxiliar o comércio, e não o prejudicar.

As regras islâmicas que governavam as sociedades comerciais foram criadas entre os séculos VII e X. Eram derivadas principalmente dos costumes e práticas já estabelecidos nos países que sucumbiram à dominação muçulmana: o Corão fala muito pouco sobre como elas deveriam se organizar. A parceria islâmica geralmente envolvia um investidor ou investidores, que arcava com o risco financeiro, e um mercador, que executava o comércio em nome do investidor. Diferentemente do contrato equivalente na lei judaica, que exigia que os lucros ou o risco fossem divididos igualmente entre o investidor e o comerciante, a divisão de lucros nas parcerias islâmicas podia variar. De fato, essa flexibilidade fez com que os mercadores judeus do Oriente Médio, já no segundo milênio, geralmente preferissem as leis contratuais islâmicas às suas próprias.

No entanto, uma combinação de regras fez com que, com o passar do tempo e à medida que as economias se tornavam mais complexas, essa forma de parceria se tornasse cada vez mais restritiva. Uma delas era a regra de que todos os pagamentos e o capital principal deveriam ser em dinheiro, em uma única moeda. Os bens comercializados não podiam ser usados para fechar contas. O segundo era a regra de que todas as parcerias eram automaticamente dissolvidas com a morte de um dos parceiros. Essas leis se cruzavam de maneira pouco conveniente com as leis islâmicas sobre a herança, que *estavam* bem definidas no Corão e decretavam que ao menos dois terços das terras do falecido deveriam ser divididas entre pessoas de sua família estendida. Ainda que isso tenha tornado as sociedades islâmicas mais igualitárias, as regras de herança também dificultavam a criação e manutenção de qualquer sociedade comercial de grande escala. A morte de um único parceiro fazia com que a sociedade se rompesse e cada um dentre os muitos herdeiros pudesse exigir sua parcela em dinheiro.

Essas regras impediram as parcerias islâmicas de gerar especialização e economias de escala. Ninguém estaria inclinado a dedicar tempo e dinheiro a um negócio que poderia colapsar a qualquer momento devido à morte de um dos muitos proprietários. Em virtude disso, os empreendimentos tendiam a ser pequenos e de curta duração, geralmente envolvendo apenas um punhado de parceiros e cobrindo só uma missão comercial por vez. À medida que as economias se tornaram mais complexas e o alcance das áreas comerciais aumentou, isso as colocou em desvantagem ante os mercadores europeus. Como veremos em capítulos posteriores, os países europeus começaram a criar sociedades anônimas nas quais muitos parceiros podiam ter ações transferíveis e desenvolveram a ideia da corporação comercial, reconhecida como uma entidade legal separada de seus proprietários. Isso não tinha nenhum equivalente na lei islâmica.

Muitas partes da Europa cristã medieval também tinham leis restritivas sobre heranças, fazendo com que os empreendimentos comerciais fossem divididos entre múltiplos herdeiros. Porém, o crucial é que essas leis foram modificadas com o passar do tempo, com relativamente pouca resistência por parte das autoridades religiosas. No século XVII, a primogenitura — a preferência da herança dada ao filho mais velho — era a prática dominante na Grã-Bretanha e nos Países Baixos, que a essa altura lideravam o continente em termos de sofisticação comercial e a disseminavam para outras partes. A primogenitura permitia que as empresas crescessem a cada geração, sendo transferidas intactas.

A diferença crucial entre as sociedades islâmicas no Oriente Médio e as sociedades cristãs na Europa não era a teologia das respectivas religiões, nem onde se originara a lei comercial nelas baseada. A principal diferença foi que os comerciantes europeus ganharam poder suficiente para conseguir reverter as leis mais inconvenientes, mesmo que, para isso, tenha sido necessário alterar a justificação religiosa dessas leis. Seus equivalentes nos países islâmicos, por razões muito pouco relacionadas à natureza da religião em si, não conseguiram fazer o mesmo.

Por bastante tempo, a fraqueza dessa cristalização dos regimes islâmicos foi mascarada por uma série de campanhas de conquista imperial muito bem-sucedidas. Como em Roma Antiga, os impérios islâmicos se estenderam enormemente graças a uma excelente organização burocrática e ao seu poderio militar.

O Império Otomano atingiu o ápice de seu poder no século XVI, sob o comando de Solimão (conhecido na Europa como Solimão, o Magnífico), quando este estendeu seu controle pelo Norte da África, tornando-se a entidade política mais poderosa do mundo. No entanto, o Império não conseguiu avançar até a Europa, tendo sido rechaçado nos portões de Viena em 1529. O Império não se isolou de contatos externos com não muçulmanos. Mas de fato instituiu a *sharia*, a lei islâmica religiosa, como o código legal de todos os muçulmanos, e o sistema educacional se tornou mais estreito e doutrinário.

A sociedade também permaneceu estática. Como ocorrera anteriormente com o Império Romano, o Império Otomano descobriu que havia um limite natural para os benefícios que poderiam obter apenas por uma melhor organização das tecnologias existentes. A falta de inovação primeiro restringiu a expansão, e posteriormente debilitou os regimes ante as pressões externas. Ao falhar em sua segunda tentativa de conquistar Viena, em 1683, o Império Otomano se tornou mais brando. A disciplina militar enfraqueceu, e a batalha pela receita dos impostos, colhidos em todo o Império e levados ao seu centro, gerou corrupção e disputas internas, como costuma ocorrer. Grupos rebeldes tentaram, às vezes com êxito, estabelecer regimes separatistas nas periferias do Império.

Tornou-se cada vez mais claro que os impérios islâmicos não poderiam enfrentar a concorrência econômica e militar vinda da Europa. Em sua expedição egípcia, ao final do século XVIII, Napoleão venceu as forças otomanas, e posteriormente viu-se uma interferência cada vez maior dos britânicos durante século XIX, ao final do qual a Grã-Bretanha já havia conquistado o controle efetivo do país. Os moguls, da mesma forma, se viram enfraquecidos por revoltas hindus e pela crescente presença comercial britânica no subcontinente durante o século XVIII.

Os países islâmicos reagiram da mesma forma como haviam reagido às invasões mongóis — mantendo um Estado forte para se defenderem da dominação econômica e política vinda do exterior. Muitos continuam a responder da mesma maneira desde então. Em tempos modernos, isso tem se manifestado como uma desconfiança ante o capital estrangeiro e o capitalismo. O desejo de reter o poder nas mãos de uma autoridade central fortaleceu a mão do Estado e daqueles que o controlam.

Nesse contexto, o islamismo por vezes serviu como uma cobertura útil para governos que desejam manter o controle sobre suas economias e sua população. O conhecido nacionalismo econômico de muitos países em desenvolvimento acaba sendo envolto em um manto religioso. Frequentemente, como no Irã moderno, a burocracia que controla o Estado, por possuir e controlar a indústria, torna-se um grupo de interesse que luta contra o crescimento de fontes alternativas de riqueza e poder, como um setor privado forte.

No entanto, essa forma de atuação não é uma consequência inevitável da natureza do islamismo. É interessante notar que a mesma postura defensiva também está bastante presente em países com populações muçulmanas que se distanciaram deliberadamente da identidade islâmica. Os líderes da Turquia e do Egito que atuaram como modernizadores seculares no século XX, Kemal Atatürk e Abdul Nasser, também adotaram um estatismo econômico desafiante como parte de sua ideologia política fundamental. E o atual controle do governo iraniano sobre sua economia tampouco é exclusivo das teocracias islâmicas: outras Repúblicas árabes seculares, como a Síria e o Iraque (pré-invasão), sofreram do mesmo domínio sufocante.

E em outras economias bastante parecidas, o domínio do islamismo em vez de qualquer outra religião raramente parece prever por que um governo dá certo e outro não. A Malásia, por exemplo, apesar de reter uma forte identidade muçulmana, tem sido uma das economias mais bem-sucedidas na segunda onda de crescimento de países do Sudeste Asiático. Nas últimas décadas, o país adotou a industrialização e usou o Estado para promover as companhias privadas e atrair investimentos estrangeiros diretos. De fato, o país se saiu muito melhor que, digamos, as Filipinas (cristãs) ou a Tailândia (predominantemente budista).

Portanto, o papel da religião no desenvolvimento econômico provavelmente se deve mais à sua atuação política que à sua teologia. A religião talvez não afete o crescimento por embutir seus valores na psicologia de seus seguidores, mas sim pelo modo como explora as instituições de poder. Isso deve explicar por que Espanha e Portugal se saíram mal nas primeiras décadas após a Segunda Guerra Mundial. Não foi por serem católicos: o problema foi que, até a metade da década de 1970, foram governados por ditadores que ajudaram a manter o país relativamente pobre e atrasado e construíram alianças próximas com grupos poderosos da Igreja Católica para fortalecer sua própria autoridade.

Para conhecermos uma exposição elegante sobre como isso talvez ocorra, podemos nos voltar para... Bem, o interessante é que podemos nos voltar para Max Weber, cujos trabalhos menos conhecidos são, para mim, mais interessantes e convincentes que seu best-seller sobre a ética protestante. Weber também comparou as sociedades indiana, chinesa e islâmica — todas elas avançaram até certo ponto no caminho do desenvolvimento econômico, e então estancaram. Esses trabalhos de Weber tratam menos de psicologia amadora e do poder das ideias internalizadas, dedicando-se mais ao funcionamento dos interesses materiais. Ele deu bastante importância aos "portadores" — grupos específicos em uma sociedade que conseguiram encontrar uma afinidade entre certas doutrinas religiosas importantes e seus próprios interesses. Na China, disse Weber, tais crenças foram propagadas por burocratas; na Índia, foram transmitidas por estudiosos e padres da alta casta brâmane. E nenhum desses grupos tinha interesse em mudanças econômicas tumultuosas que pudessem desafiar seu status na sociedade. Em se tratando de simplificações, esta não é tão ruim. E como força motivadora, esta ideia requer apenas o desejo humano de riqueza e poder, em vez de uma psicologia especulativa sobre desolação e preenchimento pessoal.

Como no caso do islamismo, poderíamos nos ver tentados a concluir que hinduísmo, a religião predominante na Índia, e o sistema de castas sociais detiveram o crescimento do país. Como veremos mais detalhadamente em um capítulo posterior, o sistema de castas realmente limitou o avanço da Índia e continua a distorcer o desenvolvimento econômico do país até hoje. Mas é difícil enxergar o sistema, ou as restrições à atividade econômica por ele causadas, como a consequência natural das crenças do hinduísmo. Em vez disso, essas restrições parecem ser um caso no qual um interesse econômico próprio utilizou uma justificação religiosa tendenciosa.

As evidências de que a teologia hindu inevitavelmente induziria ao fatalismo e à estagnação econômica são fracas. Em primeiro lugar, porque a doutrina em si é imprecisa. Diferentemente dos credos monoteístas baseados em um só livro, como o islamismo, o judaísmo e o cristianismo, o hinduísmo é constituído por um acúmulo de histórias, poemas e cultos. É uma religião com uma multiplicidade de filosofias, deuses (ou múltiplas representações de um único deus) e seitas, e não possui uma autoridade central sobre a doutrina ou a adoração. Não há um Vaticano ou um Sínodo hindu. A religião não tem um núcleo irredutível.

A linha de crença que parece mais antagonizar o capitalismo é a de que as almas humanas, embora façam parte de uma realidade infinita, devem passar por um ciclo de nascimento, morte e renascimento para transcender a concepção que têm de si mesmas como indivíduos e se tornar parte da verdade maior. Isso, supõe-se, induziria os fiéis ao fatalismo e à apatia. Mas nos próprios textos sagrados, o trabalho duro — e, em algumas partes, o próprio ganho de riquezas — pode ser um meio para se atingir a salvação. No *Mahabharata*, um dos textos mais venerados do hinduísmo, temos a afirmação inequívoca: "A riqueza provê vigor, confiança e poder constantes. A pobreza é uma praga pior que a morte. A virtude sem riqueza é inconsequente."

A ligação entre o hinduísmo e o sistema de castas também é menos direta do que poderia parecer à primeira vista. Distinções entre quatro *varnas*, ou classes sociais — os brâmanes (sacerdotes e estudiosos), os xátria (guerreiros), os vaixá (mercadores e artesãos) e os sudra (trabalhadores manuais) —, estão incorporadas nos textos hindus tradicionais. Porém, alguns textos antigos mostram claramente que o movimento entre as *varnas* é possível. Essa fluidez deu lugar à luta pelo domínio econômico entre diferentes grupos da sociedade indiana. Em outras palavras, uma justificativa religiosa foi usada para reforçar uma vantagem material de um conjunto de pessoas sobre outro. Assim, as definições mais soltas sobre as castas foram enrijecidas, formando-se um conjunto de grupos bem definidos, frequentemente baseados rigidamente nas ocupações e dos quais seus membros não podiam escapar.

Isso se deveu mais à necessidade de se ter uma força trabalhadora agrícola dócil do que à de esclarecer as prescrições teológicas. Uma teoria do desenvolvimento agrícola, usada principalmente para explicar a escravidão, diz o seguinte: em sociedades agrárias com escassez de pessoas e abundância de terras, é impossível a coexistência destas três coisas: trabalho livre; livre posse da terra; e uma classe alta ociosa. Em lugares em que as pessoas estão espalhadas por uma grande extensão de terras, é necessário algum modo de ligar os trabalhadores à fazenda, para que o trabalho deles possa prover sustento aos proprietários. Se não fosse pela escravidão, por exemplo, os trabalhadores livres da América do Norte, um território de terras abundantes, poderiam simplesmente se afastar e fundar suas próprias fazendas em vez de trabalhar por uma renda de subsistência nas grandes plantações. Os proprietários de latifúndios teriam muito menos possibilidades de se sentar em suas varandas tomando drinques de hortelã e se aproveitar dos lucros.

Diversos métodos foram utilizados para prender os trabalhadores à terra. Entre os menos drásticos que a escravidão estavam o trabalho servil e os limites sobre a migração. Porém, esses modelos frequentemente precisavam de um Estado burocrático operante para aplicá-los. Nas vastas planícies indianas, com uma população esparsa e móvel e uma variedade de governadores principescos locais, não havia um Estado. Um sistema de castas hereditário era uma maneira mais eficiente de impedir os trabalhadores de se libertarem da condição na qual haviam nascido (é notável que religiões que faziam objeções ao sistema de castas, como o jainismo e o budismo, fossem mais fortes nas bases das montanhas do Himalaia, onde prevalecia uma forma de agricultura diferente, de mão de obra menos intensiva).

Havia uma grande demanda por aqueles que estavam particularmente interessados em propagar o sistema — os brâmanes de alta casta — devido a seus elevados níveis educacionais. Haveria posição melhor que essa para propagar uma doutrina que os entrincheirava, e a seus patrões, no papel de líderes da sociedade? "A legitimação pela religião sempre foi decisiva para uma aliança entre as classes dominantes política e socialmente e o clero", escreveu Weber. Em troca de um posto dominante na condução do governo de um príncipe, os sacerdotes consagraram sua posição no topo da sociedade conforme o que diziam ser os princípios do hinduísmo.

E com o tempo, a cristalização dos estratos sociais na Índia endureceu e impediu a adaptação da economia à mudança de circunstâncias externas, assim como ocorrera com as leis sobre parcerias e o sistema de heranças islâmico. É difícil gerar maneiras de especializar o trabalho quando as classes de trabalhadores estão irremediavelmente ligadas a uma ocupação em particular. Isso é ainda mais verdadeiro quando essas classificações são usadas para negar a certos grupos o direito à educação ou a outros meios de melhorar sua condição.

E como veremos em um capítulo posterior, depois que as sociedades se ordenam conforme um padrão específico, muitas vezes podem ficar presas nesse padrão. Uma vez estabelecido o sistema de castas, teria sido necessária uma enorme quantidade de coragem e energia política para sair dele. Para estabelecer uma nova comunidade sem castas, um líder de casta mais baixa teria que persuadir alguém de casta mais alta que tivesse as habilidades complementares necessárias (como um alto nível de educação) a também romper o código.

Isso se encaixa melhor aos fatos observados na Índia que a ideia de que o hinduísmo é intrinsecamente ruim para o crescimento. Até onde sabemos, a economia indiana inicialmente cresceu bastante bem, e depois ficou estagnada ali. Atingiu uma renda per capita relativamente alta em tempos antigos, e depois continuou aproximadamente na mesma situação de 300 a.C. até o século XX. O sistema econômico e social aparentemente gerou prosperidade suficiente para evitar os cataclismos ocorridos em outras sociedades, ainda que não tenha havido um crescimento da produtividade.

Mesmo com grandes mudanças no domínio político, quando a dinastia muçulmana Mogul varreu a Ásia Central no século XVI e finalmente tomou quase todo o subcontinente, o sistema econômico e de castas foi mantido. Como veremos, os britânicos tiveram a tendência de estreitar, em vez de afrouxar, as relações sociais, encontrando nas castas um sistema útil para dividir e governar. A população do subcontinente indiano cresceu de aproximadamente 100 milhões em 300 a.C. para 125 milhões em 1600, e depois para 300 milhões em 1911, e a economia cresceu com ela, mas a renda per capita talvez fosse apenas cerca de 10% maior em 1947 do que havia sido dois séculos antes.

Os pobres indianos estão presos na pobreza, mas é difícil defender a ideia de que eles escolheram essa situação. Dado um poderoso incentivo econômico e a liberdade de atuar sobre ele, qualquer objeção levantada pela religião ou pela cultura geralmente é atropelada. Nos anos 1960, ocorreu uma série de avanços científicos agrícolas financiados por instituições ocidentais, a chamada "Revolução Verde". Os pesquisadores desenvolveram novas linhagens de trigo, arroz e outros produtos agrícolas que geravam colheitas muito maiores que as variedades tradicionais. Essas linhagens foram rapidamente adotadas por agricultores da Índia, como em boa parte dos países em desenvolvimento. Houve poucos sinais de que os fazendeiros ficariam deitados em seus campos cogitando sobre os mistérios dos ciclos de renascimentos em vez de tentarem enriquecer respondendo rápida e substancialmente a um forte sinal do mercado.

De fato, quando a economia indiana como um todo efetivamente se libertou de seu frágil padrão de crescimento lento na década de 1990, isso foi acompanhado pela escalada política do fundamentalismo hinduísta. Um governo liderado pelo partido de linha dura dessa religião, o Bharatiya Janata, assumiu o poder em 1998. O que se viu foi que a legenda se mostrou melhor na busca pela liberalização econômica do que o governo secular que o precedera. O sistema de castas e uma burocracia asfixiante são ruins para o crescimento, e particularmente ruins para a redução da pobreza generalizada. Mas a conexão disso com o hinduísmo se deve a acidentes históricos e à manipulação política, e não a um jogo de causa e efeito teológico direto.

Um processo semelhante tem ocorrido na China. A civilização agrícola sedentária chinesa começou antes da indiana, muitos milênios antes do nascimento de Cristo. Do mesmo modo como as sociedades agrárias se aglomeraram ao redor dos vales do Nilo e do Tigre-Eufrates, a civilização chinesa se iniciou no vale do rio Amarelo, ou Huang Ho, com a plantação de painço e depois de arroz.

A China entrou no segundo milênio não só à frente da Europa em termos de riqueza e conhecimento, mas também em uma posição que lhe permitiria continuar a dominar, e talvez em uma situação até mais vantajosa que as civilizações indiana ou islâmica. Assim como a Europa, ela possuía um clima temperado, estava relativamente livre de doenças e tinha um bom índice de chuvas e grandes rios. Detinha animais que podiam ser domesticados, uma longa história de organização política e um sistema de educação bem estabelecido.

Nos séculos XII ou XIII, a China estava tecnologicamente muito à frente da Europa. Havia desenvolvido uma máquina de fiar movida a água e descobrira como usar o coque, no lugar do carvão, para fundir o ferro. Segundo uma estimativa, ao final do século XI a China produzia 125 mil toneladas de ferro gusa. A Grã-Bretanha só superaria essa produção no século XVIII. A lista de avanços tecnológicos chineses é longa e lendária, e vai do evidentemente revolucionário ao aparentemente mundano: a pólvora, a imprensa, a bússola, o carrinho de mão, o estribo. Avanços em uma área eram usados para dar apoio a avanços em outras. Tendo desenvolvido técnicas de cultivo do arroz com irrigação, muito mais produtivo que o cultivo prevalecente em terras "secas" dependentes da chuva, os chineses as disseminaram pelo país por meio de guias impressos em blocos de madeira.

E, então, o país decidiu que isso já era o suficiente. Em um dos exemplos mais notáveis de autoprejuízo da história econômica, ou ao menos de deliberada autorrestrição, a China desistiu de fazer comércio com o resto do mundo. Do século XIV em diante, a dinastia Ming que reinava começou a restringir o comércio e os contatos externos. A Marinha foi dissolvida, e o transporte marítimo de grãos foi abolido em 1415. Algumas formas de progresso tecnológico foram simplesmente interrompidas: a máquina usada para fiar cânhamo, por exemplo, jamais foi adaptada para o algodão. E ainda que a população tenha continuado a se expandir e, portanto, que a economia tenha continuado a crescer, a China cedeu à Europa a liderança nas descobertas científicas e na exploração geográfica.

A religião predominante na China é o budismo, mas a explicação de que "a culpa é de Buda" parece muito fraca. Diferentemente do islamismo e do cristianismo, o budismo não tinha uma autoridade clerical que exercesse grande controle sobre o Estado. E sua doutrina religiosa, moderada e meditativa, tendia, de todo modo, a se associar a uma atitude geralmente mais *laissez-faire* em relação a outras crenças e à intrusão da religião na esfera econômica. "O confucionismo é o culpado" talvez chegasse mais perto, ao menos porque o budismo não foi oficialmente introduzido na China até o primeiro milênio d.C., tendo sido sintetizado em uma forma distinta conhecida como budismo *ch'an* (ou zen). A influência de Confúcio, o filósofo chinês dos séculos V e VI d.C., já estava bem disseminada.

Os escritos de Confúcio efetivamente louvam a estabilidade e a manutenção das relações hierárquicas estabelecidas na sociedade. Os que lhe guardam rancor talvez argumentem que seu ponto de vista era hostil à despreocupada iconoclastia criativa e à mobilidade social das economias capitalistas. Ainda assim, a experiência moderna das economias que têm forte herança confucionista, a começar pelo Japão e pela Tailândia, acompanhados agora pela China e o Vietnã, sugere não haver nenhuma incompatibilidade na combinação dessa herança com o rápido crescimento econômico.

No entanto, certos aspectos do pensamento de Confúcio se mostraram úteis para que um grupo social se entrincheirasse no poder em detrimento de outro. Na China, esse grupo era a burocracia estatal. A ideia de que a sociedade chinesa está repleta de burocratas, algo que a tomada do país pelo comunismo estatal no século XX não ajudou a diminuir, já se tornou um clichê. Talvez menos compreendido seja o motivo pelo qual a cultura administrativa é tão generalizada. O próprio conceito moderno do que é ser chinês é uma criação intrinsecamente burocrática.

Os chineses Han, que formam mais de 90% da população do país em sua versão moderna, são uma anomalia peculiar — uma etnia etnicamente heterogênea. Sua identidade foi criada, ou imposta, durante a dinastia Han, entre 206 a.C. e 220 d.C., a mesma época em que a China se tornou oficialmente um Estado confucionista. Apesar de existirem diferentes versões orais do idioma chinês, os ideogramas utilizados são os mesmos. Os burocratas que escreveram os nomes das pessoas conseguiram assimilar um grupo diverso de etnias e tribos em uma nacionalidade que veio a se enxergar como um povo único.

O papel dos burocratas estatais em registrar e regular a economia já estava estabelecido na época daquela dinastia. Os manuais de referência de um funcionário de baixo escalão da dinastia Qin, que antecedeu à Han, sugerem que o regime mantinha registros de praticamente cada campo de cultivo presente no Império — os detalhes eram anotados em pequenas tiras de bambu e depois reunidos e armazenados cuidadosamente. Alguns até mesmo sugerem que a sabedoria acumulada e a prática dos burocratas na China cumpriram a função exercida pela religião em outros países. Mesmo que isso seja um exagero, a influência dada à burocracia quando a própria natureza da identidade nacional foi ligada à sua autoridade lhe concedeu muito poder.

No início, a perícia administrativa talvez tenha sido boa para o desenvolvimento econômico da China. Como vimos no caso da disseminação do cultivo irrigado do arroz, os funcionários públicos armazenavam e disseminavam informações úteis. Os burocratas eram escolhidos principalmente por sua competência, em vez de herdarem sua influência. O famoso e exaustivo sistema chinês de provas aplicadas aos funcionários públicos, iniciado no século XVII, tinha como objetivo assegurar que o Estado seria conduzido pelas pessoas mais talentosas da sociedade.

Mas essa classe de burocratas (ou "mandarins") não estava disposta a tolerar ameaças a sua proeminência, e o sistema unificado de provas criou uma motivação poderosa para que houvesse um consenso quanto aos propósitos, à filosofia e aos interesses dentro do Estado. Os burocratas frequentemente eram inimigos dos mercadores e empreendedores, pois estes tinham o potencial de criar bases rivais de poder e riqueza. No caso da China, os mandarins temiam e desprezavam tanto os soldados como os mercadores e faziam o máximo possível para controlar a ambos. Para o mandarinato chinês, foi mais fácil se safar com isso do que teria sido em outras civilizações. O tamanho e o relativo isolamento geográfico da China permitiu ao país ser independente e autossuficiente de um modo impensável para os regimes europeus.

A relação do Estado com a criação de riqueza era predatória. A decisão da China de restringir seu comércio foi intencional, tomada por um Estado relativamente forte e centralizado. A decisão veio daqueles que se sentiam ameaçados pelas mudanças que o crescimento e o comércio poderiam trazer. Os preceitos do confucionismo talvez os tenham ajudado e legitimado, mas essas pessoas agiram em nome de seus próprios interesses brutais.

Muitas vezes é do interesse daqueles que controlam um Estado limitar o crescimento econômico para reduzir as ameaças a seu status. A religião é uma das ferramentas habitualmente utilizadas. Mas em um contexto diferente, as mesmíssimas religiões podem desempenhar um papel diametralmente oposto, o de reunir uma minoria e a transformar em uma próspera comunidade comercial. O sucesso de comunidades religiosas minoritárias pode servir como um teste interessante para sabermos se o que detém o crescimento econômico é a religião ou seu mau uso por parte do Estado ou de um grupo de interesse dominante. Frequentemente podemos retirar uma comunidade religiosa ou étnica de um país no qual o Estado ou uma elite utiliza a religião para esmagar o livre empreendimento, transplantá-la para uma sociedade diferente e observar o desaparecimento de sua suposta natureza antieconômica.

Uma minoria religiosa que se torna uma próspera comunidade comercial é um fenômeno observado repetidamente ao longo da história. Os judeus e protestantes huguenotes franceses da Europa medieval, os indianos no Leste da África pós-colonial, os pársis na própria Índia, os libaneses no Oeste da África e na América Latina e os chineses no Sudeste Asiático: todos esses grupos demonstraram ser economicamente muito mais bem-sucedidos que a cultura ou religião majoritária na qual se encontravam. Estima-se que um dos homens mais ricos do mundo na atualidade, talvez mais até que Bill Gates, dono da Microsoft, seja Carlos Slim Helú, um magnata mexicano das telecomunicações que é filho de imigrantes libaneses.

O sucesso desses grupos se mantém apesar do ressentimento e da inveja. Seu destino muitas vezes é se tornarem alvo de políticos inescrupulosos. Apelando para os instintos básicos da maioria, certos demagogos dizem que o grupo minoritário está roubando o resto do país. Os asiáticos do Leste da África serviram como bodes expiatórios e foram expulsos por criminosos como Idi Amin, o ditador assassino de Uganda. Da mesma forma, há um ressentimento perpétuo contra as famílias de negociantes chineses no Sudeste Asiático. Geralmente subterrâneo, o preconceito veio à tona na forma de ataques à vida e à propriedade dessas pessoas durante a crise financeira da Ásia em 1997-1998. O papel dos judeus nos negócios e finanças foi uma das fontes mais constantes de antissemitismo durante sua longa história de perseguições na Europa.

Ao que parece, o sucesso de tais comunidades se deve mais ao funcionamento de uma sociologia dos grupos que à natureza de suas crenças em particular. Grupos culturais e religiosos (e familiares) próximos tendem a dominar o comércio em países pobres porque fornecem garantias e meios para assegurar o cumprimento de contratos, o que pode não haver no resto da economia. Quando as leis comerciais não funcionam bem e as cortes são lentas ou corruptas demais para forçar o cumprimento dos contratos, sanções mais informais podem ser úteis. A ameaça de exclusão de um círculo privilegiado de negociantes e comerciantes é uma delas. É evidentemente mais fácil manter tal grupo unido se todos os seus membros forem parentes ou tiverem uma religião em comum. Uma identidade coletiva também serve como um sinal para indivíduos externos de que um membro do círculo está amparado pelas sanções coletivas de todos os demais. Aborreça um comerciante, e você terá aborrecido a todos; e se um deles aborrecer você, pode ter certeza de que os outros comerciantes o punirão por isso.

O funcionamento da sociologia dos grupos pode, de fato, explicar parte do êxito tradicional das comunidades comerciais judaicas dentro dos mundos islâmico e católico. O mais importante talvez não fosse o fato de serem judeus, e sim de serem minorias. Além disso, em muitos países cristãos eles se voltaram à atividade bancária e financeira porque haviam sido sistematicamente excluídos de outras profissões, como o direito e a medicina.

Todas as religiões e culturas podem provocar a coesão de um grupo — até mesmo as que geralmente são consideradas uma fonte de fracasso em seu lugar de origem. Não há muitos sinais de que o suposto fatalismo confucionista chinês tenha prejudicado o crescimento econômico entre os abastados comerciantes chineses da Malásia ou de Cingapura, nem de que a estagnação fatalista hindu tenha detido o êxito dos indianos em Nairóbi ou Kampala.

De fato, comunidades comerciais minoritárias islâmicas também tiveram histórias de sucesso duradouro. Qualquer pessoa que queira trocar dinheiro pela melhor taxa de câmbio possível nas áreas predominantemente cristãs da Nigéria atual, no Sul do país, geralmente encontrará o que busca se parar em uma mesquita à beira da estrada. Uma dentre muitas "casas de câmbio de um homem só" emergirá da multidão. Os dólares oferecidos são tomados e o agente desaparece em meio às outras túnicas; os clientes mostram um grau admirável de confiança nesse país mais conhecido pela corrupção endêmica que por empreendimentos comerciais bem-sucedidos. A confiança é recompensada quando o agente surge alguns minutos depois com um maço de nairas bastante surradas. A cultura do empreendimento está bem enraizada nesses operadores: o elástico que prende o punhado de notas geralmente trará um cartão de visita anunciando uma gama variada de outros produtos e serviços. Um cartão que me foi dado por um trocador de dinheiro em Calabar, no Sudeste da Nigéria, dizia "Casa de Câmbio" abaixo de seu nome, e depois disso, em uma tipologia ligeiramente menor, "Ervilhas, feijões e chapéus".

Os trocadores de dinheiro tampouco são um exemplo isolado das minorias comerciais islâmicas. A minoria étnica muçulmana Hausa tem gerado alguns dos mais bem-sucedidos comerciantes da Nigéria, tanto antes como depois de sua independência do Império Britânico. Eles levaram nozes-de-cola cultivadas nas áreas florestais do Sul da Nigéria para vendê-las nas regiões da savana, ao norte, e enviaram o gado alimentado nas pastagens na direção oposta. Já na década de 1880, mercadores hausa foram pioneiros no uso de navios a vapor para estabelecer uma rota comercial até Gana.

Se Max Weber tivesse vivido entre os hausa, talvez pudesse ter chegado à conclusão de que os muçulmanos promoviam o crescimento, construindo assim suas torcidas teorias psicológicas ao redor dos princípios do islamismo. Se tivesse visitado a África mais adiante no século XX, talvez investigasse o Mahabharata para tentar descobrir o segredo do sucesso comercial hindu. Se tivesse caminhado por todo o Sudeste Asiático moderno, talvez estivesse louvando os trabalhos de Confúcio como o primeiro livro sobre administração de empresas na história humana.

Além disso, o próprio Weber concordava com a ideia de que, embora a ética protestante tivesse ajudado o capitalismo moderno a avançar, o sistema tinha agora uma inércia própria e poderia ser adotado por qualquer sociedade. "O capitalismo vitorioso, em todo caso, desde quando se apoia em bases mecânicas, não precisa mais do ascetismo como seu arrimo", escreveu.

É muito fácil inferir a causalidade após um breve passar de olhos pelas economias e religiões dominantes. A realidade é muito mais complexa e, felizmente, muito mais otimista. As sociedades muçulmanas podem decidir ser tão bem-sucedidas quanto as cristãs ou as judaicas, sem perder suas crenças. A religião não determina o destino econômico. Os países islâmicos podem enriquecer. E, de fato, alguns enriquecem.

6. Políticas de Desenvolvimento

Por que os aspargos da Europa saem do Peru?

Se você estiver na Europa, ou, em menor medida, nos EUA, quando for fazer compras dê uma olhada nas prateleiras do seu supermercado ou dos vendedores de rua. Se você passar por uma área com uma demanda constante por aspargos verdes frescos, é bem provável — a não ser durante uma breve temporada de cultivo na Europa, e uma temporada um pouco mais longa nos EUA — que os aspargos à venda tenham sido transportados de avião diretamente do Peru.

Mesmo se considerarmos que frutas, hortaliças e flores são regularmente levados dos países tropicais aos temperados, pode parecer estranho, particularmente na Europa, que uma indústria lucrativa tenha surgido espontaneamente para embarcar uma hortaliça perecível em um avião, transportando-a por milhares de quilômetros ao redor do mundo desde a remota Costa Oeste na América Latina. E esse estranhamento faz todo o sentido.

O desenvolvimento da economia mundial pode dar a impressão de ser um avanço constante de impessoais forças de mercado, a deixarem para trás qualquer ineficiência. Mas na verdade, como vimos no capítulo sobre a água, algumas indústrias, e principalmente a agricultura, são moldadas tanto pela política como pela economia. Sua manutenção se deve bastante a pequenos grupos de produtores que fazem de tudo para proteger seus modos de vida e muitas vezes conseguem vencer interesses muito maiores, mas que se mostram muito menos interessados na situação.

Às vezes, o apoio inicial pode fazer sentido econômico, mas a proteção continua muito depois que a justificativa inicial já desapareceu. No fim das contas, as camarilhas de produtores muitas vezes acabam por ser vencidas. Porém, ao examinarmos neste capítulo as diversas subidas e quedas dos produtores de têxteis, açúcar e bananas, veremos que esse processo pode levar séculos.

E mesmo quando tais grupos são vencidos, isso geralmente ocorre não porque a sociedade como um todo se cansou do custo de paparicá-los, mas sim devido ao fato de outro grupo de produtores mais bem organizados ter surgido para vencê-los no jogo do lobby.

No caso dos aspargos, o imperativo político que antes de tudo encheu os supermercados da Europa e dos EUA de produtos peruanos foi o desejo de evitar que os jovens consumissem drogas, ou ao menos demonstrar publicamente que havia essa intenção. O Peru, juntamente com outros países andinos, recebeu uma oferta especial de negócios em 1991 para que seus fazendeiros tivessem algo a fazer além de cultivar coca para produzir cocaína. Nos EUA, onde a proximidade geográfica com a indústria andina da cocaína faz com que o tema atraia mais intensamente a atenção pública, a indústria peruana de aspargos, além de se beneficiar de tarifas (impostos de importação) mais baixas para os EUA, recebeu do governo americano dezenas de milhões de dólares por ano em ajuda financeira. O aspargo é uma hortaliça de alto valor, bem adequado ao transporte aéreo, e os fazendeiros peruanos aproveitaram a oportunidade. As exportações para os EUA e para a União Europeia, que também lhes concedeu acesso a seus mercados, cresceram enormemente.

Os produtores de aspargos da Califórnia, de Washington e Michigan se queixam em vão de estarem sendo eliminados do mercado pelo favorecimento das importações peruanas — produzidas principalmente, afirmam os reclamantes, em áreas costeiras, bem distantes das regiões montanhosas onde é cultivada a coca. Esse grupo não possui agricultores em quantidade suficiente; eles deram o azar de se situarem em estados cujos fazendeiros, por razões que já veremos, estão em desvantagem na hora de tentar extrair favores do Congresso; e nenhum político no país quer entrar em uma eleição sendo acusado de frouxidão no combate às drogas. Enquanto isso, a indústria de hortaliças do Peru, com a ajuda inicial dos privilégios comerciais, tornou-se uma das exportadoras mais prósperas do país.

O aspargo não está sozinho. Os resultados de lobbies específicos frequentemente pairam em algum ponto entre o esplendidamente cômico e o surrealista. Todo um tratado comercial entre os EUA e Cingapura, por exemplo, ficou preso em um pedaço de chiclete. A cidade-Estado do Sudeste Asiático proibiu a substância pegajosa para evitar que a goma jogada na rua desfigurasse suas límpidas calçadas. No entanto, um deputado de Illinois, onde se situa a fabricante de chicletes Wrigley, ameaçou suspender o acordo a menos que a restrição fosse revogada. O resultado foi um meio-termo construído dolorosamente. Alguns tipos de chiclete podem agora ser comprados em Cingapura, ainda que supostamente apenas para fins medicinais, somente em farmácias e geralmente com receita médica. Para proteger os produtores de laticínios, por muitos anos a compra de margarina foi ilegal na Austrália e no Wisconsin (e uma próspera comunidade de lojas de margarina surgiu no estado vizinho de Illinois, logo ao lado da fronteira).

Enquanto isso, ao menos segundo alguns dos jornais mais alarmistas do continente, as mulheres europeias passaram o verão de 2005 apavoradas com a ideia de terem de viver sem sutiãs. A Comissão Europeia impôs bloqueios de emergência sobre importações têxteis chinesas para proteger a senescente indústria de roupas europeia da competição barata, produzindo a perspectiva de que as prateleiras de lingerie de Londres, Paris e Milão acabariam por se esvaziar. Uma imprensa muito satisfeita, particularmente na Grã-Bretanha, aproveitou-se do que chamou de "guerra dos sutiãs", ainda que os sustentadores de seios fossem, na verdade, uma proporção bastante pequena das peças de vestuário ameaçadas ("Por que será que os jornais britânicos são tão obcecados com as roupas íntimas femininas?", suspirou uma autoridade da Comissão Europeia com quem conversei durante o ápice da disputa. Eu não soube como elucidar a questão.) Foi necessário costurar um acordo que mais parecia uma colcha de retalhos.

De fato, um lobby suficientemente determinado pode acreditar em, ou ao menos defender, duas ideias simultaneamente opostas. Alguns anos atrás, os produtores americanos de lampreias ficaram irritados com a chegada de lampreias vietnamitas baratas ao mercado dos EUA. Depois de balbucios iniciais de que os animais importados poderiam conter traços de Agente Laranja, o desfolhante usado na Guerra do Vietnã (e quem exatamente seria o culpado?), os fazendeiros contrataram advogados e lobistas que convenceram os legisladores a forçar os vietnamitas a pararem de chamar suas lampreias de lampreias, argumentando que os animais eram de uma família diferente das locais, ainda que da mesma ordem, chamada *siluriforme*. Os vietnamitas mudaram os nomes de suas exportações para *basa* ou *tra* (que, em vietnamita, significa lampreia). Os consumidores dos EUA, curiosamente, pareceram considerar que a lampreia recém-rebatizada seria um produto importado de luxo, e as vendas continuaram a prosperar.

Inabaláveis, os produtores americanos mudaram sua estratégia. Seus advogados conseguiram que o Congresso estipulasse impostos de importação sobre as lampreias vietnamitas, argumentando que estava havendo dumping, a venda a preços injustamente baixos. Para conseguirem impor as tarifas sob as leis comerciais dos EUA, eles precisaram provar que as lampreias vietnamitas eram um "produto semelhante" às americanas — tendo anteriormente gastado muitos milhares de dólares para determinar que as lampreias vietnamitas não eram, de fato, lampreias.

Nem tudo é tão divertido. Os lobbies comerciais têm impactos mais graves, como o de ameaçar o futuro do planeta. A produção global de etanol e outros biocombustíveis tem crescido muito nos últimos anos, pois o mundo busca soluções para a escassez de petróleo e para as emissões de gás carbônico causadas pela queima de combustíveis fósseis. No entanto, apenas certos tipos de etanol, como o produzido a partir da cana-de-açúcar no Brasil, poderão trazer alguma vantagem. O etanol produzido a partir do milho, como nos EUA, é caro e ineficaz. De fato, pode até emitir mais gás carbônico que a extração e combustão da gasolina. A indústria americana de milho para etanol é mantida no mercado graças a subsídios generosos e tarifas de importação elevadas que impedem a entrada das importações brasileiras, mais baratas e ecologicamente corretas. Iowa, o centro dessa indústria, encontra-se em uma posição favorecida ante os legisladores, por ser o primeiro estado a escolher os candidatos presidenciais nas eleições internas dos partidos. Ajoelhar-se para o programa de subsídios ao etanol é um ritual pelo qual passam quase todos os candidatos à Presidência — esse é o preço que devem pagar para que suas campanhas tenham uma boa largada (uma exceção louvável foi John McCain).

De certa maneira, o exemplo peruano é um tanto incomum, pois nesse caso foram os fazendeiros dos países ricos que saíram perdendo. Geralmente, a agricultura é a mais protegida de todas as indústrias. O algodão é um dos exemplos mais extremos. Os produtores dessa cultura nos EUA provavelmente não passam de 10 a 20 mil pessoas, de uma população de 300 milhões. Mas esse setor, conforme as variações do preço do algodão, recebe até US$ 4 bilhões por ano em concessões federais, conseguindo resistir a quase todas as tentativas feitas por outros países de limitar seus subsídios. De fato, a proteção dos produtores de algodão tem sido um dos fundamentos da política externa dos EUA há muitos anos. A influência desproporcional detida por esse setor seria surpreendente, se não fosse tão dolorosamente parecida com outros episódios que tanto se repetiram ao longo da história.

Em alguns casos, os debates persistiram durante séculos e continuam a distorcer os mercados globais atualmente. Os combatentes às vezes mudam de lado: uma indústria a favor do livre comércio pode se tornar protecionista quando seus interesses mudarem. Porém, ao longo do tempo, os argumentos empregados e a capacidade de pequenos lobbies de receber vantagens desproporcionais têm uma similaridade assustadora.

A teoria básica para explicar por que lobbies pequenos conseguem se dar melhor que lobbies maiores se deve, em grande parte, ao teórico americano Mancur Olson, que a desenvolveu há mais de 40 anos. Em termos gerais, a parte relevante da teoria é a seguinte: quando muitas pessoas têm um interesse em comum, faz sentido, para elas, reunir-se para tentar conseguir o que desejam. Porém, como são muitas, elas têm dificuldade em se organizar. Cada indivíduo se vê tentado a acreditar que os demais poderão fazer o trabalho por ele. E se todos pensarem assim, ninguém consegue realizar coisa alguma. No entanto, quando os benefícios da organização são percebidos por um número relativamente pequeno de integrantes em um grupo, é mais fácil e barato motivá-los a formar um lobby efetivo. Esses grupos também costumam se unir a outros, formando coalizões. Isso explica por que os lobbies de produtores geralmente são muito mais poderosos que os de consumidores. Para estes, o benefício dos preços mais baixos é distribuído entre todos os que fazem compras; para aqueles, os ganhos advindos dos preços mais altos são retidos entre apenas uns poucos.

Assim como muitos europeus, eu cresci assistindo a episódios repetidos de ação direta por parte de fazendeiros franceses queixando-se contra ameaças a seu modo de vida. Tendo um talento natural para o teatro, que sugere que muitos deles talvez tenham errado de profissão, esses agricultores e pecuaristas bloquearam ou incendiaram repetidamente caminhões que traziam ovelhas importadas da Grã-Bretanha e despejaram toneladas de vegetais excedentes nas praças de vilarejos para protestar contra os preços baixos. Eu ainda estou para ver, mesmo que não me reste muita esperança, um protesto em massa de consumidores franceses marchando pelos Champs-Elysées, cantando em uníssono (em francês, obviamente): "O que é que queremos? Açúcar um pouco mais barato! E quando? Distribuído por um período de sete anos!"

Exatamente como prevê a teoria de Olson, dentro da comunidade agrícola o poder está nos lobbies concentrados. Isso é claramente visível na chamada "Rodada de Doha" de negociações comerciais iniciadas em 2001 na capital homônima do Qatar, no golfo Pérsico, e continuadas de maneira gaguejante nos anos seguintes, nas quais a agricultura demonstrou ser um obstáculo particularmente importante.

Calcula-se que o efeito de reformar os subsídios na Rodada de Doha causaria uma queda média na renda familiar geral dos agricultores japoneses de apenas 1,4%, e nos EUA, essa queda seria estatisticamente indistinguível de zero. Para a maioria das famílias de fazendeiros, a agricultura, na verdade, é algo secundário — a maior parte de suas rendas vem de outros trabalhos. Mas essas perdas ficariam concentradas nas grandes fazendas, que abocanham a maior parte dos subsídios e benefícios do protecionismo comercial e possuem dinheiro e influência para se organizarem politicamente. A liberalização agrícola diminuiria em 19% a renda dos 10% mais ricos dentre os fazendeiros de arroz americanos, e em 10% a renda dos 10% mais ricos dentre os produtores de algodão. Além disso, como o valor dos subsídios está "capitalizado" nas terras desses fazendeiros, sua remoção também reduziria seriamente o valor de seus ativos, em 26% no caso dos produtores de arroz e em 12% para o algodão. Os subsídios e o protecionismo têm uma característica peculiar: uma vez concedidos, é difícil removê-los.

O comércio internacional tem sido frequentemente a área na qual se dão essas disputas. Historicamente, as tarifas de importação foram um dos primeiros tipos de tributo que os governos conseguiram impor, seguidos de impostos sobre a renda e sobre as vendas. É mais fácil taxar produtos que passam por um porto do que manter registros dos salários de toda a população do país, e mais ainda do que computar cada compra ou venda em toda a economia. Em países ricos, porém, essa justificativa original já não convence ninguém há muito tempo. Na maior parte das economias, as tarifas se tornaram explicitamente protecionistas, elevando os preços das importações baratas para impedir que os produtores domésticos, com seus maiores custos, fossem prejudicados.

Então, o que é que faz com que as tarifas persistam? Um dos motivos é simplesmente o efeito da inércia: uma vez estabelecida a proteção, removê-la é politicamente doloroso. Tanto os produtores domésticos como aqueles, como os fazendeiros peruanos, que possuem acesso privilegiado a mercados reclamam acaloradamente de mudanças generalizadas nas tarifas. Outra razão óbvia é o fato de esses impostos serem justamente o que os lobistas mais desejam. Como eles podem variar conforme o produto, são uma boa maneira de se focalizar a proteção em uma indústria em particular. E para esta, é mais fácil defender a manutenção de um imposto que aumenta as receitas do governo do que de um subsídio público que evidentemente as distribui.

Então, que tipo de indústria tende a ser protegida? Curiosamente, em geral as que estão caindo por terra, e não as que estão prosperando. Quando assumi o cargo de editor de Negócios no jornal *Financial Times*, fiquei surpreso ao perceber, depois de algum tempo, que cobrir maior parte das grandes disputas comerciais internacionais — têxteis, roupas, sapatos, aço, açúcar — era como passear por um asilo habitado por decrépitos agricultores e industriais europeus, americanos e japoneses, que passavam seu tempo reclamando da insolência dos estrangeiros jovens e arrogantes que os estavam deixando para trás.

Isso parece estranho. Já foi comentado muitas vezes que, quando os governos tentam "escolher os ganhadores" que serão sustentados com dinheiro público, frequentemente fazem péssimas escolhas. Porém, essa tendência infalível nos países ricos de dar apoio às indústrias fracassadas por meio de tarifas sugere que não é o governo que escolhe os perdedores — são os perdedores que, de alguma forma, conseguem definir as políticas comerciais do governo.

De alguma maneira, as indústrias fracassadas e minguantes parecem fazer um lobby mais intenso que as indústrias bem-sucedidas e em expansão. A melhor explicação talvez se encontre exatamente nos retornos obtidos por essas indústrias ao gastarem tempo, esforço e dinheiro em fazê-lo.

O protecionismo cria renda econômica, um conceito que encontramos no capítulo sobre petróleo e diamantes, por manter os preços domésticos acima dos níveis do mercado mundial. Nas indústrias em expansão, novas empresas entrarão no mercado se os preços se mantiverem altos, eliminando assim, por meio da concorrência, a renda das empresas já estabelecidas. No entanto, nas indústrias em declínio, nas quais o custo de entrar no mercado é alto para as novas companhias — construir siderúrgicas, investir em pesquisa e desenvolvimento, gerar fidelidade à marca por meio de propaganda etc. —, as companhias existentes podem se apropriar de parte dessa renda. E em algumas indústrias, como na produção europeia de açúcar, os governos impedem a entrada de outros produtores domésticos no mercado, instituindo cotas e outras restrições.

Os produtores de aço protegidos por tarifas podem passar mais alguns anos saboreando seus lucros elevados. A proteção de empresas de software por meio de tarifas apenas estimularia muito mais pessoas a criarem empresas de software. De fato, essa assimetria é tão difundida que a proteção de indústrias decadentes, em vez das bem-sucedidas, está escrita nas regras que governam as trocas mundiais. Conforme as leis da Organização Mundial do Comércio, o organismo radicado em Genebra que serve como câmara de negociação e corte de apelação para as regras do comércio internacional, os governos possuem diversas ferramentas para proteger suas indústrias. Eles podem utilizar tarifas de importação conhecidas como impostos antidumping e taxas de defesa (o refúgio dos produtores de lampreias americanos) se essas indústrias conseguirem mostrar que estão sendo seriamente lesadas por competidores estrangeiros subsidiados ou injustamente baratos vindos do exterior. Podem impor medidas de emergência ou "salvaguardas" por meio de impostos ou cotas (o expediente dos produtores de sutiãs europeus) se houver uma inundação repentina de importações. Não existe um apoio semelhante para produtores que poderiam estar se expandindo mais rapidamente se os demais comerciantes estivessem operando de maneira mais honesta.

Assim, as indústrias que lutam mais fortemente pela proteção tendem a ser aquelas nas quais a penetração das importações (a parcela do mercado tomada por estrangeiros) está aumentando. Outra medida útil é empregar muitos trabalhadores de baixa qualificação, que teriam dificuldade em conseguir empregos em outra parte, pois todos eles tenderão a votar apenas naqueles que os protegerem. E quando uma indústria consegue proteção, tende a intensificar seu lobby para mantê-la, pois a alternativa seria realizar ajustes custosos para evitar a concorrência das importações mais baratas.

Isso explica por que certas indústrias pedem proteção; mas não chega a explicar exatamente por que conseguem recebê-la. O sucesso depende de seu nível de organização e da capacidade de ameaçar os governos com prejuízos políticos se forem traídas. Isso, por sua vez, depende de quantas companhias existem no ramo e de seu nível de concentração geográfica. Também pode depender da facilidade com que um interesse setorial específico consegue convencer a imprensa e a opinião pública de que essa indústria representa os interesses do país como um todo.

Os fazendeiros se encaixam em muitos desses critérios. Para satisfazer o último critério, os agricultores se acostumaram a envolver sua causa na bandeira nacional e a recorrer, ainda que de maneira enganosa, às tradições da vida rural. A identidade nacional muitas vezes vive nas paisagens do país. O hino "America the Beautiful" celebra as "ondas douradas de grãos". Os fazendeiros franceses, acostumados a abocanhar grandes porções dos generosos subsídios agrícolas da União Europeia, recorrem à reverência do país ante o *terroir* no qual estão fincadas profundamente as raízes de suas tradições alimentares e vinícolas, ainda que os beneficiários típicos dos subsídios franceses sejam gigantescas fazendas agroindustriais de trigo encharcadas de fertilizantes na bacia de Paris, e não um panorama idílico de campos de lavanda sob as brumas da Provença. Os japoneses têm uma ligação quase espiritual com a beleza geométrica dos terraços de arroz que delineiam elegantemente as colinas verdejantes no interior do país.

No entanto, o poder dos agricultores também tem motivos mais triviais. Como vimos no capítulo sobre a água, os fazendeiros podem alegar, às vezes até com alguma razão, que manter alguma produção alimentar doméstica ajudará a proteger o país caso uma guerra ou algum outro desastre interrompa as importações. Eles também são excelentes lobistas, frequentemente concentrados de maneiras que maximizam seu poder, e têm o costume de montar coalizões.

Os produtores de algodão dos EUA, por exemplo, detêm um poder que excede seu tamanho, em parte por estarem espalhados entre diversos estados pequenos do Sul do país. Como cada estado possui dois senadores, independentemente de seu tamanho, o algodão comanda um bloco desproporcional no Senado. Em 2006, os senadores sulistas escreveram uma carta ao escritório de representantes comerciais dos EUA, ameaçando votar contra qualquer acordo da Rodada de Doha que fizesse mudanças radicais no programa de apoio aos produtores de algodão. Os seis estados por eles representados possuem uma população combinada de menos de 33 milhões. A Califórnia, por outro lado, que abriga muitos dos produtores de aspargos e recebe uma parcela desproporcionalmente baixa de subsídios agrícolas governamentais, tem apenas dois senadores para 36 milhões de pessoas. Os produtores de algodão formam uma coalizão poderosa com outros fazendeiros fortemente subsidiados. Eles também conseguiram cooptar muitos dos produtores têxteis do país. Em teoria, a indústria têxtil deveria preferir o algodão importado barato à produção doméstica, que é mais cara, mas esse setor acabou sendo comprado por um programa especial de compensação criado pelo governo.

De fato, a indústria têxtil não fica muito atrás dos agricultores em sua capacidade de montar defesas prolongadas de sua posição pouco competitiva. A produção de roupas em massa requer pouco investimento e emprega uma grande quantidade de trabalhadores pouco qualificados. Além disso, é ferozmente competitiva, e assim, pequenas mudanças nos custos ou na eficiência podem ameaçar rapidamente toda uma indústria.

Dessa forma, não é de surpreender que os debates modernos sobre o livre comércio tenham começado com um antecessor da guerra dos sutiãs — a controvérsia da "Lei do Calicô", que se arrastou durante décadas ao final do século XVII e início do XVIII. Essa lei colocou os produtores têxteis ingleses contra os importadores e serviu como um extraordinário fermento político e intelectual — algo particularmente notável, pois as teorias formais sobre o livre comércio só seriam formuladas cerca de um século depois.

Na época, uma das crenças dominantes sobre o comércio era o "mercantilismo" — em termos gerais, a ideia de que as exportações eram intrinsecamente boas e fortaleciam o país, ganhando dinheiro na forma de metais preciosos vindos do exterior e ajudando a estimular a capacidade naval da qual dependia um país insular. Economistas modernos teriam calafrios ao ouvir falar disso e argumentariam que as exportações não são senão um mal necessário. O que importa é o que consumimos, não o que produzimos, e as exportações são apenas as coisas boas que precisamos vender aos estrangeiros para podermos pagar pelo que queremos em troca. Para os chineses, não é vantajoso embarcar seus iPods para os EUA em vez de usá-los eles próprios: eles o fazem para ganhar os dólares com os quais comprarão petróleo, aviões e o que mais precisarem. No entanto, isso foi em uma época em que o comércio seguia o braço armado do Estado e em que a distinção entre a Marinha militar e a Marinha mercante era menos clara do que hoje em dia. Sem a existência de um mercado internacional funcional, a ideia de que as exportações eram demonstrações de força era mais justificada. O argumento sobre sua importância na construção de navios foi posteriormente aceito até mesmo por Adam Smith, que geralmente era um defensor arraigado do livre comércio.

Para que a Inglaterra pudesse expandir seu comércio em meados do século XVII, por exemplo, era necessário que seu lorde protetor, Oliver Cromwell, se abstivesse da prática habitual de entrar em guerra contra seus oponentes religiosos. Em vez disso, ele pôs em marcha a primeira de uma série de batalhas navais contra os holandeses, a outra grande potência protestante do Norte da Europa, para manter abertas as rotas de comércio do mar do Norte e do canal da Mancha, a serem exploradas pelos mercadores ingleses. Essas guerras foram acompanhadas pela Lei da Navegação, a primeira de várias leis que tinham por objetivo estimular a Marinha inglesa em detrimento da holandesa, que nessa época, com uma frota melhor e um sistema financeiro mais aprimorado, oferecia navios e crédito em condições mais vantajosas. Entre outras coisas, as leis exigiam que todos os bens embarcados de ou para as colônias inglesas fossem transportados por navios ingleses. Açúcar, tabaco e outros produtos coloniais destinados aos mercados estrangeiros deveriam ser primeiro levados à Inglaterra, onde seriam taxados, para então prosseguir seu curso.

Mas a lógica do mercantilismo não se limitou a estimular a frota mercante e o comércio inglês, o que acabou por levar a conclusões absurdas. A riqueza da Inglaterra, como vimos no capítulo sobre a água, havia sido construída amplamente com base na lã. Como escreveu o poeta John Dryden no século XVII:

Tho' Jason's fleece was fam'd of old,
*The British wool is growing gold.**

No entanto, a lã não duraria para sempre. No século XVII, a Companhia das Índias Orientais, uma empresa de comércio que posteriormente comandaria a Índia como uma possessão imperial britânica terceirizada, fez sua primeira tentativa fracassada de romper o domínio holandês sobre as importações de pimenta do Sudeste Asiático. Posteriormente, a empresa transformou o que inicialmente era um produto secundário em uma de suas maiores ope-

* Conquanto o velocino de Jasão seja célebre desde o distante passado,/É da lã britânica que ouro está sendo gerado.

rações — a importação de tecidos de algodão, geralmente conhecidos como "calicô",* trazidos da Índia. Não é de surpreender que ao experimentarem o algodão suave e refrescante, no lugar das lãs quentes e comichosas, particularmente para as roupas íntimas, as pessoas tenham ficado loucas por ele. O calicô da Índia e os linhos trazidos de outras partes, como da Europa continental, entraram na moda.

O conforto e o estilo também saía barato: as roupas feitas de calicôs indianos custavam entre um terço e um sexto do preço da lã. Em 1620, a Companhia das Índias Orientais importou 50 mil peças no material; em 1690, já estava trazendo 265 mil gravatas apenas de Madras, uma de suas três principais regiões produtoras.

Os tecidos de seda indianos também começaram a ameaçar o estilo de vida dos tecelões que importavam fios nobres para trabalhá-los eles próprios. Os mais visíveis eram os huguenotes, protestantes franceses que escaparam à perseguição religiosa e acabaram por se tornar uma das muitas ondas de imigrantes bem-sucedidos do East End de Londres. Perto do final do século XVII, havia cerca de 100 mil huguenotes em Spitalfields, um bairro do East End que foi atualmente engolido pelo distrito financeiro de Londres.

Os grandes produtores e tecelões de lã entraram em ação, e nas últimas três décadas do século XVII foi conduzida uma tempestuosa campanha de abaixo-assinados ao Parlamento, incontáveis panfletos políticos e, cada vez mais, protestos em massa. A Companhia das Índias Orientais respondeu com sua própria campanha de propaganda. E todos insistiam veementemente que somente eles estavam a defender os interesses nacionais. Um panfleto de 1696, poeticamente intitulado "Uma mortalha inglesa para os produtores indianos", queixava-se do comércio do calicô: "No fim das contas, irá produzir (a não ser para os detentores de patentes) casas vazias, carteiras vazias, cidades vazias, um povo pequeno, pobre, fraco e magro, e o que podemos dizer do valor da nossa terra?"

Essa última questão era fundamental. A indústria da lã é bem cotada na escala das que têm grande probabilidade de receber proteção comercial: possui mão de obra substancial, muitas vezes geograficamente concentrada e bem organizada, com poucas oportunidades imediatas de emprego em outras partes. Porém, seu poder de lobby foi aprimorado por conexões com um grupo que tinha mais influência política: os tipos mais abastados que detinham a

* O nome vem da cidade de Calecute (pelo francês *calecot*), porto no Oeste da Índia ao qual chegara o navegador português Vasco da Gama em sua viagem que abriu as Índias para o Ocidente. (N. E.)

terra na qual eram criadas as ovelhas e que haviam emprestado dinheiro aos tecelões. A elite local e os tecelões muitas vezes se viam ligados por laços de dívidas, emprego e, às vezes, matrimônio. Os filhos mais novos da elite local muitas vezes eram aprendizes de mestres artesãos. Se a indústria da lã caísse, os proprietários de terras se veriam prejudicados.

O lobby contrário, enquanto isso, teve de superar estranhas acusações de hipocrisia egoísta. A Companhia das Índias Orientais deve ter se esforçado para manter uma expressão séria ao argumentar que o que era bom para a Companhia era bom para o país. Sir Josiah Child, um nobre com boas ligações políticas que participava da Companhia, lançava periodicamente suas próprias refutações aos argumentos dos tecelões, falando em nome do livre comércio. Em um panfleto escrito em 1681, enfaticamente intitulado "O comércio das Índias Orientais é o mais nacional dos comércios", ele alegou que os abaixo-assinados contra tecidos indianos eram fruto de pessoas insatisfeitas que tinham ressentimentos pessoais contra a Companhia, ou que haviam sido subornadas por mercadores que faziam negócios com a Turquia ou outros países desfavorecidos no mercado inglês.

Mas a Companhia em si era um monopólio, detentor de direitos exclusivos de negociar com as Índias Orientais (o Sudeste Asiático) e controlado por um número limitado de investidores que formavam uma sociedade anônima. O calicô indiano importado por ela podia ser mais barato que a lã inglesa ou que os tecidos turcos, mas ainda assim se via livre da concorrência por parte de outros importadores ingleses na Ásia. John Cary, um escritor mercantilista, argumentou: "Aceito a proposição de que o comércio deve ser livre, se com isso entendermos que o comércio não deve ser monopolizado por uma sociedade anônima." Uma associação de comerciantes de linho que negociava o calicô indiano também defendeu o livre comércio, estando menos vulnerável a acusações de hipocrisia (quando não de interesse próprio mal disfarçado), mas a Companhia das Índias Orientais foi quem liderou o lobby.

Nessa época, o Parlamento era dominado pela elite detentora de terras, mas alguns dos parlamentares estavam mais abertos à persuasão, e Sir Josiah distribui dinheiro generosamente entre os mais flexíveis. As contas de 1691 da Companhia das Índias Orientais trazia um notável item especial de £11.372, usados em um "serviço secreto", um eufemismo para "propinas".

E assim surgiu um padrão que se repetiria centenas de vezes nas disputas comerciais ao longo dos séculos. Dois grupos de produtores, um deles interessado em importações baratas e o outro atuando em defesa da produção doméstica, defendiam seus interesses particulares e alegavam que estes eram idênticos aos do país como um todo. No lugar dos tecelões de lã e seda encontram-se hoje os produtores têxteis da Carolina do Sul, os agricultores de açúcar europeus ou os produtores de bananas no Caribe. No lugar dos comerciantes do linho e da Companhia das Índias Orientais encontram-se o Wal-Mart, a indústria brasileira do etanol ou companhias de frutas dos EUA, como Del Monte e Chiquita. As vozes dos consumidores que se viam obrigados a usar roupas íntimas de lã (e seus equivalentes modernos, que têm de comprar sutiãs, açúcar e bananas a preços mais altos), caso tenham de fato se erguido, mal foram ouvidas.

Trabalhadores e proprietários de terras, ao verem seus meios de vida ameaçados, encontram uma maneira de garantir que receberiam atenção. A composição da aliança protecionista cumpriu duas das condições que tornam os lobbies comerciais eficazes: foi concentrada o suficiente para montar uma boa campanha, mas abrangente o suficiente para alegar, de maneira minimamente plausível, que contava com um apoio amplo. Sua primeira grande vitória foi uma resolução tomada pelo Parlamento em 1678, comandando toda a população inglesa a usar somente roupas de lã durante o inverno, definido como o período entre o Dia de Todos os Santos (1º de novembro) e a Anunciação (25 de março). E se era difícil forçar os vivos a vestirem-na, os mortos se queixariam menos: todos os corpos a serem enterrados, determinou o Parlamento, deveriam a partir de então ser envoltos em tecidos de lã.

A Companhia das Índias Orientais, que tinha laços próximos com a Coroa, perdeu um de seus defensores mais importantes quando Jaime II, o último monarca da casa dos Stuart, foi deposto, em 1688. Sir Josiah era do partido Tóri, que surgira dentre os apoiadores da monarquia, e a Companhia era considerada por muitos como um baluarte da legenda.* Então, quando seu adversário, o partido *Whig*,** ganhou o poder no Parlamento em 1695, a Companhia teve de enfrentar inimigos tanto econômicos quanto políticos. Chegaram ao Parlamento abaixo-assinados de todo o país: tecelões de seda de Canterbury, tecelões de lã de Norwich (segundo os quais 100 mil pessoas dependiam de sua indústria), produtores de fios de Cambridge. Uma lei de 1696, proibindo "todas as sedas trabalhadas, tecidos de Bengala, calicôs tingidos, impressos ou manchados produzidos na Índia ou na Pérsia

* "Tóri" (do inglês, *tory*) é uma expressão usada para se referir ao Partido Conservador britânico ou a seus membros. O termo se origina do apelido que se dava no século XVII aos punguistas irlandeses. (N.E.)

** O termo *whig* se origina de *whiggamore*, o nome dado aos membros de uma facção manifestante escocesa que fez uma marcha em Edimburgo em 1648 para protestar contra a nobreza. Com o tempo, passou a ser um antônimo de "tóri" (*tory*), o integrante do Partido Conservador inglês, e sinônimo de integrante do Partido Liberal. (N.E.)

ou em qualquer região dentro da licença da Companhia das Índias Orientais que seja importado para este reino", foi bem aceita na Câmara dos Comuns, mas foi derrubada na Câmara dos Lordes, a instância mais elevada, dominada por magnatas tóris.

Quando outra lei foi esboçada, em 1697, e novamente derrubada, os protecionistas levaram o caso para o lado pessoal. Um protesto de tecelões de Spitalfield conseguiu abrir caminho à força até o saguão do Parlamento, e no caminho de volta para o Leste de Londres tentou ocupar a Casa das Índias Orientais, o quartel-general da Companhia, situado na Leadenhall Street, na *City*. Três foram presos. Em março, uma comitiva de 3 mil tecelões ameaçou a própria casa de Sir Josiah, em Wanstead, no Leste de Londres, e em abril um novo protesto às portas da Casa da Índias Orientais terminou em um tumulto generalizado no qual o edifício foi atacado novamente.

Em 1700 foi finalmente aprovada uma lei que proibia o uso de sedas manufaturadas ou de calicôs impressos ou tingidos da Pérsia, China ou Índias Orientais. Alguns elementos da coalizão pelo livre comércio, como os mercadores que traziam calicôs que seriam reexportados para a Europa, foram apaziguados pela criação de um sistema de entrepostos aduaneiros. A paz retornou e tudo voltou a correr bem na indústria da lã. Melhor dizendo — em outro padrão que se tornaria cansativamente familiar nas disputas comerciais —, nem tudo. Mal fora tapado um dos buracos no dique, outro começou a vazar. Como as importações de algodão cru ainda eram permitidas, conforme explicava queixosamente um abaixo-assinado enviado ao Parlamento em 1703, a lei "acabou por fazer com que os calicôs sejam tingidos, impressos e desenhados aqui na Inglaterra, em detrimento de nossas manufaturas de lã".

Foi então criado um imposto sobre as vendas de algodão e linho tingido, e posteriormente esse imposto foi dobrado. Ainda assim, as importações continuaram a chegar, e os tecelões de lã e seda continuaram a sofrer. Sem poderem culpar a Companhia das Índias Orientais, restou-lhes apenas descarregar sua fúria sobre os próprios consumidores, que lamentavelmente se recusaram a alterar suas predileções tal como necessário. No verão de 1719, viram-se em numerosos incidentes de "caça ao calicô": gangues de tecelões vagavam pelas ruas de Londres, rasgando roupas de algodão das costas de desafortunadas transeuntes, desfilando então triunfantes com seus troféus expostos no alto de varas.

O ataque de abaixo-assinados recomeçou, chegando ao Parlamento dos quatro cantos do país. O mais provável é que tenha havido alguma coordenação central clandestina por parte dos bem organizados tecelões londrinos: a redação das reclamações era suspeitosamente uniforme, e algumas emanavam de cidades que nem sequer possuíam uma indústria de lã. Ainda assim, a estratégia funcionou. A "Lei do Calicô", aprovada em 1721, mostrou até que ponto um lobby realmente determinado conseguiria chegar na aprovação de uma lei ridícula.

O código proibiu não só a importação, como o próprio uso pessoal, em móveis ou decorações, de todos os calicôs impressos, pintados ou tingidos — exceto, como uma concessão aos consumidores, aqueles pintados inteiramente de azul, que estava fora de moda. Seria tentador registrar essa lei para a posteridade como o maior exemplo de protecionismo têxtil de todos os tempos, se não fosse por uma lei ainda mais draconiana aprovada na França na mesma época, que transformou o contrabando de têxteis em um crime punível com pena de morte em caso de reincidência. Seja pego com um tecido ilegal por três vezes e você será morto.

No início deste capítulo, eu disse que o protecionismo político pode desafiar as forças do mercado durante décadas, ou até séculos, se o lobby que apoia esse tratamento especial for suficientemente forte. Porém, particularmente quando surge um produto arrasadoramente superior, é difícil manter essa situação para sempre. Foi assim com as lãs. A proibição dos algodões manufaturados importados conseguiu apenas que os estampadores ingleses passassem a trabalhar com linho ou com misturas de linho e algodão: os produtores de linho escoceses conseguiram obter uma exceção para seu produto na Lei do Calicô.

E em um belo exemplo de que a necessidade é a mãe de todas as invenções, o uso compulsório de roupas quentes e pesadas incitou o desenvolvimento de máquinas de fiar para que os industriais ingleses fizessem seus próprios tecidos. Doze anos após a aprovação da lei, John Kay promoveu uma significativo avanço na tecnologia da fiação ao criar a lançadeira volante. Nos 50 anos seguintes, um trio de invenções — a fiadora *spinning jenny*, a *spinning mule* e a *water frame* — abriu caminho para a mecanização da produção têxtil. Os industriais ingleses poderiam agora vencer os tecidos indianos, feitos a mão, pois seus produtos haviam se tornado mais baratos e politicamente mais convenientes.

Os produtores também adotaram a mecanização na impressão do algodão. É interessante notar que uma das primeiras grandes fábricas para impressão de calicôs em Lancashire, que rapidamente se tornaria o centro mundial dessa indústria, foi montada por Robert Peel. Seu neto de mesmo nome seria aquele que, como primeiro-ministro em meados do século XIX, seria influenciado pelos novos tecelões da Inglaterra — desta vez, tecelões de algodão defensores do livre comércio, e não os protecionistas da lã — para executar uma das jogadas mais expressivas da história em termos de políticas comerciais.

A revogação das Leis dos Cereais, em 1846, como vimos no capítulo sobre os EUA e a Argentina, foi um ponto de mudança. A Grã-Bretanha abandonou séculos de apoio aos proprietários de terras, voltando seu apoio aos industrialistas. Como descrito por G. K. Chesterson, em seu poema narrativo gloriosamente excêntrico sobre a história inglesa vista aos olhos dos pobres inteiramente privados de direitos, "The Secret People", o ocaso político dos proprietários de terras foi tão rápido que parece inexplicável:

> . . . the squire seemed struck in the saddle; he was foolish, as if in pain, [. . .]
> We only know the last sad squires rode slowly towards the sea,
> And a new people takes the land: and still it is not we.*

Um impressionante esquema de apoio à agricultura foi rapidamente desfeito. Essa transformação tão drástica envolveu necessariamente a criação de uma força arrebatadora para combater um interesse anteriormente irremovível. Um desses teatros de guerra, a indústria do açúcar, é até hoje um campo de batalha para as disputas políticas, do qual falaremos mais adiante.

A revogação das Leis dos Cereais é um desses pontos de mudança em que, por parecer tão inevitável em retrospecto — a Grã-Bretanha estava se industrializando rapidamente, tornando-se a oficina do mundo —, vale a pena relembrar o quanto essa decisão efetiva constituiu um ato político verdadeiramente notável. As Leis dos Cereais foram revogadas em 1846 por um primeiro-ministro conservador cujo partido chegara ao poder em 1841, unido publicamente no desejo de proteger os proprietários de terras. Somente um terço dos parlamentares conservadores votou de fato pela revogação da lei quando chegou a hora de tomar a decisão, e a lei contava com o apoio da oposição liberal. O governo caiu menos de um mês depois, deixando o partido conservador dividido com relação ao comércio durante décadas. Por que isso aconteceu?

A resposta mais simples é: porque Peel temeu que a alternativa levaria a uma revolução. Os proprietários de terras constituíam um lobby poderoso e bem estabelecido na Câmara dos Lordes, que tinha o poder de bloquear a legislação. Porém, o brilhantismo da campanha pela revogação dependeu da construção de uma aliança de interesses que, além de possuir um poder de fogo considerável dentro daquele sistema político recém-alterado, criava a intimidante ameaça de derrubá-lo como um todo.

* . . .o senhorio parecia preso na cela; estava aparvoado, como se sentisse dor, [...] / Sabemos apenas que os últimos senhorios pesarosos cavalgaram lentamente rumo ao mar, / E uma nova gente toma a terra: e ainda não somos nós.

O propósito das Leis dos Cereais, que tiveram diversas versões aprovadas nos séculos XVII e XVIII, era regular o preço dos alimentos de modo que os agricultores sempre tivessem um meio de vida, mas de tal forma que os pobres sempre conseguissem comprá-los. Porém, seu efeito geral costumava ser o de manter os preços elevados, beneficiando os proprietários. No início do século XIX, o protecionismo agrícola parecia bastante seguro. Uma nova versão da lei, aprovada em 1815 em resposta a uma queda nos preços dos alimentos — por sua vez influenciados pelo fim das guerras napoleônicas, que haviam prejudicado o comércio internacional — proibia as importações de grãos quando o preço doméstico caísse abaixo de 80 xelins por quarto de quintal britânico (12,7Kg). O governo da época tinha mais interesse que o habitual em proteger os proprietários, de quem havia tomado grandes empréstimos para financiar suas campanhas militares.

Porém, a mudança rápida na economia inglesa estava comprimindo os proprietários, transformando-os em uma minoria. A industrialização, que se acelerou no século XIX, levou a um crescimento extraordinário na população — que vivia cada vez mais nas cidades e queria comida barata, em lugar de viver no campo e querer vender seus alimentos por preços elevados. A população da Grã-Bretanha aumentou de 12,6 para 18 milhões de pessoas entre 1811 e 1841; o país já havia deixado de ser autossuficiente em alimentos desde a década de 1760, e com esse crescimento, os fazendeiros teriam ainda menos possibilidades de alimentar toda a população. Os empregadores, particularmente nas fábricas têxteis do algodão, tinham um interesse velado em que os preços dos alimentos se mantivessem baixos, pois assim seus empregados poderiam comprar a mesma comida por salários mais baixos, e ao mesmo tempo estavam interessados na disseminação das doutrinas do livre comércio, pois eles eram os exportadores têxteis mais competitivos do mundo.

A estrutura política também estava mudando. Uma lei de 1832, a Lei da Grande Reforma, aumentara o número de cadeiras no Parlamento concedido a cidades industriais e eliminara muitos dos distritos "podres" — regiões com eleitorados pequenos e facilmente subornáveis, que podiam efetivamente ser comprados e vendidos e que costumavam ficar sob o controle dos proprietários locais. Particularmente nas cidades, movimentos cristãos evangélicos também faziam pressão por mudanças religiosas e políticas e constituíam uma fonte abundante de fervor reformista.

O lobby que começou a fazer pressão por reformas ganhou apoio tanto da classe média, que detinha e administrava as crescentes fábricas britânicas, quanto da classe trabalhadora que trabalhava nelas. Era liderado pela Liga

Anti-Leis dos Cereais, um grupo de pressão política pioneiro no nível nacional. Em sua organização e táticas, a Liga estava bem à frente de seu tempo. Como tantos lobbies comerciais que vieram depois, a Liga talvez tenha se disfarçado algumas vezes, fingindo ser uma campanha direcionada aos consumidores, pedindo alimentos mais baratos para os pobres. Mas foi um interesse de produtores — os donos de fábricas e, particularmente, os proprietários da indústria têxtil — que gerou sua liderança central, dinheiro e influência organizacional. Fundada em Londres em 1836, como a Associação Anti-Leis dos Cereais, em 1838 a Liga encontrou um lar natural em Manchester, o centro da indústria têxtil.

Os dois principais líderes do grupo posteriormente se tornariam alguns dos mais famosos defensores do livre comércio na história, Richard Cobden e John Bright. Cobden, que executou a campanha contra a Leis dos Cereais a partir de uma posição proeminente na vida política de Manchester — tornou-se representante do condado de Stockport no Parlamento em 1841 — participou da campanha, nas palavras de Robert Peel, "atuando, acredito, por motivos puros e desinteressados". Porém, como industriais têxteis, Cobden e Bright foram levados à campanha por um interesse comercial muito particular. Como vimos, o lobby comercial ideal é aquele que é suficientemente concentrado de modo a organizar uma campanha consistente, e ainda assim suficientemente amplo — ou capaz de se apresentar como tal — de modo a se vender como um representante dos interesses da nação. A Liga Anti-Leis dos Cereais foi um exemplo muito bom dessa situação.

Em sua vanguarda estavam os industriais têxteis de Lancashire. As fábricas têxteis se aglomeraram no interior do país por diversos motivos. Situavam-se próximas ao grande porto de Liverpool, o que permitia a importação de algodão e a exportação de roupas. Ficavam perto dos campos de carvão de Lancashire, que servia como combustível para os teares movidos a vapor que haviam substituído as máquinas movidas a força d'água. E o clima úmido do Norte ajudava a prevenir o rompimento dos fios durante a fiação. O número de teares mecânicos na Inglaterra dobrou entre 1835 e 1850 e, nesse período, a proporção situada em Lancashire cresceu de 67,5% a 79,1%. Em 1846, 70% das doações da Liga acima de £100 vinham de Lancashire.

No entanto, as indústrias voltadas para a exportação como um todo estavam se expandindo e se espalhando pelo país. Com o progresso da Revolução Industrial, cresceu amplamente a demanda por bens manufaturados semiacabados, como barras e vigas de ferro, que serviam como matéria-prima em outros processos industriais. Quando a industrialização e a expansão das ferrovias começaram a ser exportados a outras partes, como a América do Norte e a Europa continental, o mesmo aconteceu com os componentes necessários para construí-las. Registros sobre os moradores das cidades publicados na época mostram que todas as ocupações estavam crescendo nos centros urbanos, exceto uma: os proprietários de terras.

A divisão nítida entre proprietários de terras e industriais, de qualquer forma, era uma espécie de caricatura. Um dos motivos pelos quais a aristocracia britânica durou tanto tempo, sem nenhuma das situações caóticas e desagradáveis que acompanharam a decapitação de sua contraparte na Revolução Francesa, foi sua capacidade de se adaptar. A nobreza britânica, já no século XVI, começara a diversificar seus investimentos, não mais se concentrando apenas em seus interesses agrícolas tradicionais, passando a investir em indústrias como a mineração de carvão, chumbo e sal, aproveitando-se das oportunidades de transporte geradas pelo sistema de canais para vender matérias-primas como madeira e cascalho a distâncias mais longas.

Para a maior parte deles, isso continuou a ser uma atividade secundária frente à agricultura, ou ao menos à cobrança de aluguéis dos agricultores arrendatários. Porém, a diversificação se acelerou acentuadamente no século XIX, também em virtude da crescente sofisticação dos mercados financeiros. O Banco da Inglaterra, que nessa época era uma entidade privada, havia sido criado em 1694 para ajudar o governo a tomar empréstimos para lutar contra os franceses. O mercado de ações teve um surto de crescimento nas décadas de 1830 e 1840, quando foram removidos os controles sobre a impressão e venda de títulos pelas companhias, e as novas companhias ferroviárias se aproveitaram disso. Cerca de um quinto a um quarto das ofertas de ações feitas durante o surto de investimentos conhecido como a "mania de ferrovias" foram adquiridas por proprietários de terras. De fato, as companhias ferroviárias, desejosas de evitar que esses proprietários se opusessem às rotas por elas planejadas, consideraram prudente reservar certa porção de cada nova oferta de ações para comprá-los. E assim, ainda que a Câmara dos Comuns (e ainda mais a Câmara dos Lordes) continuasse dominada por aristocratas, alguns deles haviam apostado no futuro econômico do país em vez de se aterem exclusivamente às recompensas advindas da posse de seu passado econômico.

A Liga Anti-Leis dos Cereais usou uma combinação de propaganda e campanhas agressivas de manipulação eleitoral que teria impressionado qualquer lobista moderno de Washington. Fez milhares de objeções ao registro de eleitores sabidamente protecionistas quando as listas de eleitores eram elaboradas a cada ano e registrou seus próprios defensores quando o número de cadeiras elegíveis aumentou após a reforma parlamentar de 1832. Angariando votantes nas regiões eleitorais urbanas, onde tinha maior apoio, e relatando os resultados ao seu comando central, a Liga frequentemente tinha uma ideia mais clara da opinião do eleitorado do que qualquer dos dois partidos políticos principais.

E a entidade utilizou toda a retórica possível para promover o livre comércio. Para os que poderiam se beneficiar diretamente, como os produtores de algodão, ela apelou para o interesse próprio. Para aqueles que poderiam se ver tentados a enxergar a questão como uma luta entre o campo e a cidade, como os inquilinos do campo e trabalhadores agrícolas, argumentou que o efeito fundamental das Leis dos Cereais era aumentar o preço da terra e, com isso, seu aluguel. E para os que poderiam perder financeiramente, invocou a moralidade e as Escrituras. Por princípio, dizia, era errado apoiar um monopólio aristocrático. John Buckmaster, um ativista pelo livre comércio que viajava pelas cidades e vilarejos do interior tentando recrutar trabalhadores rurais e artesãos para a sua causa, adotou uma campanha baseada na pergunta "O que Jesus faria?". "Se as Leis dos Cereais estivessem em evidência quando Jesus Cristo esteve na terra", declarou com certa presunção, "ele teria pregado contra elas."

Seu êxito mais importante talvez tenha sido ganhar a lealdade temporária do chamado movimento "cartista". Os manifestantes da classe operária faziam parte da coalizão de destituídos que havia conseguido forçar a Lei da Reforma de 1832 no Parlamento, acrescentando à causa a força das congregações em massa e até mesmo a violência contra a propriedade. O Castelo de Nottingham, propriedade do duque de Newcastle, que inicialmente se opusera à reforma parlamentar quando a lei chegou à Câmara dos Lordes, foi incendiado por uma multidão enfurecida em 1831. Porém, diferentemente dos líderes da Liga, os operários e a classe média baixa continuaram literalmente destituídos de direitos após a Lei da Reforma, pois não detinham propriedade, necessária para o direito ao voto.

O movimento cartista, assim chamado em virtude de sua carta de demandas, surgiu em 1838 para fazer pressão por uma reforma eleitoral mais profunda. O movimento exigia zonas eleitorais de igual tamanho, voto secreto por cédula e sufrágio para todos os homens adultos. Ainda que também fossem instintiva e visceralmente contrários ao monopólio aristocrático dos proprietários de terras, os cartistas não desejavam apenas substituir uma classe de senhores por outra. Suas suspeitas sobre as motivações da Liga cresceram quando muitos dos magnatas da indústria têxtil que a apoiavam resistiram às Leis das Fábricas, que encurtavam as horas de trabalho e limitavam o trabalho infantil nas fábricas de algodão.

Em 1842, os cartistas organizaram uma série de greves e ações industriais chamadas *Plug Strikes* para tentar induzir os industrialistas a apoiá-los. A Liga respondeu, dizendo que o movimento deveria se concentrar nos assuntos nos quais concordavam. No discurso "Aos trabalhadores de Rochdale", tentando convencê-los a voltar ao trabalho, John Bright argumentou que os líderes cartistas estavam ameaçando o progresso ao pedirem demais. "Nos últimos quatro anos, eles apresentaram diante de seus olhos um objeto atualmente inatingível e incitaram os senhores a persegui-lo", afirmou. "O primeiro passo para a liberdade total deve ser a liberdade comercial — a liberdade da indústria." A Liga argumentou veementemente contra a ideia de que a queda nos preços dos alimentos seria usada apenas como desculpa para reduzir os salários. Por fim, conseguiram apoio suficiente. O apoio de milhares de cidadãos sem direito a voto talvez não tenha sido o fator determinante na conquista da anuência necessária na Câmara dos Comuns. Porém, pode ter desempenhado um papel importante na persuasão dos Lordes, para os quais a memória dos distúrbios ligados à Lei da Reforma ainda estava muito vívida.

Enquanto isso, a oposição à reforma, a Anti-Liga (também conhecida como a Sociedade de Proteção Agrícola), entrou em cena muito mais tarde que a Liga, sendo organizada apenas em 1844. A lealdade ao Partido Conservador e a relutância em fazer uma campanha aberta contra Robert Peel detiveram os protecionistas até ficar claro que ele estava descambando irrevogavelmente para o outro lado. E, em termos organizacionais, eles não eram páreo para os defensores do livre comércio. Em 1845, a Liga tinha um financiamento anual de £ 250 mil, enquanto o núcleo da Anti-Liga, a Sociedade de Proteção Agrícola de Essex, conseguira arrecadar apenas £2 mil.

A proteção para os fazendeiros foi, na verdade, reduzida ao longo de alguns anos, mas a revogação de 1846 entrou para os livros de história como o momento crucial. O empurrão final veio após uma colheita desastrosa em 1845 e a fome na Irlanda, que exigiu importações emergenciais de grãos e acabou por fazer com que os Comuns e os Lordes finalmente entendessem que a manutenção da proteção aos proprietários de terras trazia um risco crescente de protestos graves. Quando a situação apertou, o Parlamento escolheu a certeza dos danos limitados causados pela revogação das leis, em vez da incerteza do que poderia acontecer se não as revogassem. As revoluções e rebeliões que se espalharam pela Europa na década de 1840 mostraram o que acontecia quando as classes operária e média, famintas e vulneráveis, exigiam o poder e não o obtinham.

Segundo Richard Cobden (que certamente não era uma fonte imparcial), em 1848 Peel reagiu com bastante satisfação ao ouvir, na Câmara dos Comuns, a notícia de que uma segunda revolução na França havia derrubado a monarquia restaurada e instituído novamente uma República. Isso, conta-se que Peel respondeu, era o que acontecia quando se ignoravam os desejos daqueles que não tinham o direito ao voto: "É o que este partido atrás de mim [*os conservadores*] queria fazer na questão das Leis dos Cereais", afirmou, "e eu não o faria."

Para ser bem-sucedidos, os defensores do livre comércio tiveram uma série formidável de lobbies para superar. Os latifundiários de açúcar eram parte dela, e seu declínio é um bom exemplo de como os interesses comerciais podem durar por muito tempo, mas não necessariamente para sempre. Como tantas outras indústrias que aclamavam sua contribuição à nação, o crescimento do açúcar inglês no Caribe ocorreu quase inteiramente debaixo das asas do Estado. A grande aristocracia do produto na Grã-Bretanha engordou à base de adoçantes financeiros artificiais. Historicamente, a conquista islâmica disseminara o cultivo do açúcar dos antigos campos indianos e dos vales do Tigre e do Eufrates para a Sicília, o Chipre, Rodes e o Norte da África. Posteriormente, durante a época dos impérios europeus, as plantações de açúcar avançaram mais para o oeste e para o sul, em busca do calor e da água dos trópicos, nos quais a planta cresce abundantemente. O produto foi então levado para as Ilhas Canárias e para o Arquipélago dos Açores e, finalmente, para a América. Em 1516, a colônia caribenha de Santo Domingo já embarcava açúcar de volta para a Espanha. A colheita dessa cultura requer uma grande quantidade de mão de obra, e assim, o açúcar levou consigo a escravidão, primeiro para o Mediterrâneo e, depois, notoriamente, para o Caribe.

Tendo antes adotado a estratégia animadoramente direta, mas não indefinidamente sustentável, de roubar o açúcar dos navios espanhóis por meio da pirataria licenciada pelo Estado, a Inglaterra utilizou sua força naval e militar para criar suas próprias ilhas do açúcar no século XVII. Tomou a Jamaica dos holandeses e eliminou o açúcar português do mercado norte-europeu. Oliver Cromwell, o ícone do mercantilismo militarista, ficou tão encantado ao ouvir falar da captura da Jamaica que tirou o resto do dia para descansar.

Mas os mercadores do açúcar imitaram os do algodão indiano ao pregarem o livre comércio enquanto instituíam um monopólio. Na verdade, criaram dois. Em 1660, o açúcar do Caribe se tornou uma mercadoria "enumerada", que não poderia ser exportada diretamente das colônias para a Europa continental ou para a América do Norte, tendo que ser desembarcada (e taxada) inicialmente na Inglaterra. As colônias também foram dissuadidas de processar elas próprias o açúcar graças a impostos proibitivos sobre o produtor refinado, taxação que não afetava o melaço, e de produzir bens manufaturados que pudessem competir com as exportações inglesas. Assim transcorria o comércio: os escravos iam da África para as Índias Ocidentais, o açúcar das

Índias Ocidentais para a Inglaterra, os bens manufaturados da Inglaterra para a África e para as colônias.

Como o açúcar, a esta altura, era altamente competitivo, seu lobby estava conseguindo vender muito bem seu produto para qualquer mercado que conseguisse encontrar. Em 1666, o governador de Barbados afirmou: "O livre comércio é a vida de todas as colônias... quem quer que tenha sido o que aconselhou sua Majestade a restringir e limitar suas colônias é mais um mercador que uma boa pessoa" (uma distinção interessante). Porém, a tentação da Inglaterra de extrair lucro de suas colônias era grande demais, e a pressão dos refinadores britânicos de açúcar, concentrados em Londres e Bristol, muito forte.

Nosso amigo Sir Josiah Child, da Companhia das Índias Orientais, entrou novamente em cena, desta vez com argumentos que deixavam claro que os interesses das possessões deveriam ser subservientes ao centro: "Todas as colônias ou plantations de fato lesam seus Reinos-Mãe se os negócios dessas plantações não forem confinados por leis severas e pela boa execução das leis por parte do Reino-Mãe." A não ser por uma pequena concessão, feita em 1739, quando foi permitido que as colônias exportassem diretamente para os portos ao sul do cabo Finisterra, na Espanha, todo o açúcar tinha de passar pela Inglaterra. A Coroa também excluiu os portos escoceses do comércio colonial, sendo esse um dos motivos pelos quais os escoceses, depois de tentar, sem sucesso, montar suas próprias colônias no Novo Mundo, foram forçados a unir seu reino ao da Inglaterra. Depois do Ato da União, de 1707, o comércio foi permitido e Glasgow adquiriu prósperos negócios no refino do açúcar.

Em compensação, as colônias das Índias Ocidentais receberam seu próprio monopólio — um controle quase absoluto do mercado britânico, com taxas de importação muito mais baixas que as cobradas do açúcar trazido de outras partes. O Estado as ajudou ainda mais ao aumentar a demanda. A partir de 1731, os marinheiros da Marinha Real passaram a receber uma ração diária de rum, que cresceu até um *pint* (568 ml) por dia ao final do século XVIII, uma prática só abandonada na década de 1970. Alocações generosas de açúcar passaram então a ser entregues aos moradores de abrigos administrados pelo governo.

Assim, em vez de receberem permissão para participarem do livre comércio, as colônias do Caribe foram canalizadas por uma rota específica. Elas produziam grandes quantidades de açúcar e outras culturas "enumeradas", como o tabaco, que detinham privilégios no mercado britânico, e eram desestimuladas a tentar qualquer outra produção. Com o passar do tempo, as plantações de açúcar começaram a perder sua vantagem competitiva, como tende a ocorrer com os monopólios, e seus preços relativos cresceram, como tende a ocorrer com os preços dos monopolistas. A subida dos preços não afetou grandemente suas vendas no mercado doméstico protegido, mas ajudou a Grã-Bretanha a perder parte de seu mercado francês de açúcar, pois a França decidiu que precisaria de sua própria indústria de açúcar no Caribe.

Seria plausível argumentar que, a princípio, a criação mercantilista de ilhas do açúcar ajudou de fato a fortalecer a Grã-Bretanha, ao menos pela expansão de sua frota. Se a Grã-Bretanha dependesse de adversários militares como Portugal, Espanha ou Holanda para seu abastecimento de açúcar, teria ficado à mercê de um monopólio cujos lucros poderiam ser usados para atacar os navios britânicos. E algumas pesquisas sugerem que, ao menos inicialmente, as ilhas do açúcar como a Jamaica davam lucro por servirem como centros para o contrabando e a pilhagem de navios espanhóis.

Porém, no século XVIII, quando outras regiões do mundo, especialmente a América Latina, passaram a oferecer açúcar barato, a pergunta se tornou mais habitual: exatamente quem estava se beneficiando desse esquema? Era evidente que isso enriquecia os proprietários das plantações de açúcar do Caribe, além das refinarias de açúcar e rum situadas na Grã-Bretanha. Dizer que isso beneficiava o país como um todo se tornou um argumento cada vez mais difícil de sustentar.

Ao final do século XVIII, provavelmente de 8% a 10% da renda total dos ingleses vinha de atividades nas Índias Ocidentais. Porém, isso não significava que o país como um todo estivesse mais rico. Os custos estavam nos usos alternativos que poderiam ter sido dados aos pesados investimentos feitos no Caribe, no preço mais alto do açúcar em casa e no peso de manter o que, entre 1773 e 1775, já era uma média de 19 navios de guerra e entre três e sete regimentos de soldados no Caribe.

Não havia dúvidas de que os ingleses estavam pagando mais que o necessário pelo açúcar. Em 1765, o preço médio do produto em Londres era um terço maior que em Nantes, na França. Quando a Grã-Bretanha capturou, por um breve período em 1759, as ilhas caribenhas de Guadalupe e Martinica, que pertenciam aos franceses, a entrada de açúcar barato fez com que seu preço em Londres caísse 25%. O historiador Robert Paul Thomas calcula que o lucro total das Índias Ocidentais britânicas fosse de £1,45 milhão por ano na década de 1770. Mas o dinheiro investido no Caribe poderia ter gerado um retorno mínimo de £1,3 milhão se investido em outras partes. Somado a um custo anual de £83 mil sofrido pelos consumidores em virtude do açúcar mais caro e ao preço de £413 mil pago pelos contribuintes para manter os soldados e marinheiros, as colônias das Índias Ocidentais de fato haviam se tornado um prejuízo para o "Reino-Mãe" de Sir Josiah.

Este argumento demorou algum tempo para ser compreendido, devido à força política dos beneficiários concentrados em contraposição à massa difusa que arcava com o custo. No século XVIII, o lobby inglês do açúcar distribuía dinheiro alegremente entre os donos das plantações e sua causa. Os latifundiários das Índias Ocidentais, absurdamente ricos, muitos deles senhorios ausentes que ficavam mais tempo passeando pelos salões de Londres do que inspecionando os campos da Jamaica, se tornaram figuras conhecidas na sociedade inglesa do século XVIII. Seus filhos enchiam as escolas particulares de elite de Eton, Westminster, Harrow e Winchester. Em 1771, estreou em Londres uma peça chamada *The West Indian*, que começa com uma enorme recepção para um latifundiário chegando à Inglaterra. Um dos criados diz, admirado: "Dizem que ele possui rum e açúcar suficientes para transformar toda a água do Tâmisa em ponche."

Antes da reforma de 1832, a compra de poder político no Parlamento era relativamente direta. Três irmãos da família Beckford, uma das grandes dinastias proprietárias de plantações, foram primeiros-ministros ao mesmo tempo durante o século XVIII. Um agente da colônia de Massachusetts radicado em Londres relatou, em 1764, que 50 ou 60 parlamentares influenciados pelos produtores das Índias Ocidentais detinham o poder na Câmara dos Comuns. Em 1830, um proprietário de terras das Índias Ocidentais gastou £18 mil para se eleger em Bristol. E como a maior parte dos proprietários de terras, os latifundiários do açúcar estavam bem representados na Câmara dos Lordes: em 1661, Carlos II transformou 13 deles em baronetes em um único dia.

A dissolução do lobby do açúcar ocorreu quando os custos da proteção se multiplicaram e seus oponentes começaram a se organizar. O açúcar era inicialmente um bem de luxo desfrutado apenas pelos ricos. Porém, quando a população cresceu e se mudou para as cidades, a necessidade de calorias concentradas e não perecíveis cresceu rapidamente. Ao lado de outros três estimulantes importados — chá, café e tabaco —, o açúcar serviu como combustível para os trabalhadores da Revolução Industrial. O consumo de açúcar per capita aumentou cinco vezes no século XIX, criando na população um gosto duradouro por doces. George Porter, um comerciante de açúcar, escreveu a respeito do produto, em 1851: "Um longo hábito neste país levou quase todas as classes a fazerem uso quase diário dele, a tal ponto que nenhum outro povo na Europa o consome na mesma medida."

O custo de paparicar os latifundiários das Índias Ocidentais continuou a crescer. Novas fontes de açúcar barato — Havaí, Filipinas, Cuba, ilhas Maurício — se multiplicaram, e o açúcar britânico perdeu ainda mais mercados externos. Durante as guerras europeias do início do século XIX, Napoleão reagiu ao bloqueio britânico de portos continentais, que impedia a chegada de suprimentos de açúcar das colônias francesas no Caribe, plantando beterrabas no Norte da Europa.

O açúcar caro do Caribe se tornara mais que um mero aborrecimento. Por constituir uma parte importante da dieta da classe operária, os salários precisaram ser mantidos em níveis mais elevados de modo a permitir que os trabalhadores das fábricas se alimentassem. Dessa forma, tornou-se um dos principais alvos dos industrialistas, que tinham como um de seus gritos de protesto o pedido por um "desjejum grátis" — isto é, que os trabalhadores britânicos pudessem comprar comida ao preço mais baixo possível. Em 1844, um representante, dirigindo-se ao Parlamento, estimou que o custo da proteção do açúcar para o país seria de £5 milhões por ano.

Que os mesmos liberais defensores do livre comércio e contrários às Leis dos Cereais também defendessem com frequência o fim da escravidão não era uma coincidência; e a abolição acabou por ser finalmente proibida no Império Britânico em 1834. O ataque a essa prática também era um ataque aos monopolistas do açúcar (de maneira menos honrosa, os produtores de têxteis se beneficiaram da manutenção da escravidão nos estados do Sul dos EUA, o que ajudava a manter baratas as suas importações de algodão).

Eric Williams, um historiador que posteriormente se tornou primeiro-ministro de Trinidad e Tobago, no Caribe, disse que, ao final do século XVIII, "o abismo se abria aos pés do latifundiário do açúcar, mas ele, mantendo a cabeça orgulhosamente erguida, seguia seu caminho murmurando a lição que lhes haviam ensinado os mercantilistas e que ele aprendera muito bem, ainda que sem muita sabedoria". O lobby do açúcar havia rompido as regras fundamentais da manutenção do protecionismo. Ameaçara se tornar um sério peso para toda a economia e irritara um lobby rival altamente organizado — além disso, um lobby de exportadores. A abolição da escravatura prejudicou os negócios do açúcar (ainda que os proprietários de escravos, naturalmente, tenham sido indenizados com recursos públicos pelas inconveniências sofridas). Graças a uma lei aprovada em 1846, o mesmo ano em que as Leis dos Cereais foram revogadas, os impostos sobre o açúcar de todas as origens foram gradualmente igualados, e posteriormente todas as tarifas de importação de açúcar foram reduzidas.

E assim, hoje em dia, as transações mundiais de açúcar ocorrem em um mercado livre. Ou ao menos assim poderia ter sido, se não fosse pelo fato de que, mais uma vez, certos competidores predatórios de uma era passada, após recolherem as garras, transformaram-se em vítimas protegidas em uma era posterior. As fazendas continentais de beterraba de Napoleão ainda estão entre nós. De fato, atualmente são protegidas por tarifas e subsídios sob a Política Agrícola Comum da União Europeia, apesar de sua produção ser hoje muito mais cara que a cana-de-açúcar cultivada no Brasil, na Tailândia ou na Austrália. A elas se somaram as fazendas de beterraba britânicas, que se expandiram rapidamente graças aos subsídios estatais instituídos nos anos 1930 para salvar os fazendeiros atingidos pela Depressão e para proteger o país de um novo bloqueio em uma época em que se aproximava mais uma guerra europeia. A política comercial abunda em ironias, e uma delas é que a mesma União Europeia que acabou com as guerras internas na Europa preserva agora as fazendas de açúcar que deveriam ter se tornado desnecessárias.

Até uma reforma parcial ocorrida em 2005, o preço do açúcar na Europa era três vezes maior que a média mundial (agora é só duas vezes maior). E ainda assim, a União Europeia exportava muito mais açúcar do que importava, despejando-o nos mercados globais com preços baixos movidos a enormes subsídios. Outros que continuam entre nós são os produtores das ilhas Maurício. Estes, que antigamente produziam um açúcar barato, que chegava ao mercado com preço mais baixo que o das ilhas do Caribe, já não conseguem competir com o Brasil e com a Tailândia e agora dependem do acesso preferencial ao mercado europeu, concedido a eles por também terem sido uma colônia europeia. Os impérios europeus não mais se espalham pelo mapa-múndi, mas seus contornos apagados ainda podem ser vistos nos padrões de comércio global. A União Europeia mantém um sistema elaborado de acesso preferencial a seu mercado para suas antigas colônias — talvez uma maneira de aliviar sua culpa pós-colonial. A atitude pode ser resumida como: "Desculpem-nos por aqueles três séculos de subjugação imperial. Vocês têm algum açúcar?"

No fim das contas, diferentemente do que ocorreu na Grã-Bretanha do século XIX, o que forçou uma reforma no regime do açúcar da União Europeia não foi uma revolta dos consumidores nem lobbies domésticos rivais. A teimosia ante a reforma agrícola em países ricos reflete uma dinâmica peculiar. Quando os países enriquecem, passam a gastar uma proporção menor de sua renda com alimentos, e assim, o efeito dos preços artificialmente elevados se torna menos importante para os consumidores. Se os produtores de açúcar conseguissem causar danos severos em suas economias e trazer inconvenientes generalizados, como fizeram os mineradores de carvão que conseguiram deixar a Grã-Bretanha tremendo de frio no escuro ao forçarem uma série de apagões durante a década de 1970, é bem possível que acabassem provocando a reação que os sindicatos do carvão tiveram de enfrentar.

Quando um pedaço de pão custa, como na Inglaterra de 1800, um quarto do salário diário de um pedreiro, as pessoas farão protestos se o preço dobrar. Quando bastam, como na Inglaterra de hoje, cerca de dez minutos de trabalho remunerado ao salário mínimo para comprar um pão, menos pessoas irão notar o aumento. Calcula-se que a Política Agrícola Comum da UE custe cerca de mil euros por ano para a família europeia média — não é uma quantia desprezível, mas não chega a ser o suficiente para que as pessoas façam passeatas pelos Champs-Elysées. Nenhum partido político europeu foi levado ao poder recentemente por prometer jogar duro com a agricultura.

Tampouco existem lobbies rivais muito fortes dentro da UE. Diferentemente do que ocorria com os magnatas têxteis do século XIX, nenhuma central de telemarketing ou empresa de software vai argumentar que o açúcar mais caro está afetando significativamente o padrão de vida de seus funcionários. Enquanto isso, as companhias de alimentos recebem alguma compensação oficial da UE por terem de utilizar o açúcar europeu, que aumenta seus custos. E quando a indústria alimentícia, que utiliza o açúcar como insumo, tentou discutir a necessidade de reduzir seu preço, o lobby do açúcar estava bem ali para bloqueá-los. Dentro da Federação Britânica de Alimentos e Bebidas, uma associação industrial, os interesses do açúcar de beterraba conseguiram impedir que a organização fizesse pressão pela redução do preço do produto. Jonathan Peel, diretor de política internacional europeia na Federação nessa época, é descendente da mesma família que Sir Robert, e teve dificuldade em repetir o êxito de seu ancestral ilustre. "Lembro-me de pensar que pouco havia mudado nos últimos 170 anos", ele me contou. O açúcar ridiculamente caro é um luxo que os consumidores e contribuintes da União Europeia poderiam bancar sem grandes dificuldades.

O que ajudou a forçar a reforma foi um novo fenômeno: queixas feitas por um lobby estrangeiro — os produtores de açúcar brasileiros — que teve de recorrer à Organização Mundial do Comércio. Eles conseguiram obter uma sentença da OMC que declarava ilegal o regime de tarifas e subsídios da UE, conforme as regras da entidade. Quando o regime foi parcialmente reformado, apesar de ainda deixar os preços da UE bem acima dos preços mundiais, a influência dos agricultores europeus em comparação à de suas antigas colônias ficou dolorosamente evidente. Os produtores europeus receberam aproximadamente €6 bilhões como compensação. As antigas colônias receberam menos de um quarto desse valor como auxílio para se ajustarem, com apenas €200 milhões no primeiro ano.

O Acordo Geral de Tarifas e Comércio, precursor da OMC, foi criado por meio de um tratado assinado em 1947 como parte do aparato de administração econômica global concebido após a Segunda Guerra Mundial. Porém, até mesmo os visionários arquitetos desse edifício tiveram de lidar com os efeitos do lobby. Como já vimos, outros dois de seus elementos principais, o Fundo Monetário Internacional e o Banco Mundial, foram criados em uma conferência em Bretton Woods, New Hampshire. Por que em New Hampshire? Para comprar o apoio de um senador isolacionista desse estado que, de outra forma, poderia ter se oposto à existência desses organismos. A política comercial realmente chega a toda parte.

As disputas na OMC também ilustram a veemência e persistência com que os interesses velados defenderão a renda econômica que vêm extraindo. Uma das disputas mais amargas do comércio mundial nos últimos anos foi movida, literalmente, a preço de banana. Os chamados países da "banana-dólar" de baixo custo, produtores dessa fruta da América do Sul e Central, como Equador, Honduras e Panamá, favorecidos pelos EUA, entraram em disputa com produtores de outras antigas colônias europeias do Caribe, que possuem propriedades menores, relativamente mais pitorescas, porém mais caras.* Como era de se esperar, a indústria da banana no Caribe foi estimulada pelos mestres coloniais europeus como forma de substituir a decadente indústria do açúcar. Certa vez, visitei um antigo engenho de açúcar em Santa Lucia que encerrara finalmente suas operações em 1941, justamente no momento em que as graves restrições ao comércio transatlântico começaram a piorar com a Segunda Guerra Mundial. O lugar se tornou um latifúndio monocultor de bananas. Hoje é um museu.

A renda econômica pela qual os dois lados lutavam era considerável. O dinheiro a ser ganho com as bananas era gigantesco, e refletia fortemente o poder de lobby que cada um dos lados conseguiu agrupar. A história admirável da United Fruit, a companhia que criou e administrou a maior parte das plantações de bananas na América Central, já foi bem documentada. A empresa conseguiu derrubar um governo (o da Guatemala, em 1954) pela insolência de propor a nacionalização de algumas terras improdutivas detidas pelo negócio. O poder da indústria entrou no léxico: tais países são, naturalmente, Repúblicas de banana. Durante décadas, a United Fruit funcionou

* Os *dollar banana countries*, Equador, Costa Rica, Colômbia, Guatemala, Honduras, Panamá, Brasil, México, Nicarágua, Venezuela e Peru, são economias exportadoras da frutas e que têm boa parte dessa produção feita por empresas transnacionais americanas, o que os torna consistentemente dependentes do dólar. (N.R.)

praticamente como um Estado paralelo na América Central — seu poder onipresente lhe valeu o apelido local de *El Pulpo* ("O Polvo").

Do lado europeu, tratava-se mais de um desejo, movido pelo sentimento de culpa, de ajudar suas antigas colônias. As companhias que controlavam o comércio da banana para a Europa ganhavam uma boa parcela no caminho, e com isso se apropriavam de boa parte da renda econômica. Como duas das grandes ilhas produtoras de bananas, Guadalupe e Martinica, tecnicamente fazem parte da França e enviam delegados à Assembleia Nacional francesa, o país, que detém os mais formidáveis lobbies agrícolas da Europa, ganhou um aliado particularmente determinado na briga.

Entender o poder dos lobbies e investigar quem é lesado pelo quê acabou por se tornar uma ciência. Como a única sanção aplicada pela OMC pela violação de suas regras é a instituição de bloqueios sobre importações como forma de retaliação, os governos que vencem litígios vão atrás dos interesses que infligirão o maior sofrimento político possível a seus adversários. Quando os EUA foram autorizados a retaliar contra a UE por sua resistência a reformar o regime das bananas, o país decidiu, em 1999, ameaçar bloquear as importações de casimira escocesa. Os EUA calcularam que o interesse britânico em auxiliar suas antigas colônias produtoras de bananas talvez fosse menor que a necessidade de salvar uma indústria simbólica ameaçada — e radicada em um país que votara maciçamente no Partido Trabalhista, que chegara recentemente ao poder.

Da mesma forma, a retaliação europeia por benefícios fiscais ilegais dos EUA foi feita em cima das laranjas — uma fruta cultivada na Flórida, um estado famoso por ser crucial em disputas eleitorais — e das motocicletas Harley Davidson, um alvo importante em termos políticos e simbólicos. Quando o minúsculo país de Antígua e Barbuda ganhou uma disputa na OMC contra os EUA por bloquearem os serviços on-line de apostas operados a partir da ilha, o país ameaçou ignorar os direitos autorais e patentes americanos, despertando assim a ira de indústrias como a farmacêutica, a cinematográfica e a musical, que dependem de direitos de propriedade intelectual. Essas indústrias calham de ser alguns dos lobbies comerciais mais ativos nos EUA.

Por mais que um lado enfeite seus argumentos com apelos à economia do livre comércio e que o outro conclame a necessidade de manter seus pobres trabalhadores empregados, preservar as áreas rurais ou manter a autossuficiência do país, os contornos do interesse próprio se mostram claramente. Os interesses do açúcar caribenho passaram de defensores do livre comércio a protecionistas no momento em que perderam competitividade. A indústria têxtil inglesa oscilou do protecionismo durante as guerras do calicô, no século XVIII, à defesa do livre comércio na batalha sobre as Leis dos Cereais, no século XIX, voltando então ao protecionismo no século XX quando foram mais uma vez invadidos pelas roupas baratas vindas da Ásia. Os efeitos dessas distorções são visíveis em qualquer prateleira de supermercado na Europa, nos EUA ou no Japão.

Um bom conselho para qualquer lobby agrícola estrangeiro que queira ganhar acesso aos mercados dos países ricos seria ameaçar com a retirada dos cultivos existentes e a plantação de coca em seu lugar. Outra opção seria fazer com que todos saibam que o seu país é uma incubadora do radicalismo islâmico. O Paquistão, como prêmio por se aliar aos EUA, recebeu secretamente os mesmos benefícios antinarcóticos dados ao Peru, até que a Índia ficasse sabendo e se queixasse.

E o comércio da coca é um bom ponto de partida para examinarmos de que maneira o comércio evoluiu até criar o mundo estranhamente desequilibrado, e nada plano, de hoje em dia — um mundo no qual o mercado livre homogêneo dos livros de economia se mostra mais uma vez incapaz de funcionar.

7. Rotas Comerciais e Cadeias de Abastecimento

Por que a África não cultiva cocaína?

Ou algo menos controverso: por que a África não torra seu próprio café, nem produz seu próprio chocolate, nem fia seu próprio algodão? Apesar do que você acabou de ler no último capítulo, a resposta não tem muita ligação com a política comercial internacional. Está mais ligada aos portos e aos sistemas de pagamento e documentação.

No início dos anos 1990, durante uma trégua na guerra civil da Libéria, um Estado no Oeste da África, apareceu em um muro de Monróvia, a capital, uma pichação que alegraria o coração de qualquer consultor de administração. "A guerra terminou", declarava o slogan (de modo prematuro, como infelizmente se viu depois). "Tudo de que precisamos é logística."

O autor anônimo tinha bastante razão. Como ocorreu com os grãos no Egito antigo e moderno, o comércio internacional pode levar recursos de regiões de abundância para regiões de escassez, e essa troca pode enriquecer os dois lados do contrato. No entanto, também vimos no capítulo anterior sobre política comercial que o lobby concentrado de interesses entrincheirados pode bloquear e distorcer esse processo, e vimos o quanto, mesmo no mundo supostamente globalizado de hoje, os governos podem interferir no funcionamento do comércio.

Este capítulo examina mais de perto os meios pelos quais o comércio é efetuado e as mercadorias são transportadas de um lugar a outro: veremos o crescimento das cadeias de abastecimento e das vias de transporte e trocas das quais elas dependem. Também veremos que mesmo as economias que deveriam conseguir se especializar em produtos específicos, tendo em vista os recursos de que dispõem, muitas vezes são incapazes de se aproveitar deles.

A teoria comercial tradicional de vantagens comparativas se baseia em mercados perfeitos, nos quais todos os lados possuem informações completas sobre o que estão comprando e vendendo e em que as economias podem se ajustar rapidamente à produção de novos bens em resposta a oportunidades comerciais. Na realidade, o mundo não funciona dessa maneira. E em séculos passados, funcionava ainda menos.

O comércio internacional precisa de muitas coisas: boas comunicações, transporte barato e confiável, a garantia de que os produtos cruzarão as fronteiras e chegarão ao consumidor e segurança sobre o preço que trará quando o fizer, além da confiança de que o exportador receberá seu pagamento. Antigamente, quando o comércio de longa distância era um negócio precário e incerto, o poder do Estado frequentemente se fazia necessário para garantir que tudo isso ocorreria — o Estado muitas vezes conduzia ele próprio o comércio, ou dava grandes garantias àqueles que o conduziam.

Um ambiente benigno e acolhedor para o comércio costumava ser mais a exceção que a regra nos tempos antigos e medievais, e na África isso ainda ocorre com frequência na atualidade. A interferência política pode impedir o funcionamento das vantagens comparativas no comércio, e a incapacidade de levar as exportações de sua origem até seu destino pode fazer o mesmo. Bens manufaturados básicos e baratos, produzidos na China e embarcados para o outro lado do mundo, cruzando dois oceanos até alcançar a Espanha, podem chegar com um preço muito mais baixo que os mesmos produtos produzidos na África, que precisam apenas cruzar o Mediterrâneo.

Da mesma forma, ao contrário do que dizem alguns dos descontentes com a globalização, as empresas muitas vezes não se mudam para as regiões onde a terra é mais barata e os salários são mais baixos. Os grãos de café cultivados na África para os mercados europeus são quase sempre levados à Europa antes de serem torrados e moídos para a venda; a cocaína, que é em grande medida contrabandeada para a Europa desde entrepostos no Oeste da África, é cultivada e processada a milhares de quilômetros de distância, na América Latina, e então levada pelo Atlântico.

Por quê? Porque para a África, é difícil superar as dificuldades técnicas e logísticas do processamento de café e organizar o transporte rápido e confiável necessário para levar o produto ao mercado antes que ele pereça. A simples vantagem do custo muitas vezes é eliminada por uma eficiência muito maior na captação das mercadorias e seu transporte ao mercado — e em particular, na criação de uma grande torrente de comércio que leva novos produtos a seu destino de maneira eficaz, confiável e barata. Todos conhecemos o provérbio chinês sobre ensinar um homem a pescar em vez de lhe dar um peixe. Mas para que ele melhore ainda mais de vida, seria útil ajudá-lo a levar o peixe até a peixaria.

Avanços nos transportes e telecomunicações aumentaram enormemente as oportunidades disponíveis aos países em desenvolvimento de vender seus produtos em um mercado global. Porém, seria um erro imaginar que o resultado inevitável disso é um mundo plano ou o "fim da distância". Um dos aspectos mais inesperados do comércio global nas últimas duas décadas é a resoluta resistência da distância a desaparecer. Os economistas têm ficado intrigados com o fato de que, em média, o efeito da distância na redução do comércio se manteve elevado. Ainda ocorre pouco comércio entre regiões muito distantes em comparação ao que ocorre entre vizinhos próximos. Surpreendentemente, também ocorre pouco comércio entre países ricos e pobres. A maior parte do comércio atual ocorre, na verdade, entre produtos e serviços bastante semelhantes de países bastante semelhantes, e não entre economias muito diferentes que exploram as grandes vantagens inatas que detêm sobre seus parceiros comerciais.

Avanços tecnológicos podem ajudar a moldar, estender e engrossar as cadeias de abastecimento. Porém, é necessária uma criatividade humana maior que a do inventor. É preciso haver empreendedores que aproveitem as oportunidades oferecidas pela tecnologia, além de governos para estimular, apoiar e facilitar seu trabalho; e também, muitas vezes, para sair da droga do caminho.

Por que essas teias de produção e comércio se entrelaçaram de maneira tão densa e firme em alguns continentes, como a Europa, mas continuaram esparsas e frágeis na África?

Nem sempre foi assim. Como já vimos, as trocas europeias sofreram um grande golpe com o colapso do Império Romano, que fez com que um coeso sistema de comércio fosse substituído por um mosaico fraturado e mutável de cidades-Estado e reinos. Esses domínios não eram grandes nem estáveis o suficiente para proteger as rotas comerciais. Como os governos não conseguiram cumprir essas funções, surgiram clubes privados para preencher os hiatos. Quando o comércio regional intraeuropeu de grãos, peles, madeira etc. renasceu e cresceu na Idade Média, os mercadores chegaram a uma solução improvisada — formas particulares de associação comercial conhecidas como "guildas" ou "hansas", geralmente radicadas em uma cidade específica.

De início, as hansas ofereciam proteção armada, satisfazendo a necessidade mais básica do comércio — permitir que os bens chegassem ao comprador em segurança, sem que fossem roubados no caminho. Ao se desenvolverem, essas associações expandiram suas funções até se tornarem clubes autorregulados que falavam com os governantes locais em nome de seus integrantes, negociando taxas e tarifas para o estabelecimento de rotas comerciais regulares e confiáveis. As hansas também conseguiam privilégios comerciais específicos para seus membros, o que era um bom incentivo para a entrada de novos integrantes.

O ambiente urbano é particularmente propício para o comércio e, de certa forma, protege melhor os direitos do indivíduo. Para os padrões feudais (bastante deploráveis) da época, que atavam muitos europeus à posição em que haviam nascido, as hansas eram bastante igualitárias. Governavam a si próprias e tinham políticas razoavelmente abertas na eleição de seus representantes. Como o objetivo era fazer com que os produtos pudessem chegar a seu destino no exterior, um grupo de hansas formou uma associação internacional chamada Liga Hanseática, que estabeleceu o controle sobre o comércio no mar Báltico.

Lübeck, um porto alemão no Báltico, liderava a condução da Liga, e os grandes portos de Londres, Colônia, Bruges e Novgorod (no que é hoje a Rússia) também eram bastante ativos. Em seu ápice, a Liga se assemelhava efetivamente a um Estado. Tendo tomado o controle sobre os estreitos dinamarqueses e sobre a rota terrestre para o Báltico através da península de Jutland, a Liga entrou em guerras para impedir que os holandeses e ingleses ameaçassem sua posição privilegiada. Também estabeleceu colônias, ou *Kontors*, em suas principais cidades, nas quais os ares capitalistas eram particularmente revigorantes; algumas dessas colônias consistiam em complexos murados, com seus próprios armazéns e alojamentos para os comerciantes.

Em Paris, uma hansa conhecida como *les marchands d'eau* controlava essencialmente todo o comércio realizado pelos rios e canais da cidade. Tudo começou com um direito exclusivo e limitado de comercializar os peixes e vinhos trazidos pelo Sena — ambos os produtos, assim como na atualidade, eram consumidos em abundância pelos parisienses — e de taxar os mercadores estrangeiros que tivessem a audácia de entrar também nesse mercado. No entanto, os mercadores da água passaram a regular cada vez mais os pesos e medidas e a definir regras para os mercados da cidade. Por fim, a hansa se expandiu até se tornar algo como um governo alternativo.

Quando os Estados melhoraram sua capacidade de regular o comércio e suprimir os piratas, as hansas se tornaram menos necessárias. A Liga Hanseática, particularmente, acabou por sucumbir à inveja dos mercadores dela excluídos e ao ciúme dos governos, como o holandês, que queriam cobrar tarifas e monopolizar eles próprios o comércio. Essa tensão, evidenciada pelo papel da Liga, é algo que veremos recorrentemente ao longo dos séculos. Como qualquer outro serviço público, a operação de um sistema de comércio era frequentemente um monopólio. Os que detêm o poder de um monopólio tendem a abusar dele, e quando um sistema de comércio ou uma rota comercial são criados, com muita frequência alguém tentará explorá-los para obter lucros deixando os concorrentes de fora.

Foi exatamente esse o padrão que gerou o crescimento e depois a queda das companhias privilegiadas. Já conhecemos as mais famosas — as Companhias das Índias Orientais holandesa e britânica, fundadas no início do século XVII. A primeira dominou o comércio de especiarias do Sudeste Asiático por mais de um século, enquanto a segunda acabou por se tornar muito mais do que um simples equivalente — posterior e cobrindo maiores distâncias — das hansas, tornando-se o protótipo privado de um Império moderno.

Quando foi montada, no século XVII, a Companhia das Índias Orientais não era a única empresa que fazia comércio entre a Ásia e a Grã-Bretanha, mas era a única que tinha permissão para fazê-lo. A Companhia desejava o monopólio para tentar assegurar o lucro e garantir que o esforço e o risco envolvidos no transporte de mercadorias por milhares de quilômetros valeriam a pena. O comércio com a Ásia envolvia grandes distâncias e grandes riscos. Eram distâncias e prazos grandes demais para os comerciantes tradicionais.

Durante o século XVI, o comércio de especiarias era dominado pelos portugueses, em particular porque os exploradores lusitanos haviam descoberto as rotas ao redor do cabo da Boa Esperança, chegando à Índia e depois ao Extremo Oriente. Porém, como veremos no capítulo sobre corrupção, todo esse Império comercial foi mal conduzido. Os portugueses usaram uma rede de distribuição ineficaz, formada por mercadores alemães, espanhóis e italianos, e ficaram vulneráveis, como frequentemente ocorre no comércio internacional, a competidores mais novos, inteligentes e bem organizados.

O comércio de especiarias ou outros bens a longa distância, além de envolver os riscos de ventos alísios desfavoráveis, tempestades e pirataria, traziam o perigo de quedas súbitas nos preços, que faziam com que a viagem deixasse de ser lucrativa. Para superar esses riscos, era necessária uma operação de tamanho e confiabilidade consideráveis, boas informações e a capacidade de explorá-las — e, fundamentalmente, um monopólio de vendas no mercado doméstico, para evitar que algum competidor entrasse no mercado com preços mais baixos em virtude de um excesso de oferta do produto.

A Companhia das Índias Orientais, fundada em 1600, foi a última e mais ambiciosa de uma série de companhias comerciais inglesas que receberam monopólios reais com o intuito de explorar o comércio a distâncias mais longas. A Companhia era administrada, em grande medida, pela mesma camarilha de comerciantes que já dirigia a Companhia do Levante, criada para conduzir o comércio com a Turquia. Inicialmente, as duas companhias compartilharam o mesmo governador, Alderman Thomas Smythe.

A primeira frota de quatro navios partiu para o Extremo Oriente em 1601, tratando-se evidentemente de um monopólio — cartas de apresentação da rainha Elizabeth I pediam aos governantes locais, de soberano para soberano, que fizessem comércio com a Companhia. O sultão de Achém, no que hoje é a Indonésia, foi seu primeiro contato bem-sucedido, garantindo à Companhia direitos comerciais e isenção de impostos aduaneiros locais. Na grande cidade comercial de Bantam, na ilha de Java, a Companhia estabeleceu a primeira "fábrica" inglesa — não uma fábrica de manufaturas, mas sim um centro estrangeiro permanente para o comércio regular. Sem um posto comercial fixo, os comerciantes que só visitavam a região uma vez por ano e que precisavam velejar meio mundo para chegar ali estariam em desvantagem ao negociar com os comerciantes locais, que poderiam arrastar as negociações pelo tempo que fosse preciso, sabendo que cada dia perdido até o fechamento do negócio custaria dinheiro aos europeus.

A primeira expedição da Companhia para o Extremo Oriente retornou com 500 toneladas de pimenta-do-reino, valendo a seu comandante um título de cavaleiro. Ao longo do século XVII, a Companhia lutou contra sua rival holandesa, que havia sido criada em 1602. No entanto, logo se viu que seria muito difícil impedir o domínio crescente da Companhia Holandesa das Índias Orientais no comércio de especiarias. Os neerlandeses tinham navios melhores e um sistema financeiro muito mais desenvolvido, que ampliava o conjunto de fornecedores de capital para muito além de um grupo de privilegiados, atingindo até mesmo investidores bastante modestos. Seus investimentos podiam ser divididos entre muitos navios diferentes, compartilhando assim o risco. Também podiam tomar empréstimos com taxas de juros mais baixas. Possuíam um mercado de futuros sofisticado, que permitia aos mercadores vender produtos por um preço garantido no futuro, evitando assim o risco de mudanças súbitas de preço.

Em termos de sofisticação financeira e logística, a Companhia Holandesa das Índias Orientais era muito mais parecida com um sistema comercial moderno. No entanto, além de deter um monopólio sobre a demanda em seu mercado doméstico, os holandeses conseguiram, pelo uso brutal da força militar, estabelecer a oferta exclusiva de especiarias do Extremo Oriente (esta história foi bem contada no interessante livro *Nathaniel's Nutmeg*). Durante séculos, o que efetivamente se viu na história das rotas comerciais e cadeias de abastecimento não foram agentes livres operando em mercados competitivos, mas sim comerciantes que exploravam o poder militar e o monopólio. Para muitas rotas e produtos, não havia alternativa. Dificilmente alguma companhia, operando sem mercados garantidos, investiria tanto dinheiro, homens e navios para efetuar um comércio tão distante e incerto. Todas as potências europeias que tivessem a intenção de se tornar grandes nações comerciais começaram a criar suas próprias corporações. Depois de criarem a Companhia das Índias Orientais, em 1602, os holandeses criaram sua versão ocidental, em 1621; os franceses criaram suas Companhias das Índias Ocidentais e Orientais em 1664, além de uma Compagnie de Senegal para fazer comércio com a África, em 1672, o mesmo ano da fundação da Real Companhia Africana britânica.

O Estado tinha que encontrar um equilíbrio, julgando o valor das importações regulares trazidas por uma companhia privilegiada em comparação ao custo de garantir o monopólio do mercado doméstico a essa companhia. Às vezes, os governos encontravam o equilíbrio moderando o poder da companhia com versões primitivas da lei antitruste. A Companhia da Baía de Hudson, por exemplo, que negociava peles com o Norte da África, só podia revender suas peles em lotes pequenos e em leilões fixos, de modo que não pudesse manipular o mercado criando escassez para elevar os preços.

Por fim, essas instituições acabariam por se tornar obsoletas em relação a quanto valiam, pois o custo de garantir monopólios domésticos foi maior que os benefícios. Mas essas empresas persistiram por um tempo incrivelmente longo. A Companhia das Índias Orientais britânica só perdeu seu monopólio sobre o comércio asiático no século XIX (uma descendente da Companhia da Baía de Hudson ainda existe, dirigindo uma cadeia de lojas de departamentos no Canadá, ainda que seu domínio sobre o comércio de peles na América do Norte já não seja mais o mesmo). Em distâncias mais curtas, nas quais o volume do comércio privado poderia crescer até atingir uma massa crítica competitiva, as companhias privilegiadas foram suplantadas pelo que, atualmente, poderíamos reconhecer como um sistema de comércio mais moderno, fundamentado no mercado livre. O comércio transatlântico foi um dos primeiros a adotar essas feições, no século XVIII, exceto as rotas mais longas ao norte, operadas pela Companhia da Baía de Hudson.

Por trás desse crescimento e modificação das cadeias de abastecimento e rotas comerciais ao longo dos séculos, independentemente da forma que tomassem, havia forças tecnológicas postas a trabalho. O aprimoramento do comércio e dos transportes desempenhou um papel evidente no encurtamento dos tempos de viagens e na melhoria do fluxo de informações entre os negociadores. Porém, as mudanças tecnológicas não eram, e não são, um maná que cai do céu beneficiando igualmente todas as sociedades e indústrias. Essas mudanças precisam aterrissar no ambiente certo, habitado por empresários astutos que possam explorar seu potencial e por governos que os estimulem.

Durante o século XIX viu-se o rápido crescimento do comércio transoceânico de mercadorias mais volumosas. Isso foi o que, essencialmente, deu início à transformação que vimos no capítulo sobre a água, que converteu antigos produtores de alimentos, como o Egito, em consumidores globais. Não é difícil enxergar o motivo para isso: as ferrovias abriram os pampas argentinos e as pradarias americanas, e navios movidos a vapor reduziram radicalmente o tempo e o custo do transporte marítimo de longa distância, além de aumentarem sua confiabilidade.

Este último ponto talvez mereça ênfase especial. Um dos aspectos mais frustrantes do transporte marítimo antes do motor a vapor não era o tempo, mas sim a incerteza. A força do vento é mais fraca que a do vapor, mas também muito mais variável.

A influência do vento no comércio era vividamente demonstrada pela natureza de um dos primeiros indicadores econômicos utilizados para conduzir a economia. Até hoje, no salão decorado do Banco da Inglaterra em que se reúne o conselho diretor da instituição, vê-se um ponteiro colocado no alto de uma parede e conectado a um cata-vento no telhado. No início do século XIX, a direção do vento era usada para determinar a política monetária. Se a brisa soprasse para o alto do Tâmisa e os navios conseguissem chegar ao porto, o Banco concederia mais crédito (o equivalente primitivo de cortar as taxas de juros) para permitir que os comerciantes comprassem os produtos que chegavam.

Para entendermos exatamente a que ponto a máquina a vapor alterou todas as regras do jogo, basta lermos os relatos dos navegantes antes que seu uso se tornasse disseminado. Henry Wise, um dos oficiais que comandavam o *Edinburgh*, um navio a serviço da Companhia das Índias Orientais, estava tão frustrado com os caprichos dos alísios que, em 1839, publicou uma coleção dos diários de viagens de longa distância realizadas pelos navios da Companhia. O livro era uma desculpa mal disfarçada para propagar o que, claramente, era uma campanha de um homem só para estimular o uso de "propulsores mecânicos", uma tecnologia cuja utilização ainda estava em seus primeiros dias. "A ausência de quaisquer detalhes práticos nas várias sugestões apresentadas até agora para aprimorar a comunicação com a Índia pelo cabo da Boa Esperança, e o não surgimento de qualquer trabalho que estabeleça as amplas vantagens da máquina a vapor aplicada como um auxílio à navegação são os motivadores desta intrusão sobre a atenção pública" era sua introdução autoindulgente.

Os registros de Wise mostram que os navios geralmente levavam entre 100 e 130 dias para velejar da Inglaterra a Bombaim, com variações amplas e imprevisíveis no tempo de viagem. Os navios que partiam da Grã-Bretanha, velejando para o sul pelo Atlântico, circundando o cabo até a Índia, seguiam os ventos alísios habituais que sopravam do nordeste, o que acabava por afastá-los bastante a oeste de seu percurso; a seguir, frequentemente passavam dias ou semanas nas calmarias ao redor do equador antes de apanhar os alísios que sopravam para o sul e para o leste, levando-os ao redor do cabo.

"Durante a maioria das viagens a partes distantes do globo, ventos contrários são uma fonte menos comum de detenção que calmarias irritantes", escreveu Wise. Ele conta a história do navio de guerra *Coote*, a serviço da Companhia, que foi reabastecido com provisões por um vapor. O *Coote* estava seguindo para capturar Aden, o porto do Iêmen tomado pela Companhia das Índias Orientais como uma base para suprimir a pirataria contra os navios a caminho da Índia. A embarcação militar havia progredido apenas dez milhas nas últimas 24 horas, e ainda restavam 200 milhas. Como ressaltou Wise, com propulsores, ele teria chegado a Aden em dois dias.

Os desejos de Wise foram atendidos. O transporte transoceânico passou a ser movido a vapor, e isso, juntamente com a abertura do canal de Suez, em 1869, alterou profundamente o padrão do transporte naval de longa distância. As taxas de frete para mercadorias como o carvão do Nordeste da Inglaterra embarcado para Londres, registradas durante muitas décadas, nos permitem fazer comparações ao longo do tempo. Elas mostram um declínio agudo de 1850 em diante, mais ou menos na época em que os cascos de metal e a propulsão a vapor passaram a ser usados de maneira generalizada.

Um dos efeitos da melhoria do transporte é criar um mercado mais perfeito ao longo de uma área maior, suplantando outro, dividido por uma logística ineficaz. Assim, o efeito do frete mais barato pode ser notado claramente na convergência entre os preços de produtos volumosos, como o trigo, dos dois lados do Atlântico. Entre 1852 e 1856, um alqueire de trigo custava 0,85 dólares de ouro* na cidade de Chicago, exportadora do produto, enquanto o preço citado em Londres, que o importava, era de 1,85 da mesma moeda, em média. Entre 1895 e 1899, quando as ferrovias e navios a vapor já haviam aprimorado enormemente a cadeia de abastecimento, o trigo de Chicago custava $0,70, e o de Londres, $0,83. Entre 1910 e 1913, logo antes da intervenção da Primeira Guerra Mundial, que encerrou a primeira grande era de globalização, o trigo era na verdade ligeiramente mais barato em Londres que em Chicago, US$0,98 contra US$0,97. Havia sido criado um mercado único.

Os avanços tecnológicos que permitem a melhoria do comércio muitas vezes estão tão ligados à informação quanto ao transporte em si. Para um economista, o paraíso é concebido (lamentavelmente, mas é verdade) como um

---

* Os *gold dollars* eram moedas de ouro cunhas nos EUA, compostas de 90% do metal, e que valeram de 1984 a 1889, em consequência da corrida do ouro. (N.E.)

lugar governado pela lei de um único preço, um lugar onde os preços de bens semelhantes em mercados diferentes convergem, de modo que as ineficácias são removidas do sistema. Para chegarmos a esse nirvana, é fundamental termos informações sobre os preços em diferentes mercados.

Nas circunstâncias certas, informação é dinheiro. Existe uma velha história segundo a qual a família Rothschild de banqueiros europeus ganhou uma quantia enorme de dinheiro na batalha de Waterloo, porque seu sistema de pombos-correio lhes trouxe a notícia da vitória de Wellington muito antes que qualquer outra pessoa em Londres a tivesse, permitindo-lhes comprar rapidamente ativos financeiros baratos de seus proprietários nervosos. A história é, em grande medida, um mito (a notícia, na verdade, veio de relatos de jornais em Bruxelas, e os Rothschild de fato perderam dinheiro por calcular erroneamente a brevidade da guerra). Mas a família certamente tinha uma rede ampla e complexa de agentes espalhados pela Europa, o que lhes permitia receber notícias, políticas ou não, que poderiam afetar os preços dos ativos à frente de qualquer outra pessoa.

O equivalente moderno do pombo-correio e da rede dos Rothschild é o telefone celular, tornado graças a seu preço baixo um meio muito mais democrático e com mais chances de criar um mercado eficiente do que de entrincheirar um único participante em um monopólio. Durante anos, economistas do desenvolvimento e autoridades do Banco Mundial voltaram da África e da Índia contando, deslumbrados, histórias sobre como os telefones celulares estavam gerando ganhos de eficiência por permitirem que agricultores e pescadores verificassem os preços de vários mercados antes de venderem seus produtos. Finalmente, alguém efetivamente foi para lá e coletou os dados dos mercados costeiros de peixes em Kerala, no Sudoeste da Índia — e, para alegria de todos, as histórias resultaram ser precisas.

Antes do telefone celular, os preços que os pescadores de Keralan podiam obter em mercados que ficavam a 15Km de distância uns dos outros variavam de zero (ou seja, não havia ninguém para comprar ali, pelo preço que fosse) a 9,9 rupias por quilo. Os telefones celulares chegaram a Kerala em 1997, e em quatro anos a maior parte dos barcos pesqueiros já possuía um: as torres de comunicação foram instaladas de modo que a cobertura dos telefones se estendesse entre 20Km e 25Km mar adentro. Os preços entre os mercados convergiram rapidamente. Antes disso, qualquer preço específico era, em média, 60% maior ou menor que a média de todos os preços. Após a chegada dos celulares, a disparidade desceu para 15%. Anteriormente, 5 a 8% da pesca de cada dia era descartada, porque não havia ninguém para comprá-la: esse índice caiu quase a zero. O preço do peixe para os consumidores caiu 4%; o lucro dos pescadores subiu 8%. Usando um velho clichê, o advento dos telefones celulares gerou uma situação de ganho mútuo. E finalmente aquela familiar pergunta retórica ganhava uma resposta: aquela tecnologia em especial tinha muito a fazer com o preço do peixe.

A internet demonstrou ser uma ferramenta ainda mais poderosa para associar compradores e vendedores em todo o mundo, permitindo o estabelecimento de novos elos comerciais. Porém, a invenção de uma nova tecnologia não significa que ela vá ser usada automaticamente. Frequentemente há interesses velados a ser superados quando queremos explorar uma nova invenção para agilizar e encurtar as cadeias de abastecimento, e muitas vezes é necessário um empreendedor com perspicácia e persistência acima da média para superá-los.

A história de como a fabricante de computadores Dell usou a internet para criar cadeias de abastecimento mundiais, reagindo tão rapidamente à demanda que cada computador é montado conforme um pedido específico, serviu de inspiração para um best-seller segundo o qual o mundo se tornara plano. No entanto, mais de um século antes, outra companhia pioneira mostrou que novas tecnologias precisam de imaginação e de um instinto empreendedor para transformar uma cadeia de abastecimento.

As ferrovias e o telégrafo, como vimos, abriram o Meio-Oeste e o Oeste dos EUA, com suas vastas planícies e pradarias que serviam como fontes de grãos e carne para a Costa Leste do país, mais industrializada, e para os enormes mercados europeus no outro lado do Atlântico. Porém, para um alimento em particular, a carne fresca, foi necessário que uma companhia notável se utilizasse de todas essas novas tecnologias e as transformasse em uma cadeia de abastecimento capaz de alimentar uma das maiores aglomerações de trabalhadores urbanizados do mundo.

A GF Swift, que já fora uma pequena empresa de venda de carnes por atacado, construiu um Império econômico continental ao integrar verticalmente toda a cadeia de abastecimento, da produção no campo até o consumidor final. Ela não apenas encurtou e regularizou o tempo necessário para que a carne viajasse, como também acelerou enormemente a velocidade e a qualidade das informações transmitidas no sentido contrário. As tecnologias exploradas pela GF Swift eram complementares: transporte e telecomunicações. O telégrafo e a ferrovia se desenvolveram juntos — as linhas corriam lado a lado. Em 1849, a New York and Erie Railroad foi pioneira no uso do telégrafo para controlar suas operações ferroviárias. Cinco anos depois, isso se tornou uma prática corriqueira entre as empresas ferroviárias.

A tecnologia, por sinal, ajudou a impulsionar sua própria padronização, inclusive uma das mais fundamentais de todas as medidas, o tempo. Em meados do século XIX, havia mais de 200 tempos locais diferentes nos EUA. A hora de uma cidade poderia estar alguns minutos à frente ou atrás da próxima cidade no caminho. Até mesmo as companhias ferroviárias usavam, entre elas, cerca de 80 diferentes horários, pois as jornadas levavam tanto tempo que as pessoas teriam bastante oportunidades de ajustar seus relógios. Com a aceleração e expansão do transporte ferroviário, o risco de confusões se multiplicou e, em 1883, as ferrovias impuseram um tempo uniforme, com os quatro fusos horários que persistem até hoje: Leste, Central, Montanhas Rochosas e Pacífico.

E os preços, assim como os tempos, convergiram. As mesmas mercadorias passaram, cada vez mais, a ter o mesmo valor em cidades nos dois lados dos EUA, como posteriormente ocorreria entre cidades nos dois lados do Atlântico. E, além de caírem, os preços das mercadorias se tornaram mais previsíveis tanto para o comprador como para o vendedor. As bolsas formais de mercadorias de Chicago cresceram, o que permitiu as vendas futuras — possibilitando aos fazendeiros saber antecipadamente quanto receberiam por seus grãos, e aos consumidores, saber quanto pagariam por eles.

As ferrovias não alteraram apenas o volume, como também a orientação do comércio nos EUA. Até então, os produtos geralmente viajavam do Norte para o Sul, sendo transportadas ao longo do rio Mississippi. Os bens destinados à Costa Leste muitas vezes eram levado primeiramente a Nova Orleans — um desvio quase tão drástico quanto o das Companhia das Índias Orientais antes do navio a vapor, que precisava velejar para oeste, pelo meio do Atlântico, antes de seguir para a Índia. No entanto, a carga viva raramente era transportada por navio. Era muito difícil manejar os porcos, e o gado era muito grande e pesado. As vacas destinadas à Costa Leste eram pastoreadas por milhares de quilômetros a pé, uma jornada que começava entre o final de fevereiro e junho no Meio-Oeste e terminava com a chegada do gado aos currais da Costa Leste entre abril e agosto, frequentemente em menor número e em uma condição consideravelmente pior que na partida.

Com a ferrovia, o gado vivo podia ser levado diretamente aos mercados em poucos dias. Mas os animais ainda assim chegavam, nas palavras da Autoridade Ferroviária de Massachusetts, em 1870, na melhor das hipóteses "arfando, febris e impróprios para o abate". Na pior, dizia, "uma porcentagem de animais mortos é arrastada para fora do vagão". O transporte de gado vivo também obrigava a carregar um peso e espaço morto sem utilidade nenhuma: 55% não era comestível. Isso também envolvia consideráveis ineficiências de escala. Cada cidade, de qualquer tamanho, precisava ter seu próprio abatedouro, de onde a carne seria distribuída pelos açougues locais. A cadeia de abastecimento era longa e descontínua, e assim como no caso dos pescadores de Kerala antes da chegada do telefone celular, era difícil fazer com que a oferta correspondesse à demanda.

Em 1875, Gustavus Swift chegou a Chicago e montou um escritório para comprar gado para sua firma de venda de carne por atacado, cuja matriz ficava em Boston. Como ele escreveu posteriormente: "Eu estava determinado a erradicar o desperdício de comprar gado que havia passado pelas mãos de muitos intermediários, e sobre o qual haviam se acumulado muitos custos."

Tentativas anteriores de embarcar carne em vagões refrigerados haviam se mostrado não lucrativas. A causa para isso não foi a inadequação da tecnologia, mas sim o uso da rede existente de distribuidores, que estavam bastante satisfeitos em retirar algum lucro do sistema e não viam nenhuma necessidade especial de acelerar o processo. Swift montou sua própria rede de distribuição, em parte porque precisava de armazéns refrigerados, e começou a enviar carne a duas empresas em Massachusetts.

Seu sistema tinha duas características em comum com a Dell: em primeiro lugar, um grande volume de bens passava pelo sistema, que utilizava transporte e comunicações rápidos; em segundo, o sistema se baseava no impulso gerado pela demanda, e não na força impingida pela oferta. Usando o telégrafo, pedidos enviados por açougues varejistas eram repassados à matriz da empresa e daí para os compradores nos currais, especificando as raças, qualidade e quantidades necessárias a cada dia. O gado chegava aos currais à noite, era comprado no início da manhã e chegava ao abatedouro no máximo às 11h da manhã. O telégrafo equilibrava a oferta e a demanda de maneira quase instantânea. Em 1882, a revista *Harper's Weekly* publicou uma matéria, contando, embasbacada, que um corte de carne deixava uma sede da Swift em Chicago pendurado em um gancho, sendo transferido a um vagão refrigerado e daí para um refrigerador em uma filial em Nova York ainda pendurado no mesmo gancho.

A economia de escala e a eliminação do desperdício mais que compensaram o custo mais elevado da refrigeração e da considerável conta de telégrafo da Swift. Em 1880, a empresa já tinha 12 filiais na Nova Inglaterra; em 1884, era a segunda maior firma de embalagem de carne nos EUA; em 1903, após uma série de fusões, tornou-se a maior firma de distribuição de carne do mundo. Antes da fundação da Swift, Nova York era o estado dos EUA que mais abatia gado, porque era ali que estavam os consumidores. Posteriormente, o abate se concentrou no centro comercial de Chicago. A cidade do lago Michigan se transformou naquilo que o poeta Carl Sandburg imortalizou em 1916, com entusiasmo, ainda que sem métrica ou rima:

> Laughing the stormy, husky, brawling laughter of
> Youth, half-naked, sweating, proud to be Hog
> Butcher, Tool Maker, Stacker of Wheat, Player with
> Railroads and Freight Handler to the Nation.*

A tecnologia era importante, naturalmente, mas teria sido inútil sem uma boa administração, usando-se a informação para aumentar a velocidade, o volume e a eficiência. Também era necessário um governo preparado para dar apoio ao sistema ou, ao menos, para não atrapalhar. Os açougueiros atacadistas do Leste tentaram proteger seu confortável monopólio. Exigiram leis que determinassem a inspeção oficial do gado no estado no qual a carne seria consumida, a ser realizada menos de 24 horas antes do abate. Esse regime teria destruído o centro de alta circulação de Chicago. Em 1890, a Suprema Corte declarou que tais leis violavam o comércio interestadual, e o mercado de carne congelada prosseguiu, agora com o aval da corte máxima do país.

Mesmo nas situações em que a maior parte das companhias irá se beneficiar de um novo processo, coordená-las para que o adotem pode ser mais difícil do que parece. No caso dos telefones celulares de Keralan, foi relativamente fácil: ninguém tinha um interesse particularmente forte em manter o status quo, e um mercado ou barco pesqueiro que começasse a usar o celular acabaria obtendo uma vantagem competitiva. Mas quando é adotado um sistema que funciona somente quando todos os outros o utilizam, pode ser mais difícil superar o "problema da ação coletiva". Frequentemente, para desatar a força da tecnologia e do empreendedorismo de modo a organizar cadeias de abastecimento, os governos devem permitir a concorrência, ou até criar ativamente as circunstâncias para que ela ocorra.

Antes da internet, uma das mudanças mais rápidas para a economia e o comércio global foi produzida por uma invenção tão evidentemente útil que é difícil imaginar que tenha havido uma luta para sua adoção: o contêiner marítimo. O atual transporte internacional por mar é decididamente um assunto nada glamoroso. Antigamente, era necessário o esforço romântico de marinheiros suados e estivadores vigorosos para levar mercadorias da Ásia para a Europa, ou de zonas tropicais para temperadas. Hoje em dia, tornou-se um negócio frio, computadorizado, que transporta pelo mundo, mecanicamente, pilhas de caixas de metal idênticas de 2,44m x 2,44m x 6,10m, desumanizado pela palavra nada poética que chegou ao léxico do nosso pichador liberiano: "logística".

---

*Rir o riso tempestuoso, profundo e enérgico da / Juventude, seminua, suada, orgulhosa de ser açougueira de porcos, ferramenteira, empilhadora de trigo, alguém que joga com as ferrovias e entregadora de fretes da nação.

Pode ser maçante, mas também é brutalmente eficiente. No início da década de 1960, antes da disseminação geral do contêiner-padrão, os custos do frete representavam 10% do valor das importações dos EUA, uma barreira ao comércio aproximadamente igual à tarifa de importação governamental média. Ainda assim, em uma jornada que percorria meio mundo, a metade desses custos ocorreria em dois movimentos de 15Km através dos portos em cada ponta da viagem. O método predominante de "fracionamento da carga" (*break-bulk*, no jargão dos portos), no qual cada remessa era dividida individualmente em partes que poderiam ser manejadas por uma equipe de estivadores, era enormemente complexo e intensivo em mão de obra. Poderiam ser necessárias semanas ou meses para carregar um navio, pois uma variedade descomunal de cargas de pesos, formas e tamanhos diferentes teria de ser empilhada manualmente. E como os carregamentos valiosos passavam por muitas mãos, o furto era reconhecido como uma parte informal do salário dos estivadores.

De fato, um dos aspectos menos confiáveis de um processo tão intensivo em termos de mão de obra era justamente a mão de obra. Os portos, como as minas, costumavam ser pontos efervescentes de insatisfação industrial. De um lado havia trabalho irregular, e, do outro, uma comunidade de trabalhadores frequentemente bem organizada e interconectada. Muitas vezes, os trabalhadores se organizavam em sindicatos poderosos, com a capacidade de bloquear os pontos de escoamento do comércio global. A violência, a corrupção e as lutas pelo poder nas docas de Nova York ilustradas no filme *Sindicato de ladrões* não divergiam muito da realidade.

Em 1956, o embarque de carga fracionada custava US$5,83 por tonelada. O gênio empresarial que vislumbrou as possibilidades do transporte em contêiner padronizado, Malcolm McLean, levou ao mar, nesse ano, seu primeiro navio carregado de contêineres, e alegou poder transportar carga a US$0,158 por tonelada. Era muito mais fácil embarcar caixas de mesmo tamanho que poderiam ser carregadas por um guindaste e empilhadas ordenadamente. Além disso, o transporte de carga em um contêiner-padrão permitia sua transferência entre caminhões, trens e navios sem que fosse preciso reembalá-la a cada vez.

Porém, entre a inovação de McLean e a padronização do mercado global havia uma série de obstáculos impressionantes. Eles começavam em casa, nos EUA, com a Comissão de Comércio Interestadual, um órgão oficial que podia impedir a concorrência de preços determinando tarifas para o frete conforme a rota e o produto, e também com a formidável Associação Internacional dos Estivadores (ILA), um sindicato. Em termos mais gerais, o maior obstáculo consistia em alcançar o que os economistas chamam de "efeitos de rede": o benefício de uma tecnologia padronizada cresce exponencialmente à medida que mais pessoas a adotam. Para dominar o mercado mundial, os contêineres precisavam ser facilmente intercambiáveis entre diferentes linhas navais, portos, caminhões e vagões de trem. E para maximizar a eficácia, todos precisavam ter o mesmo tamanho.

Para a adoção de uma tecnologia de rede, muitas vezes é necessário superar a resistência daqueles fortemente interessados no sistema antigo. E ainda que seja fácil enxergar os ganhos de eficiência, além dos beneficiados haverá pessoas claramente prejudicadas. Para a padronização dos contêineres, o exemplo mais espetacular talvez tenha sido o declínio do porto de Nova York.

No início da década de 1950, Nova York manejava um terço do comércio marítimo de bens manufaturados nos EUA. Mas era deploravelmente ineficaz, mesmo com a tecnologia existente de fracionamento de carga: 283 píeres, dos quais 98 podiam lidar com navios marítimos, sobressaíam do rio no Brooklin, em Manhattan. Os caminhões que seguiam para as docas tinham de lutar para atravessar as vielas estreitas e abarrotadas de Manhattan, esperar uma hora ou duas antes de sequer conseguir entrar em um píer e então passar por um laborioso processo em duas etapas, no qual as mercadorias eram primeiro descarregadas para um armazém de trânsito e depois para um navio. Grupos de trabalho de "carregadores públicos" detinham os direitos exclusivos de realizar o embarque ou desembarque em um píer específico, um poder efetivamente garantido pela ILA, que forçava a manutenção de seu monopólio com sabotagem e violência contra seus concorrentes. A ILA lutou ferozmente contra a padronização dos contêineres, prevendo corretamente que isso iria destruir sua posição privilegiada como bandidos controladores de desfiladeiro de montanha. Thomas Gleason, presidente do sindicato, afirmou: "O contêiner está cavando as nossas covas, e não nos servirá como um meio de vida."

Nessa ocasião, para evitá-los bastou atravessar o rio. Foi construído um porto de contêineres em Nova Jersey, onde um embarcadouro de 500m permitia que os navios atracassem paralelos à costa e os padronizados recipientes fossem erguidos por guindastes. Entre 1963-4 e 1975-6, o número de dias trabalhados por estivadores em Manhattan passou de 1,4 milhão para 127.041.

Os contêineres ganharam rapidamente o mercado transatlântico e depois o comércio crescente com a Ásia. É difícil enxergar imediatamente o efeito da utilização desses aparatos sobre as taxas de frete, já que os picos de preço do petróleo durante a década de 1970 as mantiveram elevadas, mas a velocidade com que as empresas de transporte os adotaram deixa claro que eles traziam grandes benefícios em termos de eficiência e custo. O crescimento extraordinário das economias dos tigres asiáticos — Cingapura, Taiwan, Coreia e Hong Kong —, que basearam sua estratégia de desenvolvimento nas exportações, foi auxiliado grandemente pelo comércio de contêineres que se estabeleceu rapidamente entre os EUA e o Extremo Oriente. As exportações marítimas da Coreia do Sul passaram de 2,9 milhões de toneladas em 1969 para 6 milhões em 1973, e suas exportações para os EUA triplicaram.

Mas a nova tecnologia não foi adotada inteiramente por conta própria. Foram necessários dois empurrões por parte do governo — ambos, por sinal, fortemente ligados à área militar. Grandes projetos de auxílio a negócios privados muitas vezes tinham um objetivo militar, ou ao menos alegavam um pretexto militar, especialmente porque essa era uma maneira de dar ao governo federal um papel de liderança. Os estados poderiam reivindicar alguma autonomia sobre o comércio, mas as Forças Armadas eram indiscutivelmente uma questão federal. O sistema nacional de rodovias interestaduais, sem o qual os EUA dificilmente seriam o que são, teve início com o presidente Eisenhower, em 1956, por meio da "Lei Nacional das Rodovias Interestaduais e de Defesa". A justificativa apresentada era a de que o sistema permitiria o transporte rápido de soldados pelo país, além da rápida evacuação das populações de grandes cidades em caso de ataque. Durante seu tempo como general do exército, Eisenhower aparentemente ficara impressionado com as *autobahns* produzidas por Hitler para mover rapidamente os exércitos do Reich pela Alemanha.

Com relação aos navios, as mesmas ligações entre a Marinha mercante e militar que inspirara as Leis da Navegação na Inglaterra do século XVII perduraram até os EUA do século XX. Até hoje, aliás, essa legislação, conhecida como a Lei Jones, estipula que toda a carga transportada de um porto dos EUA a outro seja levada por navios construídos nos EUA, registrados nos EUA e com uma tripulação que seja no mínimo 75% americana — uma restrição que os parceiros do país nas negociações comerciais gostam de citar quando Washington lhes dá sermões sobre a abertura de seus mercados a competidores americanos (por outro lado, a Marinha dos EUA de fato faz um grande favor a todos ao patrulhar as rotas marítimas do mundo, tentando mantê-las livres de piratas).

O primeiro incentivo do governo aos contêineres se deu quando ele os adotou para transportar carga militar. As Forças Armadas dos EUA, vendo a eficácia do sistema, começaram a contratar a companhia Pan-Atlantic, de McLean, posteriormente rebatizada de Sea-Land, para transportar equipamentos para os 250 mil soldados baseados na Europa Ocidental. No início, em suas viagens de volta, os navios parecem ter passado a transportar principalmente uísque escocês, também em virtude da invenção de um tanque de aço inoxidável para transportá-lo a granel, o que acabou com o problema dos furtos. Um dos poucos benefícios do infortúnio dos EUA no Vietnã foi uma rápida expansão do uso de contêineres. Como a guerra requer movimentos em massa de homens e material, os exércitos frequentemente são pioneiros na utilização de novas técnicas de cadeias de abastecimento. Por exemplo, Napoleão era um gênio logístico além de militar, ainda que seu julgamento errôneo quanto à capacidade de seu Exército de sobreviver no interior da Rússia tenha forçado sua retirada desastrosa de Moscou em 1812.

A outra forma de atuação do Estado foi forçar as diferentes companhias a pararem de discutir e aceitarem contêineres de mesmo tamanho. Dimensões padronizadas eram essenciais para possibilitar as economias de escala que viriam da permutabilidade — o que, para as Forças Armadas, era vital se os navios tivessem que ser desapropriados em caso de guerra. Esse foi um problema difícil de superar, especialmente porque todas as companhias que começaram a usar o aparato se acomodaram em tamanhos distintos. A Pan-Atlantic usava contêineres de 35 pés (10,6m), porque esse era o tamanho máximo permitido pelas rodovias que levavam à sua matriz em Nova Jersey. Outra das grandes companhias de transporte, a Matson Navigation, usava um contêiner de 24 pés (7,31m), pois seu principal negócio era o abacaxi enlatado trazido do Havaí, e um contêiner maior seria pesado demais, não podendo ser erguido pelos guindastes locais. A Grace Line, que fazia negócios principalmente com a América Latina, usava um contêiner de 17 pés (5,18m), que era mais fácil de transportar por caminhão em estradas de montanha sinuosas.

Passou mais de uma década até que fosse adotado um padrão para os EUA e, posteriormente, sua adoção internacional. De fato, além de mediar essas rivalidades, a Administração Marítima dos EUA teve de travar suas próprias batalhas com a American Standards Association (ASA), uma agência montada pelo setor privado. A questão foi resolvida com a força do dinheiro de Washington: a Junta Marítima Federal, que concedia subsídios públicos para a construção de navios, decretou que somente contêineres de 8 × 8 pés (2,43m), com comprimentos de 10, 20, 30 ou 40 pés (de 3,05m a 12,2m), poderiam receber benefícios.

A adoção de contêineres não permitiu apenas o transporte das cargas existentes de maneira mais rápida e barata: também catalisou uma mudança radical no modo como as companhias efetuavam seus negócios. Um dos benefícios do transporte rápido e confiável é permitir às companhias manter estoques menores, ou estoques de reserva, pois elas ganham mais certeza sobre a possibilidade de enviar a carga rapidamente para onde for necessário. Na década de 1980, os japoneses, e particularmente empresas inovadoras como a Toyota, foram pioneiros no que ficou conhecido como produção "*just in time*" ("no momento exato"). Como a oferta de matéria-prima podia responder rapidamente a mudanças na demanda, a Toyota, em vez de manter uma cadeia de abastecimento monolítica dentro de uma companhia enorme, passou a comprar seus componentes de diversos negócios menores e mais ágeis.

Os tigres asiáticos originais, aos quais atualmente se juntaram, em graus variados, Tailândia, Malásia, Indonésia, Filipinas, Vietnã e, é claro, a China, formam agora, essencialmente, uma cadeia de produção e montagem internacionalmente desagregada, por vezes chamada de Fábrica Ásia. O transporte barato e rápido de componentes e bens entre os países, que, afinal de contas, não estão todos perfeitamente próximos, só existe porque um dia foi tornado possível.

Por que a África não faz o mesmo? Como vimos no início do capítulo, o continente está perdendo a possibilidade de realizar uma boa dose de produção e comércio, e a coca é um dos casos curiosos. Por que os africanos, na verdade, não cultivam coca e produzem cocaína? Eles certamente a exportam. O pó branco que move a mídia e os serviços financeiros da Europa vem de Colômbia, Bolívia e Peru, mas boa parte é contrabandeada a partir de países do Oeste da África, como Nigéria, Guiné-Bissau e Cabo Verde.

Assim como o café, a coca cresce bem em altitudes elevadas — um dos motivos pelos quais boa parte é cultivada nos Andes. A África já tem grandes regiões produtoras de café — Uganda, Etiópia, Ruanda. Então, por que a África não participa das partes da cadeia de abastecimento que agregam o maior valor — a produção e o transporte intermediário? No comércio de exportação para a Europa, os africanos estão presos na porção relativamente mal paga e de alto risco da cadeia de abastecimento, o contrabando final através das fronteiras.

É difícil termos acesso aos relatórios administrativos de uma indústria como a da cocaína — ainda que, diferentemente do que ocorre no comércio do aspargo, saibamos que a explicação não se encontra em uma política de tarifas preferenciais. Imperfeições ambientais naturais fornecem uma razão secundária: a África tem condições climáticas um pouco menos favoráveis que as da América Latina e uma relativa escassez de grandes platôs, proveitosos para o cultivo da coca. Mas a explicação principal, segundo o Escritório das Nações Unidas sobre Drogas e Crime, é que o transporte e a logística na África são tão ruins, e a política tão instável, que é mais eficiente produzir e transportar o produto a partir da América do Sul.

A coca não traz um retorno rápido: é cultivada em plantações que demoram muitos anos até atingirem sua maturidade produtiva. Isso, aparentemente, é um período grande demais, o que faz com que os produtores evitem correr o risco de que volatilidades políticas e logísticas interrompam o negócio (há relatos de que a papoula, cujo cultivo e colheita são muito mais rápidos, esteja começando a ser plantada no Oeste da África). De certa forma, tendo em vista que a ilegalidade multiplica as dificuldades financeiras, logísticas e de recursos humanos ligadas à produção e ao transporte, a falta de confiabilidade e segurança é ainda mais debilitante para os produtos ilícitos que para os legítimos. Como disse Bob Dylan, para viver fora da lei, é preciso ser honesto.

É claro, ninguém que tenha visto o modo como o comércio de cocaína envenenou a sociedade e a política de um país como a Colômbia deveria sugerir seriamente que o cultivo de cocaína para exportação pode ser uma boa jogada para a África. No entanto, há diversas exportações legítimas em que, se uma porção maior da cadeia de valor fosse introduzida no continente africano, sua pobreza poderia ser reduzida. Uma delas é o companheiro da coca nas altitudes elevadas, o café. A África exporta uma grande quantidade de grãos verdes de café, mas produz relativamente pouco de sua versão torrada e moída, ou instantânea. O mesmo ocorre com o cacau: a África detém seus dois maiores produtores mundiais, Gana e Costa do Marfim, mas a grande maioria do produto é exportada na forma de sementes (amêndoas) verdes.

Andrew Rugasira, um empreendedor ugandense que lançou a marca Good African de café torrado, recém-chegada aos supermercados britânicos, conta que até o dia em que lhes preparou um café, alguns dos agricultores de quem ele comprava os grãos literalmente não faziam ideia da utilidade daquelas coisinhas engraçadas que produziam. Alguns pensavam serem munições usadas pelos exércitos guerrilheiros nos conflitos duradouros ocorridos no país vizinho, a República Democrática do Congo. Nessa época, eles já vinham produzindo café havia décadas.

Em busca de explicações, vamos inicialmente descartar, como um possível grande motivo, a ideia disseminada, porém bastante equivocada, de que a política comercial é utilizada para manter a África na pobreza. Tarifas de importação e subsídios podem distorcer enormemente o comércio, como vimos no capítulo anterior, mas hoje em dia não representam um grande problema para a o continente africano.

Muitas pessoas acreditam que todos os países ricos impõem tarifas sobre produtos manufaturados vindos da África, mas não sobre matéria-prima. Uma história em particular, ouvida com frequência, diz que a União Europeia permite a entrada livre de *amêndoas* de cacau trazidos de Gana, mas taxa as importações de *chocolate* ganês. Lamento informar que isso é totalmente falso. Como Gana antigamente era uma colônia, beneficia-se do acordo comercial especial com a Europa que vimos no último capítulo. O chocolate de Gana entra na União Europeia livre de impostos. Entre as instituições e pessoas que já vi ou ouvi propagarem esse mito, e que deveriam conhecer a verdade, estão o antigo primeiro-ministro da Grã-Bretanha Tony Blair, a campanha de desenvolvimento Oxfam, o Departamento de Desenvolvimento Internacional da Grã-Bretanha (que acabou tendo que destruir uma grande leva de panfletos depois que a Comissão Europeia se queixou da imprecisão), as Nações Unidas em seu Informe sobre Desenvolvimento Humano anual e, por incrível que pareça, Alan Kyerematen, o ministro do Comércio ganês.

O verdadeiro motivo pelo qual Gana não exporta mais que uma pequena quantidade de chocolate caro e de alta qualidade é o preço proibitivo de se fazer negócios ali. O clima bastante quente do país, que derrete o chocolate, não ajuda: sai muito caro manter uma cadeia de refrigeração, ou ao menos resfriamento, ininterrupta que saia da fábrica, passando por caminhões, portos e navios até chegar a Roterdã. A desculpa da refrigeração, porém, não vale para o café de Uganda ou da Etiópia. Ali, o motivo para a inexistência de qualquer estágio além do mais básico na cadeia de abastecimento é simplesmente a ausência de conhecimentos, finanças e logística para empreendê-los.

Isso é o que realmente importa. Uma pesquisa nos vilarejos de Uganda descobriu haver uma ligação clara entre o acesso a serviços de logística, como mercados distritais, companhias de caminhões e compradores de produtos agrícolas e a probabilidade de que o vilarejo exporte produtos — café, chá, algodão, frutas e flores. E apesar das preocupações ocasionais sobre os perigos da agricultura para exportação em detrimento do consumo doméstico, os vilarejos que produzem esses bens apresentaram menores taxas de pobreza do que os que produziam milho ou bananas para consumo próprio.

Um dos momentos mais extraordinários da minha vida foi quando viajei pela África em 2002 durante dez dias, acompanhado do roqueiro ativista Bono e do então secretário do Tesouro dos EUA, Paul O'Neil. Quando Bono e O'Neil conversavam com os africanos, uma das queixas mais comuns dos locais era a dificuldade de levar os produtos ao mercado pelas terríveis estradas do continente. Ainda tenho o crachá que usei na viagem, assinado pelo vocalista do U2. Ele sugeriu um slogan para uma suposta campanha, que eu teria endossado sinceramente, mas que, na opinião dele, não teria sido bem recebida pelo público em geral: "Rock contra a má infraestrutura."

Quando examinamos as tentativas de levar mais partes da cadeia de abastecimento para a África, fica claro que essas são as limitações mais importantes ao comércio e à produção. Mali, por exemplo, um país no Oeste da África, é uma região tradicional de cultivo do algodão, com condições climáticas e de solo quase ideais. Porém, além de descaroçar o algodão — um processo mecanizado básico para a remoção das sementes e caules —, as tentativas de ascender pela cadeia de valor têm encontrado dificuldades. Visitei uma fiação de algodão em Mali há alguns anos, e nela me disseram que a planta estava funcionando abaixo de sua capacidade e não chegava a dar lucro. O trabalho era barato, mas em grande medida pouco qualificado, a produção era atravancada por um suprimento de energia caro e pouco confiável e pela dificuldade de se exportar a partir da Costa do Marfim, o país vizinho, frequentemente assolado por conflitos civis, ou do sobrecarregado porto de Dakar, no Senegal.

Países sem saída para o mar têm um problema em especial, o que ajuda a explicar por que tantos países africanos e da Ásia central têm dificuldades em se erguerem economicamente. Quem depende de seus vizinhos para o transporte de bens por caminhão se depara com inevitáveis atrasos de fronteira, o que torna os exportadores vulneráveis a conflitos ou outras dificuldades nas rotas. É digno de nota que os produtos atualmente exportados por países sem saída ao mar, como Uganda e Zâmbia — flores e hortaliças frescas de alto valor —, sejam frequentemente transportados por via aérea. Cada dia de atraso no carregamento provoca uma redução de 1% no comércio de um país, em média, e de impressionantes 6% no caso de bens perecíveis, como frutas e legumes. E se for tomada uma semana a mais para levar os bens ao mercado, essa capacidade de negociar produtos perecíveis de alto valor cairá praticamente pela metade.

São necessárias, em média, 24 horas só para se atravessar a fronteira entre Uganda e Quênia a caminho de portos quenianos como o de Mombasa, que provocam então novos atrasos. E assim como ocorria com os navios da Companhia das Índias Orientais que velejavam para a Ásia, o que prejudica tanto o comércio não é só o tempo, como também a incerteza. Andrew Rugasira, da companhia de café Good African, avalia que seu produto leve um mês para chegar de Uganda a Mombasa. Antes do desenvolvimento de uma tecnologia que permitiu que o café moído seja embalado em uma atmosfera estéril de nitrogênio, impedindo assim seu apodrecimento durante o trânsito, isso essencialmente eliminava a possibilidade de Uganda torrar e moer seus próprios grãos do fruto antes de exportá-los para fora do continente.

Mas não se trata apenas da África, naturalmente. No mundo em desenvolvimento, muitas vezes ocorre que as verdadeiras restrições à competição com produtos estrangeiros não se encontram na política comercial, mas sim na falta de algo para se vender e na incapacidade de levar os produtos rapidamente ao mercado. O problema dos agricultores das Filipinas é um caso em questão. Cerca de dois anos atrás, visitei fazendeiros que cultivam alho, repolho, alface e outros produtos frescos nas altitudes elevadas da região montanhosa de Baguio. Eles se queixavam veementemente do alho, alface e cenouras baratos trazido da China que, segundo eles, apareciam nos mercados de Manila e os retiravam do mercado.

Na realidade, porém, parecia que sua lenta e cara cadeia de abastecimento tinha mais a ver com sua baixa competitividade do que com a remoção das tarifas de importação. Diferentemente do que ocorria nos mercados do Islã medieval ou da Holanda no século XVII, o mercado por atacado local de hortaliças para o qual os fazendeiros levavam seus produtos em caminhões não possuía preços futuros, nem mesmo um dia adiante. Então, ninguém podia saber ao certo que preço receberia quando chegasse ao mercado com seu alface. Uma escassez da verdura em um dia, com subsequente elevação dos preços, fazia com que muitos produtores aparecessem no dia seguinte com caminhões cheios dela, criando um excesso e provocando justamente uma queda de preços.

Havia poucos armazéns e caminhões refrigerados, portanto a "cadeia fria", tão importante para administrar a oferta de produtos frescos, essencialmente não existia. Não havia padronização de contêineres ou de carga, obrigando as hortaliças a passar por um processo laborioso no qual eram desembaladas e reembaladas à mão em sacos plásticos antes de serem postas em caminhões, que então iniciavam uma jornada de seis horas pelas sinuosas estradas de montanha que levavam a Manila. O efeito dessas estradas em veículos decadentes notava-se claramente pelas dezenas de oficinas mecânicas vistas ao longo da estrada.

Não é de surpreender que um quilo de hortaliças que custava dois pesos filipinos na saída da fazenda tivesse seu preço quintuplicado ao chegar ao mercado de Manila. Enquanto isso, as hortaliças chinesas chegavam à capital do país pelo mar, dentro do conhecido contêiner-padrão. A tarifa de importação de 40% imposta pelas Filipinas sobre alguns vegetais não tinha nenhuma chance de compensar as deficiências de sua cadeia de abastecimento.

Os países africanos são os que mais parecem padecer com problemas e infraestrutura: não só por estradas ruins, mas também pela ausência de um sistema econômico eficiente. Como já vimos, para que o comércio ocorra é necessário que os fornecedores acreditem que serão pagos, e tem de haver sistemas legais e judiciais que auxiliem os negócios em vez de atrapalhá-los. Um estudo recente do Banco Mundial, que interrogou quatro grandes companhias de frete sobre os tempos do comércio ao redor do mundo, descobriu que três quartos dos atrasos no transporte se deviam a procedimentos administrativos — liberação nas aduanas, impostos, inspeções na carga etc. —, e não a estradas esburacadas ou portos decadentes.

Mas como os países africanos acabaram nessa situação? Uma parte da resposta se encontra em onde começaram; outra, em como chegaram aonde estão; e outra, no que estão agora fazendo, ou deixando de fazer.

Em primeiro lugar, seria um erro pensar que toda a África sempre foi subdesenvolvida em comparação ao resto do mundo. Durante os tempos medievais, havia Impérios poderosos no Oeste do continente que negociavam sal, ouro e escravos pelo Saara. Um, centrado na região que atualmente corresponde a Mali, construiu uma universidade islâmica espetacular em Tombuctu, tornando-se um grande centro de erudição islâmica.

Porém, a durabilidade e a extensão dessas civilizações foram limitadas. Como argumentou, de maneira bastante persuasiva, o fisiologista Jared Diamond em seu grande ensaio sobre os motivos que tornam algumas pessoas ricas e outras não, *Armas, germes e aço*, a África tinha certos desafios intrínsecos ao seu desenvolvimento. A orientação norte-sul do continente lhe deu uma enorme variedade de condições climáticas, fazendo com que os cultivos e tecnologias não pudessem ser facilmente transferidos de uma região para outra. As técnicas agrícolas da África Mediterrânea, mesmo que pudessem ser transplantadas para o outro lado do Saara, não funcionam bem nas savanas semiáridas da região do Sahel, na margem sul do deserto, e ainda menos nas úmidas regiões equatoriais mais abaixo. E em boa parte da África ao redor do equador, doenças carregadas pela mosca tsé-tsé impediram a disseminação de animais domesticados, entre eles o cavalo, que era o contêiner do transporte medieval na Europa.

Veio então o impacto da escravidão e do Império. Como vimos, particularmente com a história da Companhia das Índias Orientais, os projetos imperiais europeus modernos muitas vezes começaram como rotas comerciais e depois cresceram. Tendo estabelecido o controle territorial para além de meros entrepostos comerciais, como veremos no próximo capítulo, a Companhia era essencialmente uma potência colonial terceirizada que comandava a Índia em nome da Coroa britânica. De fato, o crescimento do Império pode ser considerado uma forma coercitiva de se estabelecer uma cadeia de abastecimento, frequentemente com o objetivo de afetar o equilíbrio de poder entre as partes, e não só de facilitar o transporte. Se assegurar o monopólio para uma companhia de comércio era uma das maneiras de garantir os benefícios do comércio com uma terra distante, deter a posse efetiva do lugar em questão era ainda mais.

A primeira grande era de globalização, entre 1880 e 1914, também foi a era que alguns historiadores chamaram de Alto Imperialismo — a apoteose do domínio das potências colonialistas europeias sobre o resto do mundo. Durante essa época, o comércio executado por países que pertenciam a Impérios era aproximadamente duas vezes maior que o daqueles que não pertenciam a Império nenhum. Não parece ter importado muito se a capital imperial era Londres, Paris, Berlim, Madri ou Washington D.C. (os EUA, tendo nascido de uma rebelião contra uma potência imperial, evidentemente haviam se esquecido de muitos de seus princípios ao final do século XIX, a ponto de adquirir diversas colônias, entre elas as Filipinas). Usar uma moeda única, pertencer a uma área de comércio com poucos bloqueios sobre as importações e possuir uma língua comum são fatores que contribuíram para facilitar o comércio.

Mas nem todas as colônias foram tratadas da mesma maneira, mesmo dentro do mesmo Império. A África nunca foi ocupada na mesma medida que as colônia asiáticas, como a Índia ou as Índias Orientais holandesas. O clima tropical e as doenças que o acompanhavam tornavam o lugar inóspito para os europeus, com a exceção notável de seu extremo sul. A África do Sul, única região de clima mediterrâneo ao sul do Saara, foi extensamente colonizada pelos holandeses e depois pelos ingleses.

Febre amarela, malária e outras doenças tropicais varreram uma grande proporção dos soldados e colonialistas europeus que tentaram se assentar na África subsaariana. Quando, por exemplo, o assentamento de Serra Leoa, no Oeste da África, foi fundado como um lar para os escravos libertos ao final do século XVIII, havia grandes esperanças de que se tornasse uma próspera colônia britânica. Montou-se a operação comercial necessária, conhecida primeiro como Companhia da Baía de São Jorge e depois como a Companhia de Serra Leoa. Para lá foram levados muitos escravos negros libertos da América do Norte, que haviam lutado no lado britânico na guerra revolucionária dos EUA em troca de sua liberdade.

Porém, mesmo em comparação com a Índia, que tinha sua boa dose de calor e mosquitos e não era exatamente uma casa de saúde para os europeus, as condições na África tropical eram terríveis. Quase três quartos dos colonos europeus morreram no primeiro ano da Companhia de Serra Leoa, entre 1792 e 1793. Uma expedição do explorador escocês Mungo Park, feita em 1805 para mapear o curso do rio Níger, no Oeste da África, acabou com uma ampla maioria da tripulação morta antes mesmo de completar a primeira porção terrestre da jornada. Quando ele retornou à metrópole, o público estava ciente do impacto calamitoso da África sobre a saúde, e a disposição das pessoas para se assentarem ali era correspondentemente baixa. Um dos motivos pelos quais a Grã-Bretanha desenvolveu a Austrália como uma colônia penal foi a rejeição do Oeste da África para tal, considerado insalubre demais até mesmo para prisioneiros.

Assim, em vez de estabelecer grandes colônias permanentes, o modus operandi dominante dos europeus na África foi o de apanhar os recursos e partir. É claro que já tinham séculos de experiência em tratar a África dessa maneira, por meio do comércio de escravos. O efeito desse comércio, além das consequências desastrosas sobre as sociedades que se viam privadas de grandes quantidades de seus membros mais jovens e produtivos, foi o de estimular relações destrutivas e exploratórias entre diferentes reinos (para capturar escravos e os vender aos comerciantes) e o de arraigar firmemente a noção, entre os europeus, de que a África era um continente sombrio e primitivo cujas riquezas existiam apenar para serem pilhadas.

Os nomes funcionais dados às colônias revelam esse fato muito claramente: Costa do Ouro (atual Gana) e Costa do Marfim (ainda chamada assim). A "partilha da África" imperial no final do século XIX resultou na divisão do continente entre as potências europeias concorrentes, e não apenas no comércio de ouro, diamantes ou escravos que ocorrera em suas costas até então. Porém, a mentalidade frequentemente permaneceu inalterada. Boa parte da África foi simplesmente desapropriada, servindo como fonte de commodities básicas para a Europa. Além dos metais e minerais tradicionais, a Europa importou produtos como o óleo de amendoim da Nigéria, usado como lubrificante de máquinas, e a madeira da Costa do Marfim. O pior caso talvez tenha sido o domínio belga sobre o Congo, na África Central, ao final do século XIX — ainda que talvez seja mais preciso chamá-lo de posse do rei Leopoldo II sobre o Congo, já que se tratava de uma possessão pessoal do monarca belga, e não de uma colônia do Estado. Os congoleses eram forçados a produzir borracha e, se não conseguissem cumprir sua cota oficial, eram mutilados ou assassinados. Acredita-se que muitos milhões tenham morrido.

Os europeus estavam ali para extrair, não para construir. Em comparação com colônias como a Índia, as ferrovias e o resto da infraestrutura de transporte construída na África eram tristemente esparsos. E a África não foi apenas privada de infraestrutura física. Não havia nada no continente que se comparasse ao extenso e organizado Serviço Público Indiano, que recrutou um grande número de trabalhadores locais e fez com que a Índia, por mais problemas que tivesse, ao menos herdasse um Estado e uma burocracia operantes ao ganhar sua independência. Por mais efeitos indesejáveis que as atividades recentes da China tenham tido na África, como apoiar regimes ingratos no Sudão e em Angola, um dos motivos pelos quais alguns africanos têm se mostrado dispostos a lhes dar o benefício da dúvida é o fato de ao menos terem construído alguma infraestrutura. Na década de 1970, a China construiu uma ferrovia de mais de 1.500km de comprimento que conectava a Zâmbia, um país sem saída ao mar, ao porto de Dar es Salaam, na Tanzânia. A rota comercial habitual da Zâmbia havia sido bloqueada pelo regime governado pela minoria branca na Rodésia do Sul. Os chineses os ajudaram em um momento em que, como me contou uma vez um ministro do governo zambiano, "quase todo o mundo nos deu as costas".

De qualquer forma, a frágil infraestrutura social e legal foi um legado ainda mais nocivo que a ausência de infraestrutura física. Como mostrou a rápida recuperação da Europa ocidental após o final da Segunda Guerra Mundial, sempre é possível construir estradas e fábricas contanto que exista um arcabouço invisível de educação, um Estado de direito e uma economia operante para sustentá-las. Sem isso, qualquer quantidade de investimento ou ajuda trazida de fora terá dificuldade em gerar algum impacto.

A Grã-Bretanha transplantou seus sistemas legais e políticos, juntamente com muitos de seus próprios cidadãos, para algumas de suas colônias — notadamente a Austrália, a Nova Zelândia e o Canadá. Desde o início, seus governos protegeram a propriedade privada, impuseram freios efetivos às ações governamentais arbitrárias e não ergueram barreiras indevidas sobre o modo como as pessoas conduziam os negócios. Subsequentemente, essas colônias foram muito mais bem-sucedidas que aquelas em que os colonizadores não fizeram nenhum esforço por exportar o desenvolvimento econômico e social da capital imperial.

Porém, antes de nos darmos por vencidos e concluirmos que a geografia e a história determinam o destino, devemos nos lembrar do sucesso espetacular de Botsuana, que se mostrou duradouro apesar de uma herança colonial abismalmente pobre em termos de infraestrutura, tanto social como física. No jogo do desenvolvimento, a África recebeu uma mão ruim, mas em grande medida, poderia tê-la jogado de maneira muito melhor.

Estradas e ferrovias são caras e muitas vezes exigem dinheiro vindo de fora, na forma de investimentos ou ajuda externa. Porém, a cobertura do telefone celular se expandiu rapidamente pela África, conectando negócios com clientes, ainda que muitos comerciantes africanos continuem a sofrer com um fraco acesso à internet. Além disso, para melhorar os portos e os cruzamentos de fronteira muitas vezes o que falta é encontrar a vontade política para enfrentar uma burocracia aduaneira arraigada, para a qual atrasar os caminhões é uma excelente maneira de extorquir propinas, e que não deseja perder seus benefícios. Após os ataques de 11 de setembro de 2001 nos EUA, houve muitas preocupações com relação às novas medidas de segurança nos portos e fronteiras exigidas por Washington, que poderiam emperrar as engrenagens da globalização, tornando o comércio mais lento e difícil. Neste momento, os cruzamentos de fronteira em todo o mundo, em média, se aceleraram. Os promotores de reformas na África e em outras partes conseguiram executar as reformas indicando um imperativo externo: a necessidade de cumprir os padrões americanos. Esses países fizeram escolhas, e suas escolhas tiveram boas consequências.

Não é fácil nem banal criar as condições necessárias para estender as cadeias de abastecimento nem para estabelecer rotas comerciais. Mas é possível fazê-lo. A geografia e a história têm alguma relação com o fato de que a África não cultive cocaína nem produza muito chocolate ou café. Ainda assim, hoje em dia, isso está muito mais ligado à incapacidade de seus governos em superá-las. As companhias empreendedoras são as que exploram, e até criam, essas cadeias. Porém, como vimos com a história da Companhia das Índias Orientais, ou da disseminação do uso de contêineres na navegação mundial, muitas vezes é necessário que o governo tome as decisões fundamentais que possibilitarão seu surgimento. Às vezes é necessário adotar um papel ativo. Porém, muitas vezes basta não atrapalhar. E isso se aplica particularmente aos burocratas que, ilicitamente, enriquecem intervindo no processo do comércio.

8. Corrupção

Por que a Indonésia prosperou em um governo corrupto, enquanto a Tanzânia continuou pobre sob um governo honesto?

Eis uma piada que se ouve na Índia: o governador de um estado indiano pobre faz uma visita a uma cidade dos EUA. É recebido pelo prefeito, um velho político adepto do fisiologismo, que lhe mostra o lugar. Primeiro, o alcaide aponta para uma estrada às margens da cidade.

— Está vendo aquilo? — pergunta. Ele bate então no bolso do paletó e pisca um olho. — Dez por cento.

Depois indica um novo estádio de beisebol.

— Está vendo aquilo? Dez por cento.

E assim por diante. Por fim, ele o leva para ver o pórtico da grandiosa prefeitura.

— Está vendo aquilo? Dez por cento.

No ano seguinte, o prefeito vai visitar a Índia. O governador o leva a sua residência oficial, no alto de uma colina, com vista para a capital do estado. Indica então a cidade com um gesto amplo, mostrando as comunidades miseráveis que se espalham pela área, os esgotos a céu aberto, as estradas esburacadas, as fábricas abandonadas.

— Está vendo aquilo? — pergunta. Bate então no bolso do paletó e pisca um olho. — Cem por cento.

O abuso de poder público é tão velho quanto o próprio poder público. "Também suborno não tomarás", ordena Deus aos israelitas no Êxodo, "porque o suborno cega os que têm vista, e perverte as palavras dos justos." Mas nos últimos 15 anos tem havido um surto particular de interesse no tema da corrupção (uma "erupção de corrupção", nas palavras de um comentarista) nos círculos acadêmicos e instâncias de poder. Agências de desenvolvimento como o Banco Mundial raramente mencionam o termo, por medo de serem acusados de se intrometer na política. Hoje em dia, suas avaliações sobre países trazem alertas rotineiros sobre "preocupações de governança", o eufemismo atualmente aceito para políticos desonestos e corruptíveis. A corrupção é citada regularmente como um dos motivos pelos quais os países pobres continuam pobres.

Bem, sim e não. Como sugere a piada indiana, alguns tipos de corrupção são piores que outros. Alguns são apenas uma pequena moléstia; outros são bem mais corrosivos. Uns são como tempestades que fazem naufragar o crescimento econômico e os investimentos; outros não passam de um vento em contra ou, possivelmente, uma brisa passageira. A Indonésia, que atualmente tem uma renda per capita de mais de US$3 mil, ajustada por diferentes patamares de preço, foi governada durante décadas por Suharto, um autocrata cujo governo era notório pela corrupção e pelo fisiologismo. Enquanto isso, a Tanzânia, na qual a renda média é de menos que US$1 mil, continuou desesperadamente pobre ao ser governada por um político que se mostrava muito honesto e humilde. Por quê?

Em primeiro lugar, vamos definir o que queremos dizer com "corrupção". O termo pode ser definido de maneira muito genérica, significando qualquer abuso de posição, seja pública ou privada, tendo em vista o ganho pessoal. Assim, em uma companhia, um gerente de compras que adquire um equipamento desnecessariamente caro porque recebeu suborno do fornecedor pode ser considerado corrupto. Porém, talvez fosse mais adequado considerar esse ato como uma fraude que provoca perdas para os acionistas da companhia, e não para o bem público em geral. Uma definição tão genérica acabaria por incluir todo tipo de crime de colarinho branco. Para o que nos interessa, como estamos preocupados principalmente em determinar de que modo os governos e Estados definiram a história econômica, podemos utilizar a descrição sucinta usada pelo Banco Mundial: o abuso do poder público para ganhos privados.

Dessa forma, o escândalo no programa "Petróleo por Alimentos", das Nações Unidas, no qual ocorreu o desvio de verbas de um sistema patrocinado pela ONU que permitiu ao Iraque, entre 1996 e 2003, vender petróleo no mercado mundial para comprar alimentos e remédios, foi corrupção; as fraudes contábeis e financeiras que derrubaram a companhia Enron, do setor energético dos EUA, não foram.

A corrupção surge devido ao que os economistas chamam de "problemas de agência" ou "problema do agente principal", nos quais uma pessoa ou grupo — neste caso, o eleitorado ou o público em geral, chamado de "principal" — aponta outra — aqui, funcionários públicos ou políticos, chamados de "agentes" — para executar funções em seu nome. Se o público não for capaz de observar perfeitamente as ações do agente, este terá um incentivo para atuar em interesse próprio. O público pode querer que um departamento governamental construa uma estrada do modo mais barato e eficiente possível. Mas pode não ficar sabendo que o funcionário público encarregado cedeu o contrato à companhia cara e ineficiente dirigida por seu cunhado, nem se inteirar do pagamento que ele receberá em troca disso.

A corrupção é uma forma de interesse próprio que prospera quando há uma carência de informação e de concorrência. A informação pode extinguir a corrupção ao expor claramente o interesse pessoal dos agentes, eliminando assim a discrição em sua conduta. A concorrência pode extinguir a corrupção por assegurar que os agentes que fazem negócios caros e ineficazes em benefício próprio perderão espaço para os que fizerem negócios honestos e baratos. Quanto maior o monopólio e o poder de arbítrio de um agente no momento de prover qualquer serviço do qual foi encarregado, e quanto menos ele for obrigado a prestar contas, maior será a probabilidade de que o agente sucumba à corrupção.

Porém, em vez de se utilizar a concorrência para derrubar a corrupção, muitas vezes permite-se a corrupção para impedir a concorrência. Além dos argumentos éticos e morais genéricos sobre suborno e desonestidade e sobre o efeito que podem ter ao minarem o respeito geral pelo Estado de direito, a corrupção geralmente prejudica a eficiência. Ela faz com que burocratas tomem decisões com base no que é bom para eles, e não no que é bom para a economia. Ela afeta diretamente a qualidade de vida, por impedir que os gastos públicos, sejam com saúde, educação ou infraestrutura, sigam para os projetos aos quais foram destinados. Acarreta custos pesados e frequentemente imprevisíveis às empresas, dificultando seu planejamento. É especialmente prejudicial ao comércio internacional. Controlar um posto de fronteira é uma maneira particularmente boa de se obter propinas: o exportador tem muito a perder com atrasos, enquanto o oficial de fronteira possui autoridade para reter as remessas, além de ter todo o tempo do mundo para esperar. E a corrupção recompensa os comerciantes com mais habilidade nas disputas burocráticas ou em manobras políticas, em vez daqueles realmente competentes na administração de suas companhias.

Não há dúvida quanto ao veredicto geral: a corrupção prejudica o crescimento. Medidas habituais da percepção de corrupção nos países se correlacionam bastante bem com a pobreza nacional. No entanto, em meio às pinceladas mais largas desse quadro geral encontram-se alguns detalhes interessantes. Em particular, um conglomerado de países no Extremo Oriente tem se saído bastante bem, apesar de possuir uma longa história de corrupção. A redução mais impressionante de pobreza na história recente ocorreu em um país do Sudeste Asiático, a China, cujos índices de incorruptibilidade não se encontram nem um pouco acima da média.

Há vários anos, ouvi uma explicação sucinta para isso, feita por uma autoridade indiana muito experiente. Perguntei-lhe por que a Índia atraía muito menos investimento estrangeiro direto que a China. Corrupção, disse ele. Comentei que os índices chineses nas tabelas de corrupção eram regularmente ruins (na versão de 2007 do "índice de percepções de corrupção", feito pela Transparência Internacional, uma campanha justamente anticorrupção, a China e a Índia apresentaram índices idênticos de roubalheira). Sim, disse o oficial, mas a diferença é que na China só é preciso subornar um único partido político.

Se vai haver corrupção, o melhor é que seja da maneira mais eficiente e simplificada possível. É nesse contexto que passaremos algum tempo examinando o governo do presidente Suharto, na Indonésia, especialmente porque seu nome é quase um sinônimo do chamado "capitalismo de amizades" ou "capitalismo de compadres" que definiu boa parte do crescimento econômico no Sudeste Asiático nos últimos 40 anos. Esse talvez tenha sido o exemplo mais marcante de como uma ditadura corrupta e sangrenta pode, ainda assim, ser economicamente bem-sucedida. Não há dúvidas de que a Indonésia era corrupta durante o governo de Suharto: a classificação inaugural da Transparência Internacional, em 1995, colocou a Indonésia em último dentre os 41 países analisados, abaixo da China, Paquistão e Índia. No entanto, apesar disso, a economia do país melhorara bastante.

Suharto, um oficial do Exército, tomou a Presidência com o apoio dos militares, em 1968. A Indonésia, um conjunto misto de ilhas espalhadas próximo ao equador e fingindo ser, de maneira não muito convincente, um país unificado, era um território grande, populoso e étnica e linguisticamente diversificado. Colonizado pelos holandeses como parte de seu controle sobre o comércio de especiarias, teve muitas dificuldades nas primeiras duas décadas de sua independência. À ditadura instável de Sukarno, o presidente fundador do país, seguiu-se uma democracia parlamentar de difícil controle.

Como costumavam dizer seus apologistas, Suharto ao menos trouxe ordem à Indonésia. Porém, os efeitos colaterais sobre a vida e a liberdade foram pesados. Em seu caminho em direção ao poder, ele usou o Exército para realizar um expurgo violento, executando centenas de milhares de esquerdistas. Ecoando sinistramente o fascismo europeu, Suharto declarou então haver começado uma "Nova Ordem" no governo da Indonésia. A seguir, utilizou as Forças Armadas e a burocracia estatal para impor uma disciplina severa e o controle centralizado do país.

Criou um partido político estatal *de facto*, o Golkar: todos os funcionários do Estado pertenciam a um de seus órgãos. Apesar de realizar eleições periódicas, Suharto controlava efetivamente a Assembleia Consultiva eleita e governava por decreto. Ele indicava pessoalmente todos os funcionários públicos de alto cargo e os controlava de perto. Seu governo não apenas se inspirou nas Forças Armadas, foi também aparelhado por elas. Antigos oficiais de alta patente recebiam funções como inspetores-gerais nas instituições públicas e se reportavam diretamente a ele.

No entanto, em vez de frear a economia por meio de tentativas desencaminhadas de manipulá-la, Suharto preferiu atar suas próprias mãos. Adotou uma política econômica relativamente ortodoxa que acabou com a hiperinflação que ele herdara no final da década de 1960. Suharto criou uma regra segundo a qual o orçamento do governo nacional deveria se manter equilibrado. Não era uma lei tão estrita quanto parecia: havia diversas maneiras de gastar dinheiro sem que o gasto fosse registrado. Porém, a lei certamente protegeu o país contra gastos faraônicos como os que desestabilizaram ditaduras militares superficialmente semelhantes, como as da América Latina. Suharto conseguiu atrair investimento externo, em parte por decretar o movimento livre de capital pelas fronteiras do país. Deu garantias aos comerciantes, em particular a comunidade comercial chinesa, habilidosa mas frequentemente impopular, de que poderiam retirar seu dinheiro se precisassem, o que lhes deu confiança para trazer seu dinheiro ao país em primeiro lugar. A presença de saídas de incêndio faz com que até mesmo prédios decadentes pareçam muito mais seguros.

O modo como os interesses dessas companhias foram protegidos mostra como pode ser o funcionamento de uma forma eficiente de corrupção. As companhias externas geralmente subornavam uma pessoa com boas conexões políticas, frequentemente um desses antigos oficiais do Exército ou um ex-funcionário público de alto cargo, em troca de proteção política. O burocrata, cobrando uma taxa, tentaria então resolver o problema, relatando as preocupações da empresa a Suharto. Corrupto, sim, mas uma forma organizada de corrupção que funcionava como uma rede de transmissão de informações e como um sistema de avisos precoces de que havia investidores descontentes.

Enquanto isso, a economia geralmente era controlada por uma rede de privilegiados, os famosos amigos ou compadres, que tinham uma relação de apoio mútuo com o Estado. Suharto lhes dava contratos suculentos e licenças de monopólio lucrativas, além de orientar os bancos comerciais dirigidos pelo Estado a lhes concederem empréstimos. Poucos de seus compadres conseguiriam entrar em uma lista dos 100 líderes corporativos mais inspiradores do século XX. No entanto, desses clientes ele exigia em troca, e recebia, benefícios para a economia.

Suharto também dava demonstrações periódicas de autoridade presidencial para mostrar que estava mantendo as agências e redes sob controle. Em 1985, ele dissolveu toda a burocracia aduaneira por decreto em um momento em que a corrupção nas docas se tornou um problema sério, entregando então a operação a uma companhia estrangeira. No ano seguinte, a indústria têxtil da Indonésia se viu ameaçada quando a agência que detinha o monopólio governamental para a importação de algodão começou a tentar extrair subornos excessivos. Suharto despediu os oficiais de alto cargo responsáveis pela agência e dissolveu o monopólio.

Durante 30 anos — um longo tempo no governo — o sistema funcionou bastante bem. A Indonésia deixou de ser um país desesperadamente pobre, crescendo rapidamente até se tornar um país de renda média. Reduziu a pobreza e conseguiu evitar a maior parte das armadilhas nas quais os países em desenvolvimento caíram nas primeiras décadas após sua independência. A Indonésia se integrou à economia global em vez de experimentar medidas de substituição de importações, comuns na África e na América Latina; resistiu ao favorecimento das cidades em detrimento do campo; cultivou uma boa reputação nos mercados financeiros globais, pagando corretamente suas dívidas internacionais.

Um ex-representante do Banco Mundial na Indonésia comentou que, no início da década de 1970, Suharto foi alertado por Robert McNamara, então presidente do Banco Mundial, de que a corrupção ameaçava a prosperidade da Indonésia. A mensagem foi repetida em 1997 pelo então presidente do Banco Mundial, James Wolfensohn. Em resposta, Suharto indicou os grandes ganhos em crescimento e renda nos últimos 25 anos. Seu regime fora brutal e corrupto, mas produzira resultados.

Outros países do Sudeste Asiático viveram experiências semelhantes. A Coreia do Sul, por exemplo, apesar de haver se democratizado mais recentemente e de apresentar bons índices nas avaliações atuais de níveis de corrupção, atingiu níveis de renda ocidentais ao ser governada por outro antigo general autoritário, Park Chung-hee. Ele também mantinha uma rede de favoritos cujas mãos precisavam ser molhadas regularmente por todos aqueles com quem fizessem negócios.

Os negócios coreanos eram sustentados por uma extensa intervenção governamental na forma de empréstimos direcionados pelo Estado, subsídios e tarifas seletivas de importação. Diferentemente de Suharto, a Coreia mantinha limites estritos sobre o fluxo externo de capital e dependia menos de investimento estrangeiro direto para construir fábricas. Porém, assim como Suharto, Park Chung-hee sujeitou as companhias favorecidas, reunidas em grandes conglomerados chamados *chaebols*, aos rigores da concorrência e da inspeção. Os *chaebols* eram orientados francamente à exportação, o que os sujeitava às pressões competitivas da economia global. As companhias fracassadas eram abandonadas à própria sorte e acabavam definhando, em vez de serem mantidas vivas artificialmente por tempo indefinido. Entre os dez maiores *chaebols* em 1966, somente dois se encontravam entre os dez maiores em 1974. E assim como Suharto, Park reunia informações detalhadas sobre o desempenho da economia e dos negócios por meio de relatórios obrigatórios enviados pelos empreendimentos apoiados pelo Estado.

Além disso, a Coreia pareceu se sair melhor que a Indonésia na tentativa de impedir que os subornos influenciassem efetivamente as decisões comerciais. Durante a rápida industrialização da Coreia, a corrupção parece ter consistido, em boa medida, na distribuição indiscriminada de pagamentos regulares chamados *tukkap* (literalmente, "dinheiro para bolinhos de arroz") para burocratas e políticos poderosos — não especialmente com a intenção de convencê-los da viabilidade de um projeto em particular, apenas para mantê-los felizes. No caso dos políticos, parte do dinheiro parece então ter passado para eleitores mais pobres. Um advogado de defesa da corrupção coreana poderia muito bem argumentar que, na prática, ela funcionava como um programa de incremento de renda para complementar os salários notoriamente baixos dos funcionários públicos e para compensar a ausência de um grande Estado de bem-estar social. Esses dois problemas resultavam da ideologia predominante do governo coreano na época. Assim, a corrupção organizada cumpria um propósito que a administração pública transparente não conseguia cumprir.

Se a corrupção for suficientemente estável e previsível, torna-se essencialmente um imposto. E como mostra o desempenho das democracias sociais europeias, a existência de cargas tributárias substanciais, desde que sejam coletadas de maneira eficaz e previsível, não constitui um bloqueio ao enriquecimento.

Infelizmente, os impostos não desempenharam esse papel na Tanzânia durante o governo de Julius Nyerere, o primeiro presidente do país. Nyerere, que havia sido professor, e não soldado, chegou ao poder pouco antes de Suharto, em 1964, e governou até 1985. Assim como Suharto, ele presidiu sobre um país pós-colonial novo e geograficamente dividido — a Tanzânia conglomerava a antiga colônia alemã e britânica de Tanganyika, no continente africano, e a ilha de Zanzibar, no oceano Índico. Se a reputação póstuma de Suharto diminui suas façanhas durante a vida, com Nyerere ocorre o contrário. Quando Suharto morreu, em janeiro de 2008, foi descrito por toda a mídia ocidental como um trambiqueiro com as mãos manchadas de sangue. Quando Nyerere morreu, em 1999, uma campanha internacional pela anistia das dívidas de países pobres, o Jubileu 2000, organizou uma celebração de sua vida para juntar homenagens vindas de todo o mundo, do secretário-geral da ONU, Kofi Annan, ao presidente chinês da época, Jiang Zemin. A diocese local de Nyerere (ele era católico) iniciou uma campanha por sua beatificação pelo Vaticano.

Com relação à sua conduta pessoal, boa parte dessas adulações é compreensível. Nyerere era tido por todos como um presidente decente, honesto e modesto, bem diferente de muitos dos tiranos corruptos e repressivos que governaram os países africanos em suas primeiras décadas de independência pós-colonial.

Ainda assim, sob seu governo, a Tanzânia se viu devassada pela corrupção, e a população terminou as duas décadas de sua Presidência nas mesmas condições em que as iniciara. Uma característica pungente de Nyerere, diferentemente de seus contemporâneos autoengrandecedores, era a de apontar seus próprios erros. "Eu falhei", afirmou Nyerere em seu discurso de despedida do governo, em 1985. "Temos que admitir."

Ele tinha boas intenções. No entanto, foi terrivelmente mal orientado. Sua filosofia era a de transformar a *ujamaa*, traduzido livremente como "familiaridade", em um princípio de governança econômica. Na prática, como em muitos países africanos, isso significava tentar construir uma economia autossuficiente por trás de altas barreiras comerciais. Levou à estagnação e à ineficiência. Nyerere sobrecarregou a Tanzânia com controles de preços, restrições ao câmbio externo e centenas de companhias estatais de desempenho fraco: isso levou ao contrabando, à corrupção e a uma economia amplamente informal.

E o mais notório foi a transformação de milhões de pequenas propriedades rurais em grandes vilas coletivizadas em nome da eficiência. Foi criada uma rede ampla de burocratas para lhes fornecer sementes, fertilizantes e outros insumos e para comprar sua produção. A concessão de tanto poder a autoridades que tinham pouca conexão com as pessoas a quem deveriam servir criou um ambiente fértil para a exploração e a corrupção. Por mais honesto que fosse Nyerere, seus oficiais se aproveitaram de seus cargos para cobrar propinas. Os fazendeiros reagiram, retirando-se para uma produção quase de subsistência e vendendo seus excedentes ilegalmente, em um mercado paralelo no qual conseguiam retornos maiores que o preço estatal. Após o colapso da produção agrícola, Nyerere foi forçado a abandonar a coletivização.

Como observou um analista, o presidente tentou nacionalizar as aldeias; mas, em vez disso, *aldeizou* a nação. Seu quadro de burocratas estatais socialistas se transformou em um grupo de mercadores-monopolistas locais atuando em interesse próprio, cuja tendência à apropriação não era mitigada por nenhum laço de afinidade ou vizinhança com as pessoas que estavam explorando. A moral do homem no topo não se estendia aos oficiais que executavam suas políticas. Diferentemente de Suharto, Nyerere não tinha meios para obrigar seus subordinados a fazerem o que ele esperava deles. As companhias e os burocratas da Tanzânia estavam protegidos da concorrência e não se viam muito obrigados a prestar contas ao presidente. Nyerere se deparou com um problema de agência em escala nacional.

As conquistas desses dois homens contrastam fortemente, assim como os modos de funcionamento de seus governos. Uma comparação óbvia é o caso do conselho de comercialização estatal para a agricultura. Conselhos de comercialização soam como algo extremamente maçante e técnico, até percebermos que, em muitos países em desenvolvimento nos quais a agricultura ainda é uma parte central da economia, tais conselhos formam uma parte essencial da cadeia de abastecimento. É altamente ineficiente — e, no caso das exportações, praticamente impossível — que cada fazendeiro em particular, especialmente na produção em pequena escala, venda pessoalmente seus produtos no mercado. É aí que entra o conselho estatal de comercialização, uma instituição presente na maioria dos países em desenvolvimento e ainda vista em alguns dos mais ricos. A instituição cria economias de escala comprando a produção de cada fazendeiro e a vendendo por atacado. Muitas vezes o conselho também fornece insumos, como sementes e fertilizantes.

Eficientes em teoria, na prática os conselhos de comercialização também são uma oportunidade sensacional para a corrupção (e os conselhos de marketing dos países em desenvolvimento não são os únicos suspeitos: o Conselho do Trigo Australiano foi acusado de pagar propinas ao governo iraquiano como parte do escândalo vinculado ao programa Petróleo por Alimentos). Muitas vezes são concebidos na forma de monopólios, e os fazendeiros são impelidos a lhes vender sua produção. Qualquer pessoa que dirija o conselho estatal de comercialização sem supervisão adequada poderá estabelecer um preço para a produção dos fazendeiros muito abaixo do preço de mercado e embolsar a diferença, ou o que sobrar da diferença depois de cobertos os custos do conselho. Desmantelar ou privatizar o conselho estatal de comercialização é frequentemente uma das sugestões dadas aos países em desenvolvimento, particularmente na África, pelo Fundo Monetário Internacional e pelo Banco Mundial. Isso às vezes resulta na substituição de um monopólio público corrupto por um monopólio privado explorador, sem uma cadeia de abastecimento que preste, o que muitas vezes recebe o nome de "progresso".

Na Tanzânia, como vimos, os conselhos estatais de comercialização eram notoriamente corruptos e ineficientes. Juntamente com o desastroso experimento de coletivização, os conselhos conseguiram fazer com que o rápido crescimento na produção agrícola da Tanzânia visto na década de 1960 retrocedesse. Um dos melhores exemplos é o monopólio governamental sobre o cravo-da-índia. Em meados do século XIX, Zanzibar era o maior produtor de cravo do mundo. Conta-se que os marinheiros do oceano Índico conseguiam sentir o cheiro da ilha antes de avistá-la, pois o aroma pungente viajava quilômetros pelo mar. No entanto, após a independência, o monopólio estatal forçou os fazendeiros a venderem sua produção ao conselho, que lhes pagava apenas 4% do preço mundial, o que mal dava para cobrirem seus custos. Muitos optaram por contrabandear cravo para vendê-lo no mercado negro por um preço mais alto ou então desistiram inteiramente de cultivá-lo. A produção caiu a menos da metade a partir de 1965.

O cravo-da-índia, coincidentemente, é uma espécie nativa da Indonésia. E ali, o conselho de comercialização do cravo ficou famoso como um exemplo de "capitalismo de amizade". Era dirigido por "Tommy" Suharto, um dos filhos do presidente, que acumulou uma grande fortuna pessoal ao administrar esse e outros monopólios. Quando a moeda e a economia indonésias implodiram, em 1998, como parte da crise financeira asiática, o desmantelamento do conselho de comercialização do cravo-da-índia foi uma das principais demandas do FMI em troca de empréstimos de emergência para auxiliar o país. O conselho se tornou o elemento mais conhecido de uma longa lista de condições que se tornaram um símbolo notório, mesmo dentro do FMI, de uma opressiva gestão obsessiva e detalhista.

Porém, ainda que esse controle gerasse exploração, não era devastador. A indústria do cravo foi drenada, mas não destruída. Durante os anos de Suharto, a Indonésia continuou a ser — como é agora —, de longe, o maior produtor e exportador de cravo do mundo. Há uma grande diferença entre uma forma de corrupção que desvia regularmente diversos ovos de ouro da galinha para o ditador e seus amigos e o tipo de corrupção que mata a ave.

Ainda pior é o roubo indiscriminado, em grande escala, praticado por ditadores como Mobutu, cuja má administração do Zaire fazia com que a Tanzânia de Nyerere parecesse uma Suécia. Países como o Zaire de Mobutu parecem episódios do velho programa de televisão *Supermarket*, no qual os participantes tentavam encher seu carrinho de compras o mais rápido possível. Qualquer regime que pareça instável, como costumavam ser as ditaduras da África e da América Latina, terá a tendência de embolsar tudo o que puder antes de ser expulso do poder. Nas palavras de Mancur Olson, o teórico cujo relato sobre os grupos de interesse citamos na discussão sobre política comercial, é melhor termos um "bandido estacionário", com um horizonte de tempo mais amplo, que quer continuar a extorquir no futuro, do que um "bandido itinerante", que quer apenas pilhar e partir. A outra vantagem de um ditador que acredita que irá continuar no poder por algum tempo é que a maior parte da renda da corrupção será mantida e gasta dentro do país. Os autocratas africanos, sempre com um olho na porta de saída, muito frequentemente transferiam suas pilhagens para contas bancárias em Londres ou na Suíça.

Para que o tipo mais eficiente de corrupção possa funcionar, parece ser necessário algum grau de coordenação central. A teoria econômica que explica essa situação é muito parecida com uma situação na qual diversas companhias possuem diferentes monopólios na produção de bens complementares. Imagine uma companhia de salsichas, uma padaria que faça pão careca e um produtor de mostarda, que constituem os ingredientes de um cachorro-quente. Se as companhias trabalharem de maneira cooperativa, todas manterão seus preços relativamente baixos, de modo a ganhar algum lucro, mas sem prejudicar a demanda pelo produto final. Mas se estiverem operando independentemente, cada uma delas elevará amplamente os preços, na expectativa de que as outras farão o mesmo. Para a padaria, não faz sentido desistir de seu lucro elevado reduzindo o preço da bisnaga, já que a demanda pelo cachorro-quente montado será reduzida pelos preços estratosféricos da salsicha e da mostarda.

Da mesma forma, agências capazes de recolher propinas de negócios — digamos, o serviço de aduana, as autoridades fiscais e a companhia de eletricidade — cobrarão taxas mais baixas se estiverem atuando em conjunto, e não independentemente. Uma taxa de propina mais baixa permite que mais negócios prosperem; isso significa maior crescimento e, por fim, uma maior receita coletada a partir das propinas. Uma burocracia corrupta organizada centralmente quer que a economia cresça rapidamente — isso trará mais Mercedes e cocaína para todos. Uma burocracia desorganizada que tenta pegar o máximo possível não se importa com o crescimento da economia.

O melhor exemplo de corrupção desorganizada e descentralizada talvez seja a Índia, onde, como sugeriu a autoridade indiana citada acima, há uma multiplicidade de partidos políticos e burocratas a serem aplacados. Assim como os países do Sudeste Asiático, a Índia tem uma burocracia grande e poderosa, e nos primeiros 50 anos após a independência, conquistada em 1947, a crença dominante na intervenção estatal lhe permitiu se intrometer extensamente na economia.

Porém, como veremos em detalhes no próximo capítulo, a política indiana foi dominada por uma série de partidos políticos divididos e em permanente disputa, que muitas vezes dependiam de blocos eleitorais definidos pela religião, casta ou identidade étnica. A forma da política praticada, ainda que seja frequentemente chamada de socialismo, é essencialmente uma forma de "clientelismo", na qual os gastos e privilégios governamentais, como os empregos, são direcionados aos eleitorados essenciais para comprar seu apoio. É possível comprar muitas pessoas dessa maneira, o suficiente para que não haja uma demanda popular capaz de derrubar o sistema.

Na Índia, como disse Mark Twain ao se referir ao clima, todos falam da corrupção mas ninguém faz nada a respeito. E apesar de uma série de escândalos de corrupção a partir dos anos 1980 e do desmantelamento de boa parte do sistema de licenças e regras governamentais que permitiam a coleta de propinas pelos burocratas, as estimativas sobre a quantidade de dinheiro desviada na Índia continuam impressionantes.

Por que o Sudeste Asiático tende a apresentar um tipo de corrupção diferente do visto na África e na América Latina? A resposta parece ser a habitual combinação do legado do passado com a escolha no presente. As autocracias do Sudeste Asiático geralmente herdaram burocracias estatais poderosas e raramente tiveram muita oposição de outros setores da sociedade, como uma classe forte de proprietários de terras. Isso não ocorreu na maior parte da América Latina, onde a necessidade de comprar a aristocracia tradicional levou à irresponsabilidade fiscal e a trocas de governo frequentes.

O padrão não é uniforme. Em Manila há uma piada famosa que diz que as Filipinas e o Chile deveriam mudar de lugar — a primeira parece um país latino-americano, e o segundo, um país do Sudeste Asiático —, e o modo como seus respectivos ditadores governaram certamente ressalta esse fato. Augusto Pinochet, que tomou o poder em 1973 por meio de um golpe militar, exerceu um controle rígido sobre a política e a sociedade chilena, o que lhe permitiu resistir à pressão de ter que comprar grupos de interesse. Com isso, evitou a preocupação habitual dos ditadores latino-americanos: o gasto público desenfreado seguido por hiperinflação.

Ferdinand Marcos, que chegou ao poder nas Filipinas em 1965, raramente chegou a ter um controle firme sobre o país. Assim como na Argentina o legado do Império Espanhol foi o de deixar uma poderosa camarilha proprietária de terras, enquanto o meio século de domínio americano que se seguiu a isso deu às Filipinas alguns aspectos de uma democracia representativa, mas sem uma burocracia forte para conduzi-la. Em 1959, um acordo chamado de "50-50" deu ao presidente o poder de indicar a metade dos cargos do funcionalismo público, e ao Congresso a outra metade. Isso, somado ao domínio da política por diversas famílias independentes, poderosas e abastadas, gerou um cenário perfeito para a corrupção desorganizada. Depois que Marcos impôs a lei marcial, em 1972, a economia cresceu bastante bem por alguns anos. Mas ele nunca conseguiu controlar o país como fizeram Pinochet ou Suharto. Teve de encarar a ameaça perpétua de revoltas entre os militares, além da insurgência comunista e de movimentos separatistas islâmicos.

Executivos do mundo dos negócios se queixavam de que, durante o governo de Marcos, os oficiais não eram apenas corruptos, eram corruptos e incompetentes: os executivos acabavam tendo que subornar dezenas deles até encontrar um que fosse efetivamente fornecer o que havia sido prometido. Marcos tinha um clube de compadres assim como Suharto, mas suas habilidades com recursos humanos eram fracas: ele fazia escolhas ruins e não conseguia mantê-los sob controle. Um de seus conselheiros disse posteriormente que Marcos tivera a intenção de criar uma elite ao estilo japonês; infelizmente, comentou, "escolheu os samurais errados". Alguns dos Impérios comerciais mais destacados colapsaram nos tempos difíceis da década de 1980, perto do final do governo de Marcos, precisando ser resgatados com grandes gastos públicos.

Tendo em vista o quanto pode ser prejudicial, é impressionante que a corrupção possa perdurar tanto. A menos que haja uma crise, pode existir um hiato quase permanente entre o discurso público, segundo o qual o serviço público é honesto e neutro, e a realidade privada, na qual se vê um conjunto de burocratas em busca do enriquecimento pessoal. O que começa como uma resposta racional, ainda que desonesta, a uma oportunidade de ganhar dinheiro muitas vezes acaba se cristalizando, tornando-se uma cultura dominante que pode durar séculos. De fato, a corrupção pode se integrar ao sistema de maneira tão firme e aceita que, em certo sentido, deixa de ser corrupção, tornando-se apenas uma série diferente de normas sobre o funcionamento da burocracia estatal.

Esse era certamente o caso na China. Como vimos, ela tem uma das mais antigas burocracias do mundo, que tradicionalmente deteve uma posição social exaltada e poderosa. A burocracia chinesa se tornou uma profissão qualificada, eleita por provas competitivas, mais de um milênio antes da maioria dos serviços públicos. O país observava uma distinção clara entre as esferas pública e privada e esperava que seus burocratas fossem independentes e imparciais. Se há uma coisa que dá continuidade à história chinesa em meio a tantas sublevações é o papel da burocracia, que gerou todo o conceito de identidade chinesa e continua a sustentá-lo.

Ainda assim, ao longo de boa parte do milênio passado — particularmente no que é conhecido como o período imperial tardio das dinastias Ming e Qing, entre 1368 e 1911 — o serviço público esteve tomado por uma corrupção quase constitucional, não por ser muito bem protegido, mas sim por receber salários muito baixos. A burocracia imperial chinesa serve como um excelente exemplo de como a corrupção pode se institucionalizar, tornando-se mais uma norma do que uma aberração.

No início da dinastia Ming, o salário dos burocratas era relativamente generoso, possivelmente porque o fundador da linhagem viera de uma família de camponeses pobres e, com isso, tinha uma experiência longa e dolorosa com os efeitos causados por oficiais corruptos, que alegavam pobreza enquanto complementavam seus salários com propinas. Mas os efeitos da inflação, causada pela impressão excessiva do papel-moeda usado para pagar parte dos salários das autoridades, erodiu seu valor ao longo do tempo. No século XVIII, um governador-geral conhecido por sua frugalidade estimou que precisava de 6 mil taels (onças de prata) por ano para suas despesas, enquanto seu salário básico era de 180 taels.

Em outras palavras, era simplesmente impossível subsistir sem extrair pagamentos privados. Os burocratas extorquiam taxas para realizar as tarefas administrativas mais rotineiras: vendiam cargos e licenças públicas por dinheiro, cobravam impostos ilícitos sobre a terra, pagavam e recebiam subornos (*huilu*) inteiramente ilegais, mas que podiam ser facilmente descritos como presentes. E repassavam esses rendimentos para o topo da pirâmide burocrática, no que se tornou um sistema de extorsão rotineira.

Os que tentavam viver sem essas práticas eram vistos apenas como excêntricos. Um deles era Hai Rui, um oficial da província de Jianguan, no século XVI. Ele ficou famoso por relatos da época que mostram sua abnegação, como a de comer carne apenas uma vez por mês. Ambiciosamente, ele tentou impor os mesmos padrões rigorosos sobre aquela que, na época, era a mais rica, politicamente bem conectada e fiscalmente desorganizada dentre as províncias, recusando-se a cobrar diversas tarifas que eram tecnicamente ilegais, mas que haviam se tornado costumes e práticas rotineiros. Isso apenas irritou seus colegas burocratas. Ele é ilustrado nos relatos da época como um agitador devoto e provocador, e não como um corajoso homem de princípios.

Sua própria descrição das viagens trienais dos oficiais à capital imperial para subornar seus superiores está carregada de desdém: "Quando chega a hora, os oficiais provinciais enchem seus carros com as sedas e o dinheiro que oferecerão aos oficiais da capital", escreveu. "De cima a baixo, todos lucram, e quem sofre com isso é a população."

A coisa lógica a ser feita, naturalmente, teria sido regularizar as tarifas ou aumentar o salário dos burocratas. Mas, para isso, teria sido necessário aumentar os impostos. Aparentemente, desistir do ideal popular de uma burocracia asceta e dedicada seria demais. Em vez disso, o sistema foi em frente em um estado de hipocrisia organizada.

Então, como muda a tolerância às normas? Quando é que o modo como as coisas sempre foram começa a se tornar algo do passado? Isso muitas vezes ocorre quando um regime ou sistema deixa de cumprir o que deveria. As pessoas aceitam a corrupção, desde que ela funcione. De fato, podem até reconhecer simultaneamente que tal comportamento fere os princípios de governo aceitos, mas ainda assim dão de ombros e o toleram indefinidamente. Mesmo considerando isso, continuarão a reconhecer a existência de um hiato entre os princípios e a prática, particularmente se puderem observar que tal hiato é muito menor em outros países. E quando o sistema deixa de cumprir suas funções, esse hiato pode se tornar rapidamente insuportável.

Isso certamente ocorreu no caso de Suharto. Por muito tempo, ele respondeu às demandas por mais honestidade e abertura fazendo com que o país tivesse crescimento e estabilidade suficientes para satisfazer a todos, a não ser pela minoria volúvel de entusiastas da democracia e outros insatisfeitos.

No entanto, em 1997 a Ásia foi varrida por uma crise financeira que começou com o colapso da moeda tailandesa e se espalhou rapidamente, como uma doença virulenta, para Coreia do Sul, Filipinas, Indonésia e outros. O capitalismo de amizades foi muito acusado de ter criado as condições que levaram à crise. Em particular, camarilhas corruptas e dissimuladas responsáveis pelas decisões políticas em muitos dos países da região permitiram que ocorresse um acúmulo de problemas nas companhias sustentadas pelo Estado e na dívida garantida por ele, que só vieram à tona quando chegaram ao ponto da crise.

De súbito, as virtudes de Suharto se tornaram vícios. O colapso da moeda indonésia e a implosão econômica que se seguiu diminuíram significativamente sua autoridade pessoal e a confiança pública em todo seu regime, excessivamente centrado em sua figura. Muitos dos aumentos de renda e riqueza foram revertidos rapidamente. O mercado de capital aberto, que havia conquistado a confiança dos investidores ao lhes assegurar que sempre poderiam retirar seu dinheiro, mostrou-se incrivelmente útil quando chegou a hora de, bem, retirar seu dinheiro. Justificada ou não, a insistência do FMI em que

Suharto desmantelasse alguns dos exemplos mais chocantes de clientelismo, como o monopólio do cravo, acabou por minar seu poder.

Menos de um ano depois do início da crise, ele foi forçado a renunciar. Foi necessária uma década inteira para reparar os danos trazidos pela crise asiática. Os defensores de Suharto diriam que a recuperação lenta e atravancada da Indonésia mostrou o quanto o país sentia a falta de seu regime. Um veredicto mais equilibrado também apontaria para a fragilidade intrínseca de um Estado orientado ao redor do poder pessoal de um homem e sua camarilha e o culparia por algumas das disfunções subsequentes, além do colapso em si.

Cataclismos similares em outros momentos da história muitas vezes estão ligados a derrotas militares sérias ou à perda de um Império. Um dos exemplos mais famosos de uma tentativa de se fechar o hiato entre os princípios e a prática é o dos nossos amigos da Companhia das Índias Orientais. Ao final do século XVIII, na Câmara dos Lordes, a corte mais alta da Grã-Bretanha, a corrupção foi posta em julgamento por sete anos, personificada em Warren Hastings, antigo governador-geral da Índia enquanto esta estava no comando da Companhia.

Tecnicamente, o julgamento foi um impeachment, um processo — obsoleto na Grã-Bretanha já naquela época — destinado a remover oficiais de seus postos (os impeachments ainda persistem em algumas constituições: como prova, o julgamento de Bill Clinton no Senado dos EUA, desencadeado pelo caso Monica Lewinsky). O processo se tornou mais que uma questão de moralidade pessoal: o impeachment se transformou em um campo de batalha entre normas conflitantes de moralidade e probidade. De um lado estavam os reformistas, que argumentavam que as ações da Companhia eram corruptas. Do outro, os defensores da empresa retorquiam que era assim que os negócios eram conduzidos na Ásia, e que, de qualquer forma, o sistema funcionava. A batalha foi um sintoma de uma luta mais ampla ocorrida na Grã-Bretanha contra as políticas profundamente corruptas do século XVIII, que ganhou ímpeto com a perda das colônias da América do Norte na Guerra de Independência.

Primeiro, uma breve digressão sobre a corrupção e o Império, que também explica como a Companhia das Índias Orientais chegou a governar o subcontinente. Os Impérios são particularmente suscetíveis à corrupção. Eles possuem uma ampla quantidade de monopólios e problemas de agência. Os oficiais coloniais são burocratas estatais que muitas vezes detêm uma grande parcela de poder sobre as economias que administram; além disso, frequentemente estão muito distantes da capital imperial, em cujo interesse supostamente atuam. As Companhias das Índias Orientais da Grã-Bretanha e da Holanda, como vimos, tomaram o lugar dos portugueses, que haviam construído um Império comercial estabelecendo enclaves em vários pontos da Ásia. Lendo os relatos da época, que narram a que ponto as autoridades coloniais portuguesas se tornaram decadentes e corruptas, torna-se dolorosamente claro o porquê de sua substituição pelos britânicos e holandeses.

Portugal havia estabelecido laços comerciais com a Índia ao final do século XV por meio do explorador Vasco da Gama. Em meados do século XVI, o Império estabeleceu Goa, na Costa Oeste, como um forte e um entreposto comercial. A cidade era administrada por um vice-rei, que se submetia ao rei em Lisboa, e a maior parte dos altos cargos era tomada por fidalgos — os filhos da nobreza portuguesa, que também formavam a classe de oficiais nas Forças Armadas. Isso demonstrou ser um esquema muito pouco favorável a um governo honesto e eficiente.

Os entrepostos comerciais da Ásia portuguesa tinham como objetivo se sustentarem com base nos aluguéis cobrados da população local e em tributos cobrados dos comerciantes que passassem pelos portos; tomados pela Coroa, em Portugal, seriam somente os substanciais lucros do comércio de especiarias em si. Assim, permitia-se que os enclaves coloniais atuassem de maneira bastante autônoma. Para conhecermos uma descrição contemporânea dos resultados, temos os relatos bastante decepcionados de Diogo do Couto, que chegou a Goa em 1559 como um oficial colonial de nível médio, tornando-se o cronista real oficial da Índia portuguesa. Ele, que aparentemente era um homem honesto, ficou cada vez mais escandalizado com o roubo e os abusos escancarados que encontrou por lá.

Pela própria natureza da colônia de Goa, o rei português tinha um problema de agência de dimensões espetaculares. Cada mandato do governo colonial durava apenas três anos, e como a viagem até Portugal levava mais de um, era praticamente impossível controlar estritamente um vice-rei recalcitrante. Ao receber uma ordem de Lisboa, o vice-rei poderia simplesmente enviar uma resposta dizendo que as ordens haviam sido recebidas e entendidas, e é claro que ele gostaria, acima de tudo, de implementar lealmente os desejos da Coroa, mas com o maior dos respeitos, seguir qualquer que fosse o curso de ações instruído teria um lastimável efeito colateral detalhado adiante, que os conselheiros do rei certamente não haviam almejado e que desejariam evitar, e perguntando como sugeriam que se procedesse tendo em vista esse fato. No momento em que esse questionamento chegasse a Lisboa e fosse respondido, um novo vice-rei já estaria no lugar e poderia voltar ao início dizendo que não havia visto a ordem original, ou alegando que agora a situação havia se alterado, ou que infelizmente tornavam-se necessários mais detalhes sobre a ordem, e questionando se seria possível enviá-los na próxima correspondência.

No abundante tempo livre que lhe restaria após jogar esse elaborado jogo de "não estou te ouvindo direito" com o soberano nominal, o vice-rei e seus oficiais de alta patente ficariam livres para efetuar os verdadeiros negócios da colônia: extorquir dinheiro de tudo o que se mexesse e se vestir como idiotas. As descrições de Diogo do Couto sobre a pompa e a circunstância da colônia estão saturadas de desprezo. O vice-rei se aventurava a sair de seu palácio carregado em uma liteira, anunciado por uma fanfarra de flautas, trompetes e tambores e acompanhado por um grande séquito de lacaios. Quanto ao círculo de bajuladores, conta Couto, suas "capas de veludo, gibões e calças do mesmo estofo, meias de retrós, chapéus com fitas de ouro, espada e adaga douradas, topete muito alto e barba tosada, parece-me, teriam feito o bom rei morrer de vergonha". Enquanto isso, os soldados comuns enviados a Goa dormiam em barcos abertos e viviam de arroz estragado, peixe salgado e água poluída. A disciplina militar se desintegrou: as escolas de esgrima se tornaram estúdios de dança, e soldados empobrecidos eram vistos pedindo esmolas nas ruas.

Eram muitas as maneiras pelas quais os governantes da colônia conseguiam enriquecer. A mais facilmente observada era a das "dívidas velhas". O vice-rei podia, oficialmente em uma emergência, requisitar o que fosse preciso — grãos, arroz, madeira — da população local em troca de recibos que seriam posteriormente compensados. O resgate desses certificados mostrou ser tarefa impossível, e as vítimas tiveram de vendê-los aos camaradas do vice-rei por um quarto de seu valor nominal. Os navios de guerra, ao menos os que se mantinham em um estado de conservação funcional, passavam boa parte do tempo navegando pela costa e espremendo cada centavo que podiam dos capitães dos fortes e territórios. E o preço que cobravam pelos cais e provisões dos navios que passassem por ali faziam com que os comerciantes evitassem ao máximo ter de ancorar em um porto dirigido pelos portugueses.

Era uma maneira e tanto de se governar um Império. O relato de Diogo do Couto sobre o que ocorria na Ásia portuguesa — que ele só conseguiu distribuir depois de muitas tentativas de se suprimir sua publicação ou de se roubar o manuscrito — é contado na forma de um diálogo imaginário entre um soldado veterano que servira na colônia indiana de Portugal e um fidalgo que fora seu governador-geral. Em certo ponto, o soldado comenta, referindo-se aos governantes indianos vizinhos: "Se [eles] não tivessem as mãos atadas, cavalheiros, tenho certeza de que este negócio teria terminado há muito — graças a Deus que são mantidos sob controle pelo Grande Mogul, que ameaça seus reinos. Deveríamos rezar missas por sua saúde."

Na ocasião, a competição por parte dos britânicos e holandeses assegurou que Portugal não passaria de um capítulo breve na história colonial da Ásia. O que acabou com o Império não foram apenas as ações de alguns homens reprováveis, mas sim os incentivos distorcidos de todo o sistema. A nobreza poderosa foi mimada e paparicada, recebendo um monopólio sobre os cargos oficiais das Forças Armadas e sobre o governo das colônias. Isolada da concorrência e da necessidade de prestar contras, desenvolveu uma cultura coletiva de pilhagem.

A Companhia das Índias Orientais britânica também esteve envolvida em corrupção e enriquecimento próprio em grande escala. Porém, como no regime de Suharto, isso fazia parte de um sistema que funcionava bastante bem. E como Suharto, ainda que a corrupção trouxesse desaprovação, a Companhia só foi destituída de seu poder quando fracassou por suas próprias falhas.

Nessa época, a empresa havia deixado de operar simples entrepostos comerciais, passando a estender seu controle sobre uma porção maior do subcontinente. Suas relações com o imperador mogul da Índia, Jahangir, firmaram-se depois que a Companhia impressionou o imperador ao vencer duas batalhas contra forças portuguesas, em 1613 e 1615. Jahangir lhes permitiu estabelecer entrepostos comerciais permanentes. As relações melhoraram ainda mais quando Carlos II se casou com Catarina de Bragança, em 1662. O dote da noiva incluía a cidade de Bombaim. Carlos, que não ficou particularmente impressionado com sua nova possessão, cedeu-a à Companhia das Índias Orientais por £50 mil, além de um aluguel de £10 por ano. A Companhia estabeleceu instituições judiciais, fiscais e administrativas e passou a cobrar renda sobre as terras por conta própria.

O comentário feito pelo velho soldado de Diogo do Couto, segundo o qual somente o poder do governo mogul mantinha os líderes indianos locais sob controle, tornou-se realidade na primeira metade do século XVIII. Os governadores provinciais, ou nababos (*nawabs*), estavam estabelecendo seu próprio domínio dinástico em partes da Índia, particularmente em Bengala, no Leste. Quando a Companhia das Índias Orientais tentava estender seu poder sobre o subcontinente, tinha que pagar repetidamente aos governadores para que estes lhes permitissem manter suas atividades comerciais. Quando os governadores passaram a trazer exigências e problemas demais, fez-se necessária uma ação mais drástica.

Se houve um momento em que a Companhia deixou de ser um empreendimento comercial armado e se tornou um Império, foi em 1757, na batalha de Plassey. O novo nababo de Bengala, Siraj-ud-Daula, irritado com o que, para ele, era um abuso de suas concessões comerciais por parte dos britânicos, atacou o assentamento da Companhia em Calcutá. Depois de tentar negociar pacificamente da maneira habitual, o comandante local, Robert Clive, decidiu negociar por outros meios. Tendo subornado conspiradores na corte do nababo, Clive o venceu em uma batalha e instalou um de seus colaboradores, Mir Jafar, no trono de Bengala.

Assim se estabeleceu a cultura da Companhia durante seu governo sobre a Índia: suborno e conspiração para explorar as contendas fratricidas locais, mantendo a ameaça última de ação militar na reserva. No fundo, a atuação da empresa na Índia era a de uma gangue de mercadores em busca de dinheiro e poder (e propinas), e não de uma legião de guerreiros imperiais. Sempre estavam mais satisfeitos em comprar alguém do que em enviar soldados contra essa pessoa, e mais preocupados em ganhar dinheiro do que em satisfazer a missão de disseminar as ideias civilizatórias da Grã-Bretanha.

Mir Jafar demonstrou sua gratidão ao ser entronado como o novo nababo de Bengala recompensando Clive e outros com presentes opulentos. Clive ganhou o direito vitalício de arrendar terras na região, um presente que lhe valeria £27 mil por ano. Graças a um tratado com o imperador mogul em 1765, a Companhia ganhou o direito de cobrar impostos e também de executar a justiça civil, tornando-se assim mais parecida com um Estado. Os nababos que governaram nominalmente Bengala a partir de então pareciam mais empregados coloniais que líderes soberanos — seus reinos dependiam da capacidade de gerar estabilidade e negócios para seu empregador. E além de atuarem fomentando a Companhia, também ajudaram a perpetuar a próspera cultura de oficiais britânicos corruptos.

Um dos motivos do sucesso das operações desvirtuadas da Companhia das Índias Orientais em comparação aos portugueses talvez tenha sido sua política de recursos humanos. Enquanto os lusos, como vimos, repartiam os escritórios coloniais entre os filhos janotas de uma aristocracia decadente, a Companhia se tornou um meio para que jovens brilhantes vindos de famílias mais modestas pudessem transcender suas origens. Muitos vinham da Escócia, onde as oportunidades de progresso social pelas vias mais tradicionais eram limitadas pelo domínio inglês. Em Bengala, entre 1775 e 1785, cerca da metade dos homens indicados para servir como escrivães, que cuidavam das contas e da correspondência com Londres em nome da Companhia, era escocesa. Tornar-se escrivão podia ser um negócio bastante lucrativo, e a concorrência por esses postos era intensa. Muitas vezes os cargos eram simplesmente postos à venda. Os empregados supostamente trabalhavam para a Companhia, que era um agente terceirizado da Coroa. Na prática, podiam ganhar dinheiro "por fora" de maneira semiaberta. Somente em meados do século XVIII os oficiais da Companhia foram proibidos formalmente de usar sua posição para fazer comércio por conta própria.

Entre os empregados, havia a opinião generalizada de que, assim como a Companhia recebera um monopólio em troca da execução de um comércio arriscado e de longa distância, um trabalho tão prolongado em uma parte desconfortável e perigosa do mundo justificava inteiramente suas pensões substanciais. No entanto, ainda que os salários oferecidos pela Companhia fossem melhores que os pagamentos ultrajantes dos burocratas imperiais chineses, não chegavam a ser particularmente lucrativos. Um próspero oficial da empresa foi bastante aberto a esse respeito: "Somos homens de poder, dizes, e nos aproveitamos disso. Ora, senhor, qual é a utilidade da posição se não pudermos nos beneficiar dela?"

Contudo, o poder político traz responsabilidades, e quando o governo da Índia (e de outras colônias britânicas) falhou, a cultura dos oficiais coloniais passou a ser esquadrinhada mais de perto. A partir de 1769, Bengala padeceu de um período de fome severa na qual morreram cerca de 10 milhões de pessoas — aproximadamente 1/3 de sua população total. Até o dia de hoje abundam debates sobre as proporções de azar, frieza e incompetência que causaram a catástrofe. Mas esse problema, combinado a uma depressão geral no comércio europeu, fez com que os diretores da Companhia tivessem de implorar ao Parlamento para que os resgatasse da falência.

Isso deu às casas legislativas uma desculpa para controlar a empresa mais estritamente e obrigá-la a prestar maiores contas à Coroa e ao público em geral, e não só a seus acionistas. A desconfiança, certamente misturada a inveja, rondava as grandes fortunas trazidas de volta para casa pelos altos funcionários da Companhia. Robert Clive, que havia regressado à Inglaterra, foi interrogado por um comitê parlamentar sobre a origem e a legitimidade de sua riqueza. Ele argumentou que sua recompensa pessoal havia sido pequena em comparação ao serviço que prestara ao Império, culminando em um clímax autoindulgente que entrou para a história: "Por Deus... impressiono-me com minha própria moderação!"

Porém, quanto mais o principal apertasse a coleira, mais o agente resistia. Clive não foi o último oficial da Companhia na Índia a ser criticado no Parlamento por sua ganância e corrupção. Warren Hastings, um administrador experiente que ingressou na empresa como caixeiro aos 18 anos de idade, tornou-se governador-geral da Índia em 1773. Seus poderes eram moderados por um conselho apontado pelo governo, uma medida forçada ante a oposição ferrenha dos acionistas da Companhia e seus amigos no Parlamento. As medidas para regular as operações da empresa também fizeram com que oficiais judiciais fossem enviados da Grã-Bretanha para administrar as questões legais na Ásia.

Mas Hastings lutou duramente contra os membros do Conselho que se opunham a seu governo e conseguiu subverter essa supervisão jurídica quando um amigo de infância, Sir Elijah Impey, tornou-se presidente do tribunal superior (posteriormente, Impey batizou um de seus filhos justamente de Hastings). Em uma ocasião, o marajá Nandakumar, uma autoridade fiscal indiana, acusou-o de receber enormes pagamentos de uma das viúvas do nababo de Bengala. Convenientemente para Hastings, Nandakumar foi acusado de falsificação, julgado por Impey, condenado por um júri inteiramente formado por ingleses e enforcado. Mas as acusações de corrupção se acumulavam, particularmente por parte de Sir Philip Francis, um membro do conselho que se opôs amargamente ao administrador, desafiou-o em um duelo e depois partiu para Londres para atiçar a opinião pública contra ele.

A *vendetta* pessoal de Francis encontrou uma plateia receptiva em Londres. Pouco a pouco, a Grã-Bretanha começava a perceber, especialmente após a rendição das forças britânicas em Yorktown, que havia perdido suas colônias norte-americanas. E assim, além da fome em Bengala e da falência iminente da Companhia, os parlamentares reformistas juntaram algumas provas para corroborar seu argumento de que a má administração estava minando o Império. Em 1781, a Câmara indicou um seleto comitê para investigar a administração da justiça em Bengala. Em 1788, época em que Hastings já havia se retirado para Londres, o comitê acumulou provas suficientes para tentar o impeachment.

O contexto da destituição é fundamental para entendermos o que exatamente estava sendo julgado. A política britânica do século XVIII era profundamente corrupta. Robert Walpole, geralmente visto como o primeiro primeiro-ministro do país, presidiu sobre um ministério tão afundado em subornos, tramoias, fraudes eleitorais e manipulações legislativas que acabou conhecido como o "Grande Corruptor". Como vimos com relação ao lobby do açúcar, os assentos e a influência parlamentar eram comprados e vendidos rotineiramente. Seria um exagero, porém, dizer que esse sistema havia se acomodado a ponto de se tornar uma norma amplamente aceita. Satiristas como o artista William Hogarth atacaram amargamente a depravação da política. Sua série de quatro pinturas *A eleição* retrata a Grã-Bretanha como uma carruagem quebrada, que deixou de avançar devido à compra de votos desenfreada. Membros reformistas do Parlamento, como Edmund Burke e Charles James Fox, traçaram paralelos entre o colapso do Império Romano, corroído por dentro pela corrupção, e o enfraquecimento das colônias britânicas.

Durante o impeachment, os lados adversários puseram em julgamento toda a cultura das operações da Companhia das Índias Orientais no subcontinente. A defesa de Hastings argumentou que ele havia simplesmente se acomodado às práticas locais. Seu principal advogado, o aclamado Edward Law, falou dos "bônus para entretenimento" recebidos por ele por parte da viúva do nababo de Bengala, dizendo que "é impossível, para qualquer pessoa, ler qualquer história oriental sem se dar conta de que esse costume prevaleceu no Oriente desde o tempos mais remotos até o presente".

Edmund Burke desconsiderou isso que chamou de "moralidade geográfica". Seguindo um percurso abrangente de jurisprudências comparadas, passando pela lei islâmica e hindu na Índia e na Turquia, pelo código legal de Gengis Khan e citando a diferença entre as palavras persas para presentes legítimos e subornos clandestinos e corruptos, ele concluiu em um grande epílogo: "Que ele [Hastings] corra de lei em lei... sigam-no aonde quiserem; que ele tenha a lei oriental ou ocidental; em toda parte o poder arbitrário e o peculato dos governadores é proscrito e punido terrivelmente."

Após um julgamento épico que durou até 1795, o impeachment fracassou. A contestação implícita que isso traria à cultura prevalecente de Westminster talvez fosse grande demais. Para defender a ideia de que a Companhia estava violando normas estabelecidas, Burke teve que alegar, de maneira muito pouco convincente, que o suborno e a corrupção eram algo estranho à vida política britânica.

Além disso, ainda que houvesse críticas crescentes ao poder de monopólio da Companhia das Índias Orientais, a empresa estava disseminando a influência britânica por uma boa parte do subcontinente, gerando comércio e riqueza. Diferentemente dos oficiais do Império Português, os funcionários da Companhia desviavam para si mesmos parte de um montante crescente de espólios de vitórias, e não apanhando o que pudessem enquanto as colônias declinavam. Eles estavam retirando para si uma parte da nata dos negócios, e não jogando *Supermarket*. A Companhia perdeu permanentemente seu monopólio sobre o comércio com a Europa Ocidental em 1834. No entanto, permitiu-se que continuasse a governar a Índia até o momento em que fracassou por conta própria, após uma séria revolta de seus próprios soldados indianos, em 1857 (na Grã-Bretanha da época, o levante foi chamado de motim; na Índia, é atualmente conhecido como a Grande Rebelião).

Parte da razão, talvez, pela qual as reformas democráticas na Grã-Bretanha geralmente tenham sido graduais é que houve poucos fracassos ou desastres de grande magnitude que pudessem forçar uma transformação rápida. A perda das colônias americanas foi suficiente para levar a julgamento Hastings e, por extensão, a cultura da Companhia das Índias Orientais, mas não para forçar uma mudança radical imediata. Burke e os demais reformistas também queriam impor limitações mais estritas à capacidade da monarquia de conceder cargos e sinecuras a seus prediletos, o que, segundo eles, corrompia a vida política. Mas Burke advogou uma reforma gradual e orgânica, ajustando o funcionamento das instituições existentes, e não sua destruição em favorecimento de instituições novas. Ele se mostrou horrorizado ao saber das mudanças cataclísmicas que haviam ocorrido no outro lado do canal da Mancha, em 1789, onde uma verdadeira sensação de crise levou à revolução, dando um fim repentino às velhas formas de corrupção institucionalizada.

Antes da taxação geral moderna — na Grã-Bretanha, o imposto de renda só foi introduzido em 1798 para financiar as guerras contra Napoleão, por exemplo —, o Estado tinha de encontrar meios criativos de se financiar. A venda de cargos era uma das mais óbvias. Os postos traziam prestígio social e monopólios sobre certos serviços ou funções, tais como a moenda de grãos que encontramos no capítulo sobre as cidades. Jaime I da Inglaterra, que teve dificuldades em aumentar os impostos ante um Parlamento pouco cooperativo, criou uma categoria inteiramente nova de "baronetes" hereditários para juntar dinheiro. Enquanto isso, os oficiais do Exército britânico literalmente compravam suas posições, o que gerava fundos para as campanhas militares.

A França tinha um sistema semelhante. Porém, a desilusão veio antes, particularmente em relação à prática de vender poderes militares à nobreza e depois confiar em que a classe resultante de oficiais recrutasse regimentos mais ou menos privados. O fraco desempenho do Exército francês nos campos de batalha da Guerra dos Sete Anos, em meados do século XVIII, particularmente contra exércitos prussianos mais profissionais, sugeriu que os regimentos privados apresentavam deficiências, justamente no mais difícil dos mercados. E a Revolução Francesa em 1789 foi, de certa forma, uma crise mais ampla da nobreza francesa, que não conseguira restringir suficientemente a monarquia de modo a governar melhor o país. Uma vez derrubado o rei, a compra de cargos em dinheiro foi imediatamente abolida e substituída, ao menos em teoria, por oficiais estatais e militares escolhidos com base no mérito.

Na Grã-Bretanha, exatamente como teria previsto o gradualista Burke, as mudanças ocorreram mais lentamente. Quando as instituições específicas demonstraram ser não apenas corruptas, como também incompetentes, foram reformadas. Um Parlamento irlandês separado, situado em Dublin, que de todo modo era mais corrupto que seu equivalente em Westminster, foi abolido somente em 1801, depois que uma rebelião em 1798 mostrou seu fracasso patente na tarefa de manter a subserviência da Irlanda. O sistema britânico de compra de postos militares assegurou que o Exército continuaria a ser comandado, em grande parte, pela aristocracia rica. No entanto, o sistema durou mais tempo graças aos êxitos militares britânicos nas guerras do século XVIII e do início do século XIX, que culminaram na vitória do duque de Wellington sobre Napoleão em Waterloo, em 1815 (com uma grande ajuda, seja dito, por parte dos profissionais prussianos). Por que mexer em um time que estava ganhando, mesmo que os principais jogadores tivessem comprado seus lugares na equipe?

O sistema de cavalheiros amadores durou até o pandemônio da Guerra da Crimeia, em meados do século XIX, na qual a incompetência militar e organizacional dos comandantes ficou perfeitamente clara — especialmente no desastroso ataque da brigada leve na Batalha de Balaclava, feito com base em uma ordem mal entendida. Wellington é tido como o autor do comentário (provavelmente apócrifo) de que Waterloo foi vencida nos campos de Eton, uma das escolas da elite aristocrática mais abastada da Inglaterra. Um século mais tarde, George Orwell, ele próprio um aluno da casa e um dos críticos mais brilhantes e incisivos dos privilégios hereditários, retorquiu que as batalhas de abertura de todas as guerras subsequentes foram perdidas ali.

Ao lado da desilusão com o desempenho de um regime corrupto deve vir a crença de que um novo sistema irá de fato trazer melhorias, cumprindo todas as funções do sistema original e mais algumas. Isso nem sempre é tão simples e direto, e certamente nem sempre sai barato.

A mudança para um serviço público profissional nos EUA é um exemplo. Os EUA se transformaram em uma democracia vigorosa no século XIX, ao menos para os homens brancos que tinham direito a voto. Nos anos após o final da Guerra Civil, em 1865, em média 80% dos eleitores compareciam para votar, um nível bem acima do atual. Porém, nem sempre era o dever cívico que os levava às urnas. Boa parte havia sido subornada para votar ou estava em busca de um emprego cedido pelo vencedor.

Os EUA haviam sido concebidos como uma República agrária descentralizada. Foram formados por um conjunto de estados que desconfiavam uns dos outros e também da concentração de poder. Não sabiam muito bem como lidar com a transformação em uma poderosa nação urbanizada, com um governo federal ativo necessário para regular uma economia industrializada complexa. No princípio, não havia uma burocracia central forte. A partir do governo de Andrew Jackson, eleito presidente em 1828 e sendo o primeiro que não viera da tradição elitista dos "pais fundadores" da Costa Leste, o governo dos EUA funcionou sob um sistema de "benesses", no qual os empregos governamentais eram entregues aos apoiadores do partido governante. Nos níveis estadual e local funcionavam sistemas semelhantes, o que ajuda a explicar o surgimento das máquinas políticas urbanas corruptas, porém extremamente organizadas, que ainda caracterizam a política urbana dos EUA.

Um dos usos corruptos mais disseminados e duradouros do poder público era o sistema postal. Os correios existiam não só para distribuir a correspondência privada, mas também como centros de circulação de jornais, que nessa época eram fortemente partidários e atuavam como porta-vozes de partidos políticos. O chefe de correio local era uma figura detentora de influência política considerável (esse papel do sistema postal como uma forma de clientelismo político, por sinal, persistiu no Japão até o século XXI: o banco postal japonês é o maior sistema de poupança da Terra, e os chefes do Partido Democrático Liberal, que está no poder, há muito tempo o utilizam para financiar seus projetos preferenciais).

Por fim, no final do século XIX e acompanhando uma tendência de vários países europeus, o serviço público dos EUA foi profissionalizado e despolitizado. Mas foram necessárias muitas décadas de campanhas para que isso ocorresse, e os eleitores tiveram de superar sua desconfiança instintiva ante o aumento da burocracia federal. Juntamente com o declínio do sistema de benesses veio uma queda no comparecimento às eleições, que, entre 1920 e 1948, foi de apenas 60%, em média. O sistema de benesses talvez fosse uma forma corrupta e ineficiente de governo, mas gerava uma democracia viva.

A transformação de uma burocracia corrupta e preocupada com o enriquecimento próprio em uma burocracia profissional e imparcial pode custar caro. Em qualquer sistema político no qual o serviço público seja usado rotineiramente como forma de extrair propinas ilícitas, a remuneração oficial, como na China do período imperial, costuma ser baixa. Os funcionários públicos honestos precisam ser bem pagos. Já ouvi africanos dizerem que a primeira medida que seus governos deveriam tomar para melhorar a administração e conter a corrupção seria demitir a metade dos funcionários públicos e dobrar os salários dos restantes. Isso, no entanto, é uma das dificuldades políticas e administrativas de se reformar uma burocracia corrupta. É difícil, para dizer o mínimo, vender aos contribuintes a ideia de que os funcionários públicos são corruptos e portanto devem receber salários maiores, ou que os partidos políticos estão vendendo sua influência política ilicitamente, e portanto precisam ser financiados pelo Estado (pode ser relativamente fácil e barato manter o prestígio da remuneração dos serviços públicos, como demonstrado pela linha de montagem de títulos de nobreza concedidos a funcionários públicos britânicos de alto escalão).

A corrupção, por definição, é parte de um sistema, e os sistemas têm motivos para evoluírem. A corrupção não é uma coisa boa. Contudo, conforme sua natureza e o modo como se manifesta, pode ser menos lesiva do que parece. Julius Nyerere era fundamentalmente um homem honesto; muito menos pessoas diriam o mesmo de Suharto. Porém, ainda que a corrupção pessoal fosse uma das primeiras diferenças entre eles, isso não impediu que um deles conseguisse enriquecer seu país, enquanto o outro ajudou a manter o seu desesperadamente pobre.

9. Dependência da Trajetória

Por que os pandas são tão inúteis?

Os pandas-gigantes são bufões malhados incompetentes e ineficazes, e deveríamos acabar com seus subsídios públicos, deixando que se extingam. Certa vez escrevi essas palavras nas páginas de um jornal internacional, e durante dias recebi dúzias de e-mails estarrecidos de leitores que me comparavam a um ditador genocida. Entretanto, ainda mantenho minha posição. E agora vou me utilizar desses animais para criar uma metáfora — frágil, mas apenas ligeiramente — do desenvolvimento econômico.

O problema do panda-gigante é ter entrado em um beco sem saída evolutivo, e agora é tarde demais para que ele engate a marcha a ré. É claro que, como dirão rapidamente os defensores dos pandas, eles estão ameaçados porque os humanos estão invadindo seu ambiente. Mas essa é a causa direta, e não a fundamental. O verdadeiro problema é que a incompetência dos pandas em consumir e se reproduzir os torna irremediavelmente vulneráveis. Os pandas comem praticamente apenas bambu, o que os confina a um habitat restrito e faz com que qualquer mudança represente um risco imediato para eles. O bambu, de qualquer forma, tem tão poucos nutrientes que eles precisam passar até 16 horas por dia mastigando-o — é o equivalente a tentar subsistir com base em papelão recoberto de açúcar. Além disso, eles possuem um sistema digestivo curto, mais adequado a um carnívoro que a um herbívoro, de modo que a maior parte do que comem atravessa seu intestino sem ser digerida. Por fim, esses ursos têm tanta dificuldade em copular que os mantidos em cativeiro precisam assistir a pornografia panda para conseguirem se reproduzir (é sério). A promotoria encerra suas alegações: os pandas são inúteis.

Compare o panda com o gato doméstico, uma criatura que tem um plano de negócios claramente definido e ainda assim flexível. Os bichanos modernos descendem dos gatos selvagens africanos. Esses felinos empreendedores surgiram das savanas e cerrados na época em que a subsistência caçadora/coletora estava dando lugar a técnicas de agricultura, entre elas a irrigação, no "crescente fértil" do Norte da África e do Oriente Médio, vários milênios atrás. Reconhecendo que o *Homo sapiens sapiens*, a espécie dominante, iria se tornar um cliente lucrativo por um período continuado, os gatos notaram e preencheram instantaneamente uma carência do mercado. O cultivo e armazenamento de grãos criou uma oportunidade de negócios no controle de roedores, na qual eles detinham uma clara vantagem competitiva.

Espalhando-se pela base mundial de clientes humanos, os gatos se misturaram aos fornecedores locais quando necessário, cruzando com o gato selvagem europeu, o que gerou o gato malhado. E além de desenvolverem alguns produtos para nichos especiais ao longo do caminho, como o serviço de divindades que forneciam aos exigentes consumidores do Egito antigo, subsequentemente se diversificaram para ocupar o setor, cada vez mais popular, de bichos de estimação domésticos, do qual detêm atualmente uma fatia dominante do mercado (empreendimentos semelhantes, como o tigre, que decidiu ignorar a realidade do mercado e se radicar em um ambiente mais hostil, enfrentaram dificuldades muito maiores). Os gatos domésticos são caçadores extremamente eficientes e comem uma ampla variedade de alimentos; conseguem sobreviver em ambientes urbanos e rurais; podem se dar ao luxo de passar 16 horas por dia dormindo em vez de se entulharem de uma vegetação biologicamente inadequada e cada vez mais escassa. Reproduzemse de maneira fácil e eficaz. São solitários, mas se adaptam à vida ao lado de outros de sua espécie e humanos. Diferentemente dos pandas, os gatos não precisam de nenhum subsídio estatal para sobreviver. O argumento por sua defesa é incontestável. Os gatos são demais!

Essa analogia é evidentemente complacente e nem um pouco precisa. As sociedades não são espécies e não evoluem da mesma maneira, por meio de variações aleatórias em genes passados ao longo das gerações. As sociedades, em vez disso, escolhem seus caminhos, ainda que, às vezes, de modo inconsciente. E para que essas escolhas sejam alteradas não é preciso esperar as centenas de milhares de anos necessários para que a evolução ocorra. Ainda assim, os pandas conseguiram seguir pela via errada e ficaram presos ali, e o mesmo pode ocorrer com as sociedades e suas economias.

As pessoas podem escolher os caminhos que seguem. Mas este capítulo vai tentar mostrar que a escolha de uma trajetória particular no passado — até mesmo por motivos que pareciam razoáveis na época — pode dificultar uma mudança de rumo no presente em direção a uma rota mais acertada. Essa escolha passada também pode afetar o resultado, mesmo que o caminho certo seja tomado agora.

Isso não quer dizer que a tarefa seja impossível. Trata-se apenas de reconhecer as dificuldades relacionadas à tomada de decisões. Governar é escolher: ainda assim, apesar de não serem predeterminadas, essas escolhas são condicionadas pelas decisões feitas por outros no passado. Temos de criar políticas utilizando as instituições de governo, direito, política e cultura que a história e as gerações passadas nos legaram. Podemos tentar mudá-las, mas não podemos desejar que novas instituições sejam criadas instantaneamente.

A ideia de que os caminhos que se abrem para nós no presente dependem dos caminhos que nos trouxeram até aqui é chamada em inglês de *path dependence*, ou "dependência da trajetória". Boa parte do estudo tradicional de economia se parece com a física. Ambas tentam aplicar leis universais formuladas a partir de observações repetidas. A dependência da trajetória é mais parecida com a biologia evolutiva — trata-se do papel desempenhado por uma sequência de eventos, dos quais alguns foram fruto do acaso. Daí a analogia com o panda.

Alguns dos exemplos mais conhecidos e fáceis de entender da dependência da trajetória são encontrados na interseção entre a história econômica e a tecnologia. Um deles foi utilizado intensamente na preparação deste livro: o teclado-padrão QWERTY usado na maior parte das digitações em alfabeto latino no mundo. Por incrível que pareça, o conjunto das teclas do computador não é projetado para acelerar a minha digitação. De fato, ele foi feito para torná-la mais lenta e, em particular, para impedir que eu aperte duas teclas em rápida sucessão.

A configuração QWERTY data da época em que máquina de escrever mecânica foi desenvolvida, no século XIX. Surgiu especificamente em uma versão inventada por um certo Christopher Sholes e aperfeiçoada por engenheiros da Remington, a companhia a quem ele vendeu o projeto. Como os tipos desse modelo em particular tinham a tendência de emperrar e de acertar repetidamente o mesmo ponto se pressionadas em sucessão rápida, o teclado foi projetado de modo que fosse difícil pressionar rapidamente pares de letras usadas juntas com frequência. Outro critério de design foi reunir as letras da palavra "TYPEWRITER" ("máquina de escrever") na fileira de cima — uma ajuda ao vendedor que quisesse demonstrar o funcionamento da máquina mas que só conseguisse escrever catando milho.

Mesmo naquela época, já estavam sendo desenvolvidos teclados mais rápidos para outros modelos de máquina de escrever, que colocavam uma maior quantidade das letras mais usadas na mesma fileira. Subsequentemente foram inventados outros leiautes, como o sistema "Dvorak", reconhecidamente mais rápidos e certamente mais confortáveis que o QWERTY. E ainda assim, o QWERTY persiste até hoje graças ao impacto combinado dos chamados "efeitos de rede" e da inércia. Os efeitos de rede, que encontramos na discussão sobre o contêiner de carga, tratam dos benefícios crescentes auferidos quando todos usam o mesmo sistema. Evidentemente é mais eficaz que todos os digitadores usem o mesmo teclado, pois assim terão que aprender como usá-lo apenas uma vez . E como o design Remington era o dominante quando surgiu a indústria das máquinas de escrever, acabou por ser adotado.

Uma vez iniciado o caminho QWERTY por motivos perfeitamente lógicos, as pessoas seguiram por ele mesmo depois que sua função original já tivesse ficado para trás há muito tempo. A quantidade de investimento e organização necessária para saltar para um caminho diferente seria proibitiva. O mais marcante, talvez, não é que o sistema QWERTY tenha persistido durante a era das máquinas de escrever mecânicas, usadas principalmente por datilógrafos profissionais que investiam pesado em sua instrução formal, mas sim que o sistema perdure até hoje. Estamos em uma era de teclados de computador baratos e facilmente trocáveis, nos quais a maioria das pessoas aprende a digitar sozinha. Os custos da mudança são muito menores. E ainda assim, o QWERTY continua dominante.

A inércia tem uma grande parcela de responsabilidade. A mudança em massa de um sistema para o outro tornaria necessária uma grande dose de coordenação e a disposição de todos para aceitarem as perdas a curto prazo — o custo dos novos teclados e o tempo necessário para aprender a digitar neles — em troca de benefícios a um prazo mais extenso. É por esse tipo de coisa que existem os governos, mas até agora ninguém se apresentou como voluntário. Se ao menos as Forças Armadas dos EUA, enquanto impunham o contêiner de 2,44m x 2,44m (8 × 8 pés), tivessem aproveitado para dar um jeito nos teclados...

Agora, se uma economia consegue ficar estancada em uma questão relativamente isolada e testável como uma tecnologia específica, é ainda mais difícil fazer com que um país adote um sistema econômico, ou que siga uma política em particular e se atenha a ela mesmo que não pareça estar funcionando. A dependência da trajetória pode surgir até mesmo quando os consumidores e companhias atuam de maneira racional e fazem o melhor possível com as escolhas que se apresentam a eles. Se mudarmos também esse pressuposto, dado o funcionamento da política e dos grupos de lobby, torna-se ainda mais fácil perceber de que modo uma escolha errada pode se autorreforçar.

As culturas e instituições costumam se reproduzir. Hábitos criados em um ambiente específico podem perdurar mesmo quando o ambiente ao redor se modifica. Vimos no capítulo passado de que modo a cultura da corrupção pode surgir e se incorporar a uma sociedade específica, em um momento determinado. Somente uma pessoa muito excêntrica alegaria que certos povos já nascem corruptos. Mas os povos certamente carregam consigo algumas convenções que aprenderam a partir do ambiente que os cerca.

Em um experimento curioso, dois acadêmicos decidiram descobrir se hábitos adquiridos persistiriam mesmo com a modificação dos incentivos do ambiente. Seu laboratório foi a cidade de Nova York, e os objetos do experimento foram os diplomatas das Nações Unidas radicados ali. Como parte de sua imunidade diplomática, os oficiais consulares e suas famílias têm isenção no pagamento de multas de estacionamento — ao menos até 2002, quando a paciência notoriamente curta dos nova-iorquinos se esgotou e a lei foi mudada. O incentivo para que os diplomatas obedecessem às leis do trânsito era baixo. Entre 1997 e 2002, cerca de 150 mil multas de estacionamento, que gerariam um total de US$18 milhões, deixaram de ser pagas.

Foi observado que as diferentes nacionalidades utilizavam esse passe livre de maneira distinta. Diplomatas de países como a Nigéria, que tem uma péssima colocação em medidas habituais de corrupção, apresentaram mais multas não pagas que os bonzinhos do Canadá e da Escandinávia. A remoção dos diplomatas de seus ambientes nativos evidentemente não alterava seus instintos arraigados sobre a atenção às leis. É interessante notar que quanto mais os diplomatas permaneciam em Nova York, maiores eram suas taxas de violações, talvez por passarem a identificar as contravenções com as quais poderiam se safar. A exposição a um ambiente supostamente menos corrupto que o de seu país natal (a menos que eles encontrassem os políticos de Nova York) não alterava sua cultura importada. As culturas não são eternamente imutáveis; caso contrário, a política de países como o Reino Unido seria tão corrupta agora como na época em que as cadeiras do Parlamento eram compradas e vendidas abertamente, no século XVIII. Mas tampouco são instantaneamente maleáveis.

As instituições que dão eficácia à economia dependem tanto das atitudes e do comportamento quanto de sua estrutura externa. Muitos países em desenvolvimento possuem constituições democráticas e sistemas jurídicos baseados nos modelos europeu ou americano. Em outras palavras, tentaram conscientemente se colocar no mesmo rumo dos países economicamente mais bem-sucedidos. Ainda assim, até agora foram frequentemente incapazes de atingir os mesmos resultados.

O resto deste capítulo será centrado em três das grandes economias em desenvolvimento — Rússia, Índia e China —, que se encaminham de diversas maneiras em direção a uma economia de mercado. Primeiro vamos observar o modo como a Rússia emergiu do comunismo e como essa experiência foi diferente da observada em outros países comunistas, entre eles a China e outros países do bloco soviético na Europa Central e Oriental. Depois veremos como evoluíram a política e a economia modernas da Índia e que diferenças isso trouxe ao modo como o país reagiu às reformas fundamentadas nos princípios do mercado. Mais uma vez, a China serve como uma boa base de comparação.

Em primeiro lugar, vamos examinar os contrastes entre países que deixaram o comunismo. Experimentos naturais são algo raro na economia e na história econômica. Não temos muitas oportunidades de efetuar comparações internacionais como o estudo dos diplomatas em Nova York. Mas o colapso ou a reforma global da maioria dos regimes comunistas nos últimos 20 ou 30 anos nos deu algo razoavelmente próximo a isso. Um grande conjunto de países passou pela transição de uma economia planificada para a economia de mercado. A maior parte, mas não todos, passou também pelo processo paralelo de se tornarem democracias: a China e o Vietnã são exceções gritantes. As evidências que possuímos têm alguns padrões interessantes que sugerem de que modo sua história ajudou a determinar o futuro, tanto com relação às decisões tomadas quanto ao seu resultado.

Antes de mais nada, vamos examinar como a Rússia chegou ao ponto em que está agora. A política e o governo russos têm duas características específicas que datam da era medieval e que atravessaram o czarismo e a era soviética, persistindo até o presente. Em primeiro lugar, o país sempre costumou ter um Executivo dominante, sem muitos freios e contrapesos. O Legislativo e o Judiciário habitualmente se mostraram subservientes ao poder central. Os que tentaram agir de maneira mais independente tenderam a ser eliminados. Em segundo lugar, a linha que divide o poder e a propriedade raramente foi bem definida. O Executivo frequentemente se outorgou o direito absoluto de governar e a autoridade de se apropriar de bens conforme necessário — de fato, sem sequer reconhecer que alguma pessoa além do soberano podia deter propriedade plenamente.

Ambas as características fizeram da Rússia um país ideal tanto para a autocracia monárquica como para o comunismo. No entanto, essas características são conceitos alheios a uma economia de mercado, na qual os negócios querem assegurar seus direitos de propriedade e precisam da confiança de que não serão interrompidos por um governo arbitrário que não presta contas a ninguém.

Agora que seu Império já sumiu do mapa, podemos tranquilamente jogar a culpa dessa situação nos mongóis, que encontramos no capítulo sobre religião, e em sua subsidiária integral, os tártaros. O "jugo mongol" pairou sobre a Rússia por cerca de dois séculos e meio depois que seus criadores chegaram do Oriente na primeira metade do século XIII. É interessante notar que, antes da influência dos mongóis, o desenvolvimento dos direitos de propriedade individual e do pluralismo político na Rússia estava, em certo sentido, à frente da Europa Ocidental. Uma classe de proprietários de terras, os "boiardos", tornara-se a dona absoluta de suas propriedades, e o poder político estava equilibrado entre um conjunto de príncipes governantes cujos principados se aglomeravam ao redor de Moscou.

Os mongóis, por sua vez, tinham pouca experiência com qualquer coisa que não fosse uma autoridade central suprema. Para governar com mais facilidade, deram à Moscóvia (um grão-ducado cujo centro ficava em Moscou) o poder de cobrar impostos e autoridade sobre os demais principados, em troca de lealdade e pagamentos em dinheiro para seu Império.

Mesmo após a diminuição da influência mongol, sua tendência centralizadora se manteve, como ocorreu com os Impérios islâmicos no Oriente Médio. A Rússia se tornou uma monarquia autoritária e, ao absorver os territórios vizinhos, um Império. Ivan III (mais conhecido como Ivan, o Grande) estabeleceu um Estado poderoso ao tomar o poder de seus irmãos e outros príncipes, e Ivan IV (o Terrível) confirmou a tendência ao ser coroado czar da Rússia em 1547 (por sinal, ao ser traduzido, o epíteto de Ivan IV perdeu parte de seu sentido original: ele tinha a intenção de transmitir poder e majestade, além de simplesmente temor). Ele passou a controlar principados previamente independentes e deu fim à independência do centro comercial de Novgorod. Como vimos no capítulo sobre a África e a cocaína, Novgorod havia sido parte da Liga Hanseática e, com isso, estivera ligada a uma rede vinda da Europa Ocidental pela qual circulavam perigosas ideias de liberdade comercial e política.

O período de controle mongol desconectou a Rússia da Europa Ocidental em uma época em que a Renascença promovia as ideias de progresso e diversidade intelectual. O czarismo se mostrou resistente às ideias de pluralismo político que cresceram após a Reforma Protestante. A versão do cristianismo que o regime decidiu seguir, a Igreja Ortodoxa Russa, foi muito pouco afetada pelos avanços no pensamento religioso e político ocorridos na Europa Ocidental.

Enquanto a Europa saía do sistema feudal, no qual a terra era detida em troca de serviços feitos ao monarca, e firmava a ideia de que os indivíduos poderiam deter propriedade diretamente, a Rússia seguia na outra direção. Ivan, o Terrível, reivindicava direitos absolutos de propriedade sobre toda a terra. Em 1550, um novo código legal exigia que os proprietários de terras fornecessem serviços militares e administrativos ao czar. Os direitos hereditários não eram respeitados: os boiardos que não colaborassem tinham suas terras confiscadas e eram deportados. O czar também tomava e redistribuía a propriedade de qualquer senhorio que partisse para a federação, menos autoritária, da Polônia-Lituânia, no Oeste.

O sistema foi refinado por czares sucessivos, talvez atingindo seu apogeu durante o reinado de Pedro I (o Grande), no século XVIII. Pedro dividiu os serviços militar e civil em um total de 14 categorias separadas, nas quais a promoção estava ligada aos serviços prestados ao Estado, e criou o Tribunal de Confiscos — um nome muito bem dado — para tomar e redistribuir a terra conforme necessário. De acordo com relatos da época, ele fazia questão de ressaltar o alcance de sua autoridade pessoal batendo fisicamente até mesmo em membros anciãos de seu séquito que o tivessem desapontado (à força constitucional de Pedro correspondia seu físico, mais parecido ao de um urso, e ao que parece, esses ataques podiam causar ferimentos graves). Enquanto seus contemporâneos europeus se dirigiam a seus superiores como "seu servo obediente" — um hábito que persistiu durante séculos na etiqueta da correspondência britânica —, os nobres russos assinavam suas cartas ao czar como "seu escravo". O príncipe Vasili III, sucessor de Ivan, o Grande, referiu-se à sociedade russa dizendo que "são todos escravos".

Pedro gostava de importar tecnologia do Ocidente, como as técnicas modernas de construção de navios, para tentar acompanhar o progresso europeu. Ele também gostava da arte e das vestimentas europeias, raspando pessoalmente as barbas de alguns nobres e impondo taxas pesadas sobre os pelos faciais dos demais. No entanto, as concessões feitas às reformas políticas ao estilo ocidental foram lentas, rancorosas e dadas à reversão. Ele instituiu o que, na prática, era uma polícia secreta para espionar e controlar seu próprio povo, uma função na qual o Estado russo estabeleceu uma experiência duradoura. A inveja ante as economias e tecnologias avançadas do Ocidente somada à rejeição das estruturas políticas que as acompanhavam constituíam uma ambiguidade dolorosa à qual a Rússia acabaria por retornar.

Catarina II (outra "a Grande"), que governou ao final do século XVIII, estava interessada em ideias políticas modernas. Ela se correspondia com filósofos europeus do Iluminismo que desenvolviam os conceitos de direitos individuais e Estados limitados, cujos poderes políticos estariam equilibrados entre o Executivo, o Legislativo e o Judiciário. Porém, além de promulgar uma limitada Carta da Nobreza, ela e os czares subsequentes fizeram pouco para pô-la em prática. As decisões judiciais, em vez de serem uma função legal separada, eram tomadas em boa medida pelos burocratas estatais czaristas. A servidão, segundo a qual os camponeses deviam lealdade direta a seu mestres, só foi abolida na Rússia em 1861, séculos depois de haver morrido na maior parte da Europa Ocidental. O único recurso verdadeiro ao qual a população podia recorrer ante o governo czarista era a violência e a rebelião. Já foi dito que a constituição da Rússia era "absolutismo moderado pelo assassinato".

A única unidade política sólida da sociedade russa abaixo do czar se encontrava em um nível muito baixo — o *mir*, ou comuna aldeã, que existia essencialmente para permitir que seus membros sobrevivessem reunindo-se coletivamente. A Rússia jamais desenvolveu uma classe proprietária de terras ou de comerciantes que conseguisse se organizar significativamente para restringir o poder do czar.

Na Inglaterra, por exemplo, o monarca sofreu uma transmutação ao longo dos séculos, passando de um autocrata a uma autoridade simbólica pelo aumento gradual das restrições ao poder real. Pontos de mudança notáveis incluíram a revolta dos barões, que levou à assinatura da Magna Carta, em 1215, e a Declaração de Direitos que se seguiu à derrubada de Jaime II, em 1688. Na Rússia, não houve nada comparável. A Rússia tampouco adotou a separação formal entre três poderes, consagrada nas Constituições republicanas da França e dos EUA. Em vez disso, após o colapso do czarismo nas revoluções russas de 1917, o poder executivo autocrático foi transferido quase intacto dos czares aos comunistas.

Sob o domínio do czar Nicolau II, no início do século XX, assim como no de Pedro, o Grande, foram feitas algumas experiências de modernização econômica. Os rudimentos de uma economia de mercado se desenvolveram durante o governo de alguns dos primeiros-ministros mais reformistas do czar. No entanto, politicamente a Rússia continuou a ser essencialmente uma autocracia. A Duma, uma espécie de Parlamento que existira durante séculos, foi aberta para eleições durante o governo de Nicolau II, mas ele se arrependeu rapidamente de permitir qualquer mudança em sua autoridade, ignorando-a repetidamente e depois a dissolvendo.

O único experimento real da Rússia com um Parlamento eleito livremente foi a Assembleia Constituinte. Eleita em 1917 após a primeira revolução (de fevereiro) que depôs Nicolau II, a Assembleia teve sua primeira e única reunião em janeiro de 1918. Nesse momento, os comunistas "bolcheviques" já haviam tomado o poder no que ficou conhecido como a Revolução de Outubro, mas que, na prática, tratou-se de um golpe armado. Vladimir Lenin, o líder bolchevique, mandou os membros da Assembleia para casa. E a história russa de restrições parlamentares ao poder central absoluto terminou por aí.

Após um breve "parêntese democrático" em 1917, o centralismo autocrático foi restaurado. A propriedade privada foi novamente subjugada à autoridade do Estado, ainda que a justificativa para isso repousasse agora na ideologia do comunismo soviético e não no poder pessoal supremo investido no czar. Qualquer instituição substancial que se pusesse entre a liderança do partido e a população era suprimida violentamente, a não ser por algumas organizações inteiramente cooptadas, como os sindicatos oficiais. A "*Okhrana*", a polícia secreta do czar, renasceu em uma forma ainda mais poderosa e sinistra — primeiro como a *Cheka*, passando depois por diversos nomes e formulações até chegar à KGB.

Durante algum tempo, os comunistas foram forçados pela situação a permitir o funcionamento de uma economia de mercado limitada. Depois do "comunismo de guerra" — a mobilização econômica dirigida centralmente, necessária para vencer a guerra que se seguiu à tomada do poder — os comunistas afrouxaram as rédeas, permitindo a existência de pequenas empresas privadas e deixando que os camponeses vendessem seu excedente de produção. Mas o passo habitual do progresso para a construção de excedentes agrícolas com o objetivo de financiar o investimento não foi rápido o suficiente. A União Soviética queria se tornar uma potência militar-industrial o mais rápido possível. A economia de mercado também criava um perigo político. O crescimento da classe de cúlaques, fazendeiros ricos, era uma ameaça ao domínio comunista. O resultado foi a coletivização estatal forçada das fazendas e o assassinato em massa daqueles que se opusessem à medida, e com isso, o crescimento hesitante de uma classe que talvez pudesse expressar seus direitos contra o Estado foi interrompido brutalmente.

Politicamente, o Executivo continuava no comando, e a divisão de poder entre o Legislativo (o Soviete Supremo) e o governo (o Conselho de Ministros) era apenas decorativa. O Judiciário, que havia começado a ganhar alguma independência durante o governo do czar Alexandre II ao final do século XIX, encarregava-se de fazer com que seus veredictos passassem pelos chefes locais do Partido Comunista sempre que envolvessem alguma questão mais séria. Em uma violação particularmente gritante da justiça natural, em 1961, uma erupção súbita de negócios ilegais com pedras preciosas e moeda estrangeira enfureceu o primeiro-secretário do Partido Comunista, Nikita Khrushchev, que resolveu fazer com que alguns dos criminosos servissem como exemplo. Ele ordenou a instauração retroativa da pena de morte. Os especuladores foram julgados novamente e executados.

A Rússia e as demais Repúblicas que constituíram a União Soviética — Moldávia, Bielorrússia e outras — não foram os únicos países comunistas da região, naturalmente. Em 1945, o comunismo soviético foi forçosamente exportado pelo Exército Vermelho para um grupo de países da Europa Central e Oriental — Polônia, Tchecoslováquia, Hungria, Romênia etc. Visto do Ocidente, o bloco talvez parecesse uma massa indiferenciada de nações cinzentas e emboloradas. Mas suas histórias políticas e econômicas antes da tomada do poder pelos comunistas fizeram com que os onipresentes foice e martelo escondessem atitudes e experiências muito diferentes, que só puderam emergir novamente quando o peso da opressão foi removido.

As experiências das Repúblicas da ex-URSS e do resto da Europa Central e Oriental desde o colapso do comunismo no início da década de 1990 têm sido o foco de intensos debates. Boa parte do debate ficou centrada na discussão sobre se os controles estatais da economia planificada — preços fixados por burocratas, direcionamento da produção das fábricas e condução do sistema bancário — deveriam ter sido desmantelados em uma grande "terapia de choque" ou sido desfeitos pouco a pouco. Por trás dessa discussão está o pressuposto de que um único conjunto de medidas seria adequado para todos os países — ou de que elas teriam produzido o mesmo resultado se fossem aplicadas homogeneamente.

Na prática, porém, as mesmas medidas, aplicadas em países diferentes, geraram resultados diferentes. A terapia de choque em alguns Estados da Europa Central e Oriental, como Polônia, República Tcheca e Eslováquia, gerou resultados relativamente bons em um curto espaço de tempo. Em meados da década de 1990, a renda nacional desses países já estava acima da de 1989, e o crescimento era rápido. Reformas semelhantes nos Estados bálticos que haviam sido parte da URSS (Letônia, Lituânia e Estônia) levaram a reduções mais drásticas na produção: seu Produto Interno Bruto caiu, no início dos anos 1990, entre 1/3 e 3/5. Ainda assim, a maior parte das Repúblicas da ex-URSS executou reformas muito mais lentas, e ainda assim passou por grandes quedas na produção.

Uma comparação com a reforma de "economias planificadas" comandadas centralmente no Sudeste Asiático — especificamente na China e no Vietnã — também sugere que a velocidade da mudança não é o mais importante. Esses dois países executaram reformas distintas. A China começou mais cedo, ao final dos anos 1970, mas avançou muito mais gradualmente. O Vietnã passou por um grande surto de liberalização de preços e permitiu que sua moeda passasse a ser trocada livremente por outras em 1989. Mas ambos cresceram bastante alegremente nos anos imediatamente após as reformas — ambos, de fato, muito mais rápido que qualquer país da Europa Central ou Oriental ou que as Repúblicas da ex-URSS.

O que parece ocorrer é o seguinte: o modo como as economias reagiram *inicialmente* à liberalização dependeu mais da situação em que se encontravam antes do que do modo como o fizeram. Todas as economias, durante o comunismo, eram muito diferentes de uma economia de mercado, porque não se permitia o funcionamento dos mecanismos de oferta e procura e os preços eram fixos. Os casos de escassez eram administrados pelo racionamento e pelos mercados negros, mas não se permitia a mudança dos preços. Em virtude disso, as estruturas econômicas frequentemente eram muito diferentes das que um mercado teria produzido. Os países tinham setores industriais enormes, porém ineficientes, graças ao grande investimento direto de capital por parte do governo central. Os setores de serviços costumavam ser pequenos e frágeis. Os sistemas bancários, necessários para direcionar o dinheiro para onde fosse politicamente conveniente, e não para onde receberia melhor uso, funcionavam mais como escritórios contábeis burocráticos que como fornecedores de serviços financeiros. Essas distorções eram ampliadas pelas relações comerciais entre os países do bloco soviético, que eram mais guiadas por decretos administrativos do que por vantagens comparativas.

Ninguém deveria ter ficado surpreso ao notar que as economias eram ineficientes e distorcidas. Mas a incompetência organizacional das empresas sob o comunismo era ainda pior do que a prevista pelos mais pessimistas. Muitas delas literalmente subtraíam valor em vez de agregá-lo, por usarem materiais subsidiados como ferro e cimento para fazer produtos que valiam menos que os insumos utilizados para produzi-los. Até mesmo na Alemanha Oriental, um dos países que se saíram melhor, a agência de privatização que reorganizou e vendeu as grandes companhias após a unificação com a Alemanha Ocidental esperava obter um lucro de 500 bilhões de marcos; acabou com um deficit de 250 bilhões de marcos.

Pelo que se viu, as economias que tinham as maiores distorções sofreram as maiores quedas na produção, pois as partes mais ineficientes e indesejadas da economia implodiram. As Repúblicas da ex-URSS foram as que mais sofreram. Afinal de contas, quase todos os países da Europa Central haviam vivenciado alguma forma de economia de mercado antes da Segunda Guerra Mundial, até que os soviéticos os invadissem e os transformassem em Estados-satélite.

A maior parte da economia da URSS, por outro lado, havia sido submetida a um programa de industrialização súbita, amplamente distorcido e orientado militarmente, comandado por uma ditadura desde 1917, e antes disso não tinha muito no que se sustentar. O fator principal não foi a velocidade das medidas tomadas por cada país, mas sim o trajeto que suas economias haviam seguido até então.

Ainda mais interessante é o que ocorreu após o choque de transformação na primeira meia década após o início das reformas. Essa segunda parte da reação às mudanças, mais demorada, pareceu depender principalmente da qualidade das instituições que sustentavam a economia de mercado, e não apenas das medidas governamentais. As instituições com as quais os países começaram — Estado de direito, respeito à propriedade, burocracia operante, valorização das economia de mercado — dependiam amplamente de sua história. O que aconteceu com essas instituições também variou com a rota tomada por cada um dos governos.

A médio prazo após a execução das reformas de mercado, a China e o Vietnã cresceram alegremente, como ocorreu com a maioria dos países da Europa Central e Oriental. Os Estados bálticos, cujas economias extremamente distorcidas encolheram rapidamente na primeira metade da década de 1990, deram a volta por cima no meio dessa década e cresceram de forma estável daí por diante, ainda que, mais recentemente, tenham se deparado com o lado negativo da economia de mercado, sendo atingidos fortemente pela crise financeira que se espalhou com rapidez em 2008. Os países bálticos e os da Europa Central e Oriental também deram grandes passos na instituição da democracia e das organizações habitualmente encontradas nas economias de mercado bem-sucedidas: impostos estáveis, previsíveis e não predatórios, um direito corporativo operante, ausência de corrupção desenfreada e uma facilidade geral na condução dos negócios. Para que isso não seja visto como um argumento para o recuo indiscriminado do Estado, esses países também conseguiram manter os gastos públicos razoavelmente elevados em proporção ao Produto Interno Bruto — e o redirecionar para serviços úteis como saúde e educação, em vez de distribuírem subsídios entre indústrias ineficientes.

Esses países bálticos e da Europa central e oriental viveram experiências históricas variadas antes do fechamento da Cortina de Ferro, ao final da Segunda Guerra Mundial. Certamente não se tratava de um conjunto de democracias liberais com economias de mercado. Porém, muitas delas foram fortemente influenciadas por potências ocidentais — o Império Austro-Húngaro e o Reino da Prússia e, antes disso, a Federação da Polônia-Lituânia. Naturalmente, esses países estavam mais voltados ao Ocidente que a Rússia. E tinham uma maior experiência com um governo limitado constitucionalmente e com os direitos individuais do que aqueles que haviam conhecido apenas o governo do Império Russo.

Além de começarem com uma história mais favorável, também tinham uma ideia mais clara do lugar aonde se dirigiam: a União Europeia. A UE frequentemente traz mais benefícios aos países quando eles estão tentando entrar nela do que depois de entrarem. O prêmio é a afiliação a uma lucrativa área de livre comércio e o selo de respeitabilidade que vem com essa afiliação.

E para conseguirem obtê-la, os países devem demonstrar estabilidade econômica, democracia, justiça e o respeito ao Estado de direito. Mesmo que os países não tenham boas instituições a princípio, a UE serve como um bom incentivo para que as adquiram. A UE desempenhou a mesma função algumas décadas antes, ajudando Grécia, Espanha e Portugal a passarem de ditaduras a democracias.

Infelizmente, não se pode dizer o mesmo da Rússia. O país muitas vezes demonstra tão pouco desejo de aprender com as instituições ocidentais quanto nos séculos do czarismo. Ele não tem uma grande história de economia de mercado na qual se basear. Um relato detalhado dessa situação costumava ser contado no Banco da Inglaterra. O banco tem uma unidade valiosa, ainda que pouco conhecida, que conduz cursos de treinamento para diretores de bancos centrais de todo o mundo. O curso ficou particularmente movimentado no início dos anos 1990, quando um grande fluxo de autoridades do bloco soviético se inscreveu sem nunca ter estudado nada além de economia marxista. Quando um desses grupos chegou para as aulas, diz a lenda, os alunos declararam compreender perfeitamente o modo pelo qual os preços eram determinados em uma economia de mercado, pela interseção entre a oferta e a demanda. Mas ainda assim se mostraram incrédulos ante a ideia de que realmente não fosse necessário nenhum burocrata governamental para efetivamente publicar o preço. Como era possível que os preços surgissem sem que o Estado os definisse? Por fim, segundo a lenda, os burocratas foram levados para o mercado de carnes de Smithfield, em Londres, onde puderam ver essa mágica em ação.

Mesmo depois de terminado o choque inicial da transição, a Rússia recuou de um surto de crescimento para a crise. O país declarou moratória de sua dívida pública em 1998, emitindo ondas de choque pelo mundo, que ainda estava abalado pela crise financeira asiática que derrubara Suharto. Por algum tempo, sua economia foi dirigida por um grupo de oligarcas que, explorando as fraquezas do sistema de mercado, enriqueceu enormemente. Os oligarcas tinham seus defensores, e alguns talvez tenham feito algum trabalho valioso na reciclagem das decadentes indústrias da era soviética. Mas seu controle desproporcional sobre a economia, os atalhos tomados por alguns deles para enriquecer e suas intervenções intermitentes na política promoveram um recuo ante toda a ideia de economias de livre mercado e democracia.

Esse recuo chegou na forma das medidas implementadas por Vladimir Putin, o primeiro-ministro da Rússia e seu antigo presidente. Assim como a Moscóvia havia seguido em uma direção diferente à da Europa Ocidental, a Rússia também se distanciou de seus antigos satélites. Os países da Europa Central e Oriental estão fundamentalmente lutando para se tornar democracias liberais, mas a Rússia tem subtraído sistematicamente o poder de instituições independentes, transferindo-o ao Estado. A imprensa foi amordaçada, comprada ou intimidada a ficar calada; ONGs têm sido debilitadas por regras que limitam estritamente suas atividades e seu financiamento; os governadores provinciais, que anteriormente gozavam de muita liberdade para taxar e dirigir suas regiões, foram substituídos por apadrinhados de Moscou; a Duma, graças à manipulação eleitoral e a manobras constitucionais, não faz muito além de sancionar os projetos do governo.

Soa familiar? Não é à toa que Putin tem sido comparado aos czares de séculos passados. Uma das comparações preferidas é com Nicolau I, o czar linha-dura que governou na primeira metade do século XIX. O próprio Putin tem alegado, sem nenhuma vergonha, a excepcionalidade russa. Em 2000, ele escreveu: "Desde os primórdios, a Rússia foi criada como um Estado supercentralizado. Isso está praticamente inscrito em seu código genético, em suas tradições e na mentalidade de seu povo."

Enquanto isso, ainda que a renda tenha crescido rapidamente nos últimos anos, boa parte do crescimento esteve ligada à subida dos preços da energia, que tornou as enormes reservas russas de petróleo e gás muito mais valiosas, resgatando financeiramente seu governo previamente falido. Parte do dinheiro do petróleo e do gás foi reciclado em outras partes da economia. Porém, o aumento na renda foi muito maior que o crescimento da produtividade, o que sugere que boa parte da recente prosperidade russa se encontra nas plataformas de petróleo e gasodutos, estando vulnerável a novas quedas nos preços da energia. Até mesmo o setor de petróleo e gás teve um desempenho abaixo da média, e as companhias estrangeiras que talvez pudessem ajudar a melhorar a produtividade foram retiradas do país. E como vimos no capítulo sobre petróleo e diamantes, a combinação de um Estado poderoso e arbitrário e de abundantes recursos minerais não costuma ter um final feliz. Sob o governo de Putin, o Estado retomou o controle da indústria energética.

Putin pelo menos trouxe a ordem, ainda que não a lei (ou o respeito a ela), em comparação aos governos eventualmente caóticos de seus predecessores, Boris Yeltsin e Mikhail Gorbachev. Da mesma forma, o que talvez seja uma pena em relação a sua liberdade e prosperidade futura, os russos parecem razoavelmente satisfeitos com o estado das coisas, ainda que seja difícil julgar a situação sem uma mídia livre e eleições justas. Eles não sentem falta de uma democracia real, já que, na opinião de muitos, jamais a tiveram. A corrupção é desenfreada, mas as coisas sempre foram assim. As eleições não são nem um pouco limpas, mas mesmo que fossem, Putin e seus aliados provavelmente seriam reeleitos. Ainda assim, até mesmo os otimistas duvidam, especialmente com a energia a preços baixos, que a estranha economia de mercado russa possa prosperar coexistindo com um governo autoritário decidido a controlar cada vez mais mecanismos de poder econômico.

Esse, porém, é precisamente o truque que a China conseguiu utilizar até agora. Seu Estado de partido único não se mostrou desfavorável ao rápido desenvolvimento econômico. Em comparação com a Rússia, o crescimento da China se deu de maneira ampla em toda a economia (embora seu setor de serviços ainda seja pouco desenvolvido, um tema que examinaremos mais adiante) e envolveu ganhos enormes de produtividade. Como o país conseguiu esse feito? As histórias da China e da Rússia antes do comunismo tinham algumas semelhanças. Os dois países conheciam influências econômicas e ideológicas vindas do Ocidente, mas se afastaram delas. Então, quando ambos começaram a avançar em direção à economia de mercado moderna, quais foram as diferenças?

Em parte, a causa talvez esteja no modo como executaram as reformas. Em retrospecto, a Rússia talvez as tenha efetuado da maneira errada. O colapso da União Soviética começou nos anos 1980, quando Mikhail Gorbachev, que era então secretário do Partido Comunista, deu início à abertura política conhecida como Glasnost. Só mais tarde ele passou à reforma econômica, a Perestroica. Nesse meio-tempo, o Estado russo estava entrando em colapso. Desde 1917, a burocracia russa fora indissociável do Partido Comunista. Os funcionários públicos de quase todos os níveis recebiam instruções de chefes políticos. Com a implosão do partido, ambas as instituições desmoronaram simultaneamente, e o funcionalismo público não pôde ser transformado em uma burocracia moderna e funcional. Em outras palavras, a União Soviética começou por lesar as instituições que já tinha, diminuindo a possibilidade de que pudessem ser transformadas rapidamente em algo melhor.

Por outro lado, a China começou com reformas econômicas, e avançou muito mais por esse caminho que pelo da liberalização política. Ao que parece, o Partido Comunista Chinês não está ameaçado, nem estará em um futuro próximo. Até agora, Pequim conseguiu instituir reformas dentro do sistema sem destruir o sistema em si. O país reteve a estrutura política unipartidária e as restrições à opinião pública e à livre expressão. Os eventos ocorridos na Praça da Paz Celestial, em 1989, demonstraram os limites estritos impostos sobre o pluralismo político. Desde então, não ocorreu nenhuma ameaça organizada mais séria à integridade da condição de um partido só.

Enquanto isso, a organização do Estado chinês permitiu sua coexistência com uma forma limitada de economia de marcado. Em primeiro lugar, em comparação com a Rússia, no Estado chinês os níveis burocráticos mais baixos possuem uma parcela de autoridade muito maior. Os chefes e burocratas locais do partido competem uns com os outros para aumentar o crescimento econômico em suas regiões e possuem uma liberdade considerável para fazê-lo. O grande surto de investimento estrangeiro direto que tem inundado a China desde a década de 1990 foi incentivado pelas autoridades locais, que ofereceram benefícios fiscais, infraestrutura, poder e acesso aos suprimentos de água. O rápido crescimento chinês teve seu pontapé inicial na criação de diversas "zonas econômicas especiais" regionais, nas quais as restritivas leis trabalhistas e comerciais da China foram flexibilizadas. Algumas Repúblicas tentaram efetuar algo semelhante na Rússia, mas o governo de Putin as deteve.

O Partido Comunista Chinês e a burocracia estatal têm uma estrutura entrelaçada, assim como na União Soviética, mas a longa história chinesa de concursos competitivos faz com que seu sistema se aproxime mais de uma meritocracia que o modelo soviético. A China instituiu um "sistema de responsabilidade nos quadros", no qual os governos e burocratas locais firmam contratos baseados em seu desempenho. O Estado e partido soviéticos passaram por uma crise de confiança no momento em que tentaram iniciar suas reformas. O aparelho estatal chinês tem bastante confiança quanto a sua força para efetuar reformas de mercado limitadas sem provocar um colapso completo do sistema.

Outra grande vantagem da China, em virtude de um acidente histórico, é sua diáspora constituída por pessoas inclinadas aos negócios, particularmente em Hong Kong. Como vimos no capítulo sobre religiões, grupos minoritários chineses frequentemente atuaram como uma classe de empreendedores em países do Sudeste Asiático. A China talvez desconfiasse da influência ocidental, mas Hong Kong serviu como fonte de conhecimentos e experiência em finanças e negócios com feições familiares — sendo muitas vezes negócios de família mesmo —, particularmente depois que a antiga colônia britânica retornou ao controle de Pequim, em 1997. O investimento estrangeiro direto que começou a entrar no país na década de 1980 após as primeiras medidas tomadas para liberalizar a economia se deveram amplamente a ligações pessoais. Uma pesquisa sobre as operações subcontratadas em Hong Kong para empreendimentos realizados no delta do Zhu Jiang (rio das Pérolas) entre 1986 e 1989 revelou que mais da metade havia sido realizada por meio de conexões familiares ou por companhias já presentes na área.

Outra sorte da China foi a presença de modelos regionais passíveis de serem seguidos, o que lhe deu a confiança de que poderia liberalizar a economia sem perder o controle político. Taiwan, Cingapura e Coreia haviam conseguido enriquecer enquanto eram governados por Estados autocráticos. Como vimos no capítulo anterior, todos esses países tinham burocracias poderosas, típicas dos países do Sudeste Asiático, que, no caso da China, era muito anterior ao comunismo.

A administração da lei chinesa é pouco transparente, podendo ser fortemente influenciada pelos interesses do Partido Comunista local, como poderá ser atestado por qualquer pessoa que esteja lutando nos tribunais chineses para fechar fábricas de produtos falsificados. Mas Pequim não viola os direitos de propriedade de maneira tão ampla e arbitrária quanto Moscou. Os estrangeiros que investem na China se queixam da grande quantidade de regulamentações e procedimentos burocráticos, muitas vezes destinados a ajudar as companhias chinesas em detrimento dos negócios estrangeiros. Mas nada lá se parece com o que aconteceu com as companhias estrangeiras de petróleo na Rússia, que foram expulsas do país sem maiores cerimônias. A China ainda pode avançar no âmbito institucional, mas, como vimos no capítulo anterior, a corrupção chinesa ao menos parece ser de uma forma relativamente benigna. Ainda resta apenas um partido para se subornar.

Passemos então à Índia. Teoricamente, ela deveria conseguir fazer tudo o que a China faz, e mais. Assim como a China, o país tem a tradição de um funcionalismo público bem desenvolvido — neste caso, herdado do Império Britânico. Também tem uma experiência razoavelmente boa com a economia de mercado. Como vimos, a Companhia das Índias Orientais britânica foi para a Índia com o objetivo de fazer negócios com os prósperos produtores de têxteis, decidindo então governar o lugar por conta própria. O governo imperial britânico talvez tenha atrofiado e distorcido a economia indiana, mas a deixou com uma infraestrutura razoável, particularmente na forma de uma rede ferroviária bastante extensa. E, naturalmente, a Índia é uma democracia.

Ainda assim, permanece substancialmente mais pobre, em média, que a China. E ainda que as taxas de crescimento recentes da Índia tenham sido invejáveis, não são nem de longe suficientes para alcançar seu rival asiático, em boa medida porque o país fez muito menos para aprimorar sua infraestrutura. As experiências indianas recentes sugerem que a democracia e a burocracia podem ser legados ambíguos, particularmente em uma sociedade partida pelas castas sociais. O pluralismo político pode trazer grandes impasses. E uma burocracia sem uma liderança política forte tem a tendência a cuidar de seus próprios interesses e de resistir a reformas. A Índia precisou de 40 anos de independência e do imperativo de uma crise financeira para dar início a seu próprio pacote de liberalização.

Apesar de sua imprensa relativamente livre e de seu sistema político aberto, o país apresenta, em parte, a mesma estranha desconexão vista na Rússia e na China entre a política e a economia. Em parte, a economia indiana se modernizou de maneira espetacular. Em particular, o país criou algo que a Rússia e a China não possuem — empreendimentos de altíssima qualidade no setor de serviços, especialmente em tecnologia da informação e na terceirização de funções corporativas, como contabilidade e análise de dados.

Ainda assim, sua política tem seguido no sentido oposto do que é visto na maior parte das democracias modernas. O padrão típico, como ocorreu no sistema de benesses dos EUA no século XIX citado no capítulo sobre corrupção, é começar com o clientelismo — "O que você me dá em troca do meu voto?" A seguir vem a ideologia — "Quem vai fazer com que o país melhore, especialmente para pessoas como eu?" Por fim, ao que parece, chegamos ao gerencialismo — "Quem vai implementar, da maneira mais eficiente, agradável e razoável, o conjunto de políticas com as quais todos os principais partidos concordam, ainda que nenhum deles o admita publicamente?"

Longe de ser dominada pela ideologia, muito menos pelo conceito de boa administração, a política indiana tem se tornado cada vez mais dominada por multidões de grupos de interesse que lutam pelas benesses dos empregos governamentais e do dinheiro público. Recentemente, cresceu bastante o número de partidos que representam castas sociais específicas. Não se trata sequer de uma disputa entre esquerda e direita — nem mesmo, como vermos, de ricos contra pobres. É simplesmente um "cada casta por si". Enquanto isso, essa disputa pelas benesses tem ajudado a turvar a perspectiva de mais liberalização econômica, que, na opinião da maioria dos economistas, foi o que ajudou a colocar o país no caminho para uma maior prosperidade. Como foi que a Índia chegou a esse ponto?

Por mais tentador que seja, até porque isto permitiria lançarmos um último ataque à Companhia das Índias Orientais, não podemos culpar os britânicos pela política indiana do mesmo modo como podemos culpar os mongóis pela política russa. O Império Britânico intensificou e formalizou a divisibilidade maligna gerada pelo sistema de castas, que fere a sociedade indiana e retarda seu desenvolvimento econômico, mas não a criou.

As castas são um tema muito complexo, por estarem ligadas a dimensões religiosas, sociais, étnicas, históricas e ocupacionais. A própria palavra é importada: "casta" era um termo usado na botânica e pecuária da Espanha e Portugal no século XVI para denotar espécies ou raças. O termo foi levado à Índia por mercadores e se tornou uma expressão genérica que poderia se referir a comunidades, linhagens de sangue, grupos natais ou religiões.

O sistema de castas se deve, em grande parte, ao hinduísmo, que divide a sociedade em quatro categorias, ou *varnas*. Porém, como vimos no capítulo sobre religiões, as divisões modernas de castas não são um reflexo direto dos ensinamentos hindus. Além das categorias de *varnas* mais amplas, separadas entre brâmanes (sacerdotes e estudiosos), xátrias (guerreiros), vaixás (mercadores e artesãos) e sudras (trabalhadores manuais), existem literalmente centenas de subgrupos chamados *jatis*. Às vezes, mas nem sempre, estes se baseiam em ocupações específicas ou estão associados a elas. Um *jati* tradicional, por exemplo, é o dos pastores de cabras, e graças a isso possui certos direitos e privilégios respeitados. Enquanto as *varnas* se referem principalmente a identidades espirituais, os *jatis* correspondem mais à experiência de vida concreta: a comunidade em que a pessoa nasce, o trabalho que provavelmente acabará por executar, a família e formação da pessoa com quem ela deverá se casar.

Também vimos no capítulo sobre religião que o interesse próprio conseguiu disseminar a divisão em castas pela sociedade indiana, levando-a além de suas raízes hindus. O hinduísmo tem pelo menos quatro grande religiões rivais no subcontinente — siquismo, islamismo, cristianismo e budismo. É incrível que as subdivisões em *jatis*, que supostamente derivam essencialmente dos ensinamentos hindus, tenham conseguido penetrar todas as demais religiões.

O siquismo, por exemplo, foi fundado em tempos relativamente recentes, ao final do século XVII. Os gurus fundadores da religião rejeitaram a autoridade de certos textos hindus e, de maneira bastante audaciosa, estabeleceram em suas práticas uma rejeição explícita às castas do hinduísmo. No lugar do nome que identificaria a casta de um hindu, os siques trazem sempre o mesmo título: para os homens, "Singh", que significa "leão", e para as mulheres, "Kaur", que significa "princesa". Ainda assim, uma olhada rápida pelos sites matrimoniais dos siques — o equivalente moderno dos casamenteiros das aldeias — mostra que a "casta" muitas vezes é apresentada como um dos atributos do cônjuge em potencial. Muitos siques se identificam como "*jat sikh*". Em certo nível, trata-se de uma classificação histórica conforme a ocupação: os *jats* costumavam ser fazendeiros proprietários de terras, e há muitos *jats* hindus e muçulmanos. Mas em outro nível, trata-se de uma casta social. Muitos siques *jat* não se casariam com um não *jat*.

Dada sua origem ancestral, a classificação da população indiana em castas obviamente é anterior ao Governo Imperial britânico. E o mesmo ocorre com a exploração dessas divisões com intuitos administrativos. Os imperadores mogul muçulmanos que governaram a Índia até o século XVIII desenvolveram a técnica de classificar as pessoas conforme a cor da pele: clara, parda e escura (esses preconceitos ainda prevalecem na formação dos casais). Após o declínio do Império Mogul, o crescimento de diversos reinos hindus menores para preencher o vácuo deixado aumentou a importância das distinções de casta. Como vimos, o monopólio do sacerdócio pelos brâmanes e seus maiores índices de alfabetização os tornaram muito requisitados como clérigos e burocratas. Mesmo no reino sique de Ranjit Singh, no Norte da Índia moderna, os brâmanes foram promovidos devido à necessidade do governante de registrar e administrar seu reino. Alguém, afinal de contas, tinha de coletar os impostos.

Mas a força das castas na sociedade indiana aumentou durante o domínio britânico, especialmente depois que a coroa passou a governar o país diretamente, em 1857. A Companhia das Índias Orientais, como vimos, preferia operar pela manipulação e cooptação de líderes locais, no lugar da ocupação militar direta. Mas a estratégia de "dividir para conquistar" exigia um conhecimento relativamente detalhado das sociedades indianas — caso contrário, seria difícil saber onde dividir e como conquistar.

Em particular, para os britânicos foi bastante prático organizar as Forças Armadas com base nas castas e, às vezes, nas linhagens religiosas. Tendo sido impressionados pela habilidade militar dos siques ao conquistarem seu reino na década de 1840, os colonizadores os recrutaram rapidamente para o Exército britânico. Os ingleses designaram os siques como uma "raça marcial" e formaram um regimento sique (algumas famílias hindus criavam seu filho mais velho como um sique, para facilitar sua carreira militar). Também foi reservado um regimento para os Rajput, um subgrupo da casta xátria.

Nos censos coloniais regulares, tabelas cada vez mais detalhadas registravam as afiliações de casta, padronizadas e fundamentadas em princípios derivados da zoologia e da botânica. Cada vez mais, essas classificações incorporaram divisões étnicas. Um dos méritos da Companhia das Índias Orientais foi não ter ficado particularmente obcecada com etnias e com a pureza das linhagens de sangue. E a Companhia tolerava e até estimulava os casamentos de seus oficiais brancos com jovens locais — uma das maneiras mais habituais de fazerem contatos políticos e comerciais. Gradualmente, porém, e particularmente depois de 1857, o sistema foi infiltrado por desagradáveis noções vitorianas de diferenciação racial. As divisões em castas se cristalizaram com base na pseudociência da antropometria — a classificação biológica das raças —, uma disciplina sem fundamentos, porém muito popular no século XIX.

H.H. Risley, um dos principais disseminadores dessas noções absurdas e deletérias pelo Império, dividiu a Índia em sete raças que iam dos "primitivos" dravidianos, mais escuros e radicados no Sul do país, aos "avançados" indoarianos do Norte. Segundo Risley, o status social de cada grupo variava em proporção inversa à largura de seus narizes (na África, testes semelhantes ajudaram a separar os hutus dos tutsis em Ruanda, e sabemos muito bem como essa história terminou).

No início do século XX, o sistema de castas já estava bastante internalizado na sociedade, a ponto de infectar a campanha política pela independência da Índia em relação ao Império Britânico. É verdade que muitos ativistas pela separação rejeitavam integralmente o conceito, que era visto como uma ferramenta do colonialismo. O jornal *Indian Social Reform*, que apoiava a independência, instou seus leitores, em 1930, a se recusarem a fornecer aos recenseadores os detalhes de sua casta. Mas na disputa por posições entre os nascentes partidos políticos indianos que levaram à libertação, em 1947, as identidades de casta muitas vezes entraram no jogo. O Partido Unionista, por exemplo, que representava os interesses fundiários do Punjab, no Norte da Índia, angariou apoio protestando contra o domínio dos brâmanes.

Alguns dos mais famosos líderes da independência também tinham atitudes ambíguas com relação às castas. Fora das quatro *varnas* restavam dois outros grupos. Um deles era o dos "intocáveis", atualmente conhecidos como "*dalits*", ou "párias", uma casta abaixo das outras quatro. O outro era o dos "tribais", pessoas inteiramente fora do sistema de castas. Esses dois grupos sofreram as maiores desvantagens e discriminações. Historicamente confinados a trabalhos ingratos de baixo prestígio, frequentemente ignorados pelas castas mais altas e com acesso negado aos poços das vilas e outros lugares públicos, também lhes era negado rotineiramente o direito à educação. Estima-se que no início do século XX, somente 0,13% dos *dalits* fossem alfabetizados. Os britânicos haviam criado um amplo serviço público na Índia, ocupado em grande parte por indianos, mas uma proporção exagerada dos funcionários vinha das castas mais altas e mais instruídas, aumentando ainda mais seus privilégios.

Mahatma Gandhi, o mais famoso de todos os líderes da independência, descreveu o conceito de intocabilidade como uma mácula no hinduísmo, rebatizando a casta para "Harijan", ou "Filhos de Deus". Mas sua solução foi religiosa, não política: seu objetivo não era abolir a casta, e sim erguer o status dos intocáveis dentro da doutrina de fé. Gandhi ainda defendia as classificações em *varnas*, por trazerem uma ordem essencial à sociedade. Os que fizeram campanha para "elevar" o status dos intocáveis afirmavam estar se manifestando em defesa dos Harijan, mas na prática acabaram por intimidá-los para se limparem e continuaram a agir como seus superiores.

É uma dolorosa ironia histórica que o homem que, sem saber, talvez tenha ajudado a incorporar as castas à política da Índia independente fosse ele próprio um pária que criticava Gandhi amargamente nessa questão. B. R. Ambedkar, vindo de uma família humilde da casta Mahar de "intocáveis", conseguiu superar enormes desvantagens educacionais, conquistando um doutorado da Universidade de Columbia, em Nova York, antes de retornar à Índia. Ao final da década de 1920, tendo se tornado um legislador provincial em Bombaim dentro do limitado autogoverno permitido pelo Império, ele se tornou um dos mais conhecidos militantes pela independência do país. Em 1935, com a Lei do Governo da Índia, o último grande gesto de devolução antes do fim da gestão colonial, os britânicos criaram representações eleitorais separadas para comunidades religiosas minoritárias. Ambedkar exigiu, e recebeu, o mesmo para os intocáveis.

Para isso, as autoridades coloniais precisaram realizar um censo gigantesco, que listou quase 400 comunidades separadas de *dalits* e dezenas de grupos tribais. Dessa classificação colonial vêm os termos "casta inventariada" e "tribo inventariada", que correspondem respectivamente aos "intocáveis" e aos "tribais" e que apimentam o discurso político indiano moderno.

No momento da independência, em 1947, a história indiana havia deixado dois legados que influenciariam seu futuro econômico e político. Em primeiro lugar, apenas uma minoria dos indianos era alfabetizada; em segundo, a sociedade indiana, além das divisões religiosas e linguísticas, estava rachada por centenas de identidades de casta. O caminho que a Índia seguira rumo à independência moldou o que aconteceria daí em diante.

A constituição da nova República, que entrou em efeito em 1950, foi escrita principalmente com base na linha apoiada por Jawaharlal Nehru, que se tornou o primeiro primeiro-ministro do país. Baseava-se nos direitos das pessoas como indivíduos, e não como membros de uma comunidade. O conceito de intocabilidade foi considerado ilegal, o que, juntamente com legislações posteriores, supostamente terminaria com a segregação física dos párias. No entanto, com as melhores intenções, a legislação deixou brechas que permitiram a continuação das divisões em castas. A Constituição, a pedido de Ambedkar, determinava que o Estado deveria "promover, com cuidado especial, os interesses educacionais e econômicos dos setores mais frágeis da população, particularmente das castas inventariada e tribos inventariada". Na prática, isso significava que esses grupos teriam cotas de empregos públicos, educação superior e lugares na Assembleia Legislativa. Isso também arraigou a prática colonial de coletar uma grande quantidade de informações sobre castas e exigiu a criação de uma comissão e um comissário oficiais para as castas e tribos inventariadas.

Em todo caso, não foi possível eliminar os preconceitos de casta apenas por meio de uma Constituição escrita, da mesma forma que o fim da escravidão nos EUA após a Guerra Civil não encerrou instantaneamente a discriminação contra os negros. As atitudes persistiram, como de costume. O primeiro relato da comissão, em 1951, citava os *dalits* com desprezo, em termos semelhantes aos dos que militavam para "erguê-los" nas décadas anteriores: dizia que eram "preguiçosos de mente e corpo e insensíveis à própria condição".

A divisão da população em castas e a concessão de benefícios a partir dessa base teve como resultado nada surpreendente estimular o alinhamento dos grupos políticos da mesma maneira. No início, o partido de frente ampla de

Nehru no Congresso dominou a política pós-independência. Mas quando o partido começou a fraquejar a partir da década de 1960, um enxame crescente de partidos regionais passou a utilizar as castas como ferramenta eleitoral. Em pouco tempo, os privilégios excepcionais concedidos às minorias das castas e tribos inventariadas começaram a se tornar a norma para a maioria.

No momento da independência, havia menos de 50 milhões de pessoas nas castas inventariadas e mais cerca de 25 milhões nas tribos inventariadas, o que abrangia, no total, aproximadamente 20% da população. No entanto, protestos contínuos em nome de outras castas levou à invenção de um novo grupamento enorme, "outras classes atrasadas", e a discriminação positiva passou a ser estendida também a esse grupo. Nos anos 1950, a Comissão das Classes Atrasadas identificou quase 2.400 comunidades, outros 32% da população, como vítimas de "atraso".

Até a década de 1980, a economia indiana costumou engatinhar em torno da ironicamente denominada "taxa de crescimento hindu" de 3 a 4%, fazendo pouco mais que acompanhar o crescimento da população. A sociedade indiana era, portanto, essencialmente um jogo de soma zero. Qualquer coisa que uma pessoa obtivesse teria de ser retirada de outra, e o bem comum ia para o espaço. Era um campo ideal para o florescimento de políticas clientelistas.

Para muitos, a política se tornou um jogo de cultivar "bancos de votos" — blocos eleitorais definidos por casta, religião ou etnia. Qualquer casta que recebesse cotas de empregos ou de vagas em universidades lutava ferrenhamente para mantê-las; quem não as recebesse lutava para obtê-las. A formação de governos estaduais e até mesmo nacionais passou a se basear em alianças temporárias de interesses especiais. Isso frequentemente significava ignorar divisões de renda: uma coalizão bem-sucedida poderia muito bem estar formada por um movimento de uma casta "alta" e outra "baixa" reunidos contra uma casta média.

O efeito desse sistema na correção dos enormes desequilíbrios vistos na sociedade indiana foi, na melhor das hipóteses, mínimo, e provavelmente negativo. As cotas de empregos e vagas nas universidades costumavam ser abocanhadas pelos membros mais influentes de qualquer casta específica — o grupo conhecido como a "nata" das "outras classes atrasadas". A alocação de empregos por políticos é uma excelente oportunidade para a corrupção: muitos são simplesmente leiloados para quem fizer a melhor oferta. Como os empregos governamentais são uma fonte de poder e dinheiro para políticos, o sistema cria um forte incentivo para que eles resistam a qualquer tentativa de modificar o governo a fim de aumentar sua eficiência, alocando-se os empregos com base no mérito ou, que Deus nos proteja, privatizando-se indústrias estatais. A história indiana levou o país por um caminho econômico e social do qual é politicamente difícil escapar.

Enquanto isso, a Índia está longe de criar uma sociedade que possa gerar oportunidades genuínas para todos independentemente do berço. Hoje em dia, mais párias — talvez um terço — sabem ler e escrever do que na época anterior à independência, quando as porcentagens eram miseravelmente baixas. Mas a taxa de alfabetização geral da Índia permanece baixa. A taxa oficial é de aproximadamente 65%, ainda que muitos desses provavelmente não consigam fazer mais que escrever o próprio nome. Boa parte do dinheiro que supostamente iria para a educação acaba sendo sugada por uma burocracia enorme e uma classe política corrupta.

O contraste entre a Índia e a China nesse aspecto ajuda a explicar por que, ainda que ambos os países estejam se tornando gigantes econômicos modernos, seu desenvolvimento é tão diferente. Com uma maior tradição de meritocracia e educação, e sem nada parecido com a estratificação social indiana, a China tem uma taxa de alfabetização acima de 90%. Sua burocracia, ainda que corrupta, parece ser relativamente eficiente em sua corrupção. O resultado é um surto de crescimento de base ampla, ocorrido em boa medida no setor industrial. Especializando-se inicialmente na indústria têxtil, o extraordinário crescimento chinês em tempos mais recentes se deu nas indústrias de eletrônica, computadores e carros. Essa produção, particularmente na parte de montagem, que utiliza mão de obra intensiva, criou enormes oportunidades de emprego, até mesmo para os relativamente pouco qualificados. Centenas de milhões de pessoas foram erguidas da pobreza.

Enquanto os líderes chineses decidiram começar a liberalização de sua economia mais ou menos por conta própria e no momento em que escolheram, foi necessária uma crise para que algo semelhante ocorresse na Índia. Um pequeno grupo de reformistas aglomerado ao redor de Manmohan Singh, o ministro das Finanças que, duas décadas depois, viria a se tornar premier, aproveitou a oportunidade de uma crise na balança de pagamentos, em 1991. Em poucos dias, o grupo fez pressão por uma série de mudanças, particularmente pela reforma de um extenso sistema de licenças governamentais para importações, exportações e operações comerciais que os burocratas utilizavam para extorquir propinas das companhias.

No entanto, ainda que a taxa de crescimento indiana tenha se recuperado, a natureza de suas instituições e sua história fizeram com que o padrão e a distribuição desse crescimento tenham sido bastante diferentes dos vistos na China. Para a Índia foi muito difícil igualar a força chinesa na indústria de manufaturas de grande escala. Sua infraestrutura de transporte e eletricidade, devido a um

Estado esclerosado e ineficiente, é muito fraca. O setor mais vívido da economia indiana na última década é sua famosa indústria de software, TI e outros serviços terceirizados. Em geral contando com as comunicações por satélite e gerando sua própria energia, as companhias de software prosperaram mantendo suas operações quase inteiramente desconectadas do governo.

Esse desempenho superior em serviços, por sinal, tem longas raízes históricas. Graças a informações mantidas pelos colonizadores britânicos, podemos efetuar comparações entre a produtividade relativa (produção per capita) da Índia e da Grã-Bretanha em diferentes setores da economia desde o final do século XIX. Nessa época, a produtividade da indústria de manufaturas indiana em relação à Grã-Bretanha era aproximadamente igual à do setor de serviços, cerca de 15%, enquanto sua produtividade agrícola se encontrava um pouco acima de 10%. Desde então, a produtividade agrícola indiana colapsou para 1% do nível britânico, a relação entre a produtividade no setor de manufaturas se manteve mais ou menos constante e a do setor de serviços ganhou terreno. Ao final do século XX, a produtividade dessa área na Índia chegou a 30% do nível britânico. A Índia, pelo que se nota, já era relativamente eficiente no setor de serviços décadas antes da existência de algo como programas de computadores.

Mas o desenvolvimento assimétrico da Índia fez com que os ganhos fossem distribuídos de maneira muito desigual. A população pobre do país trabalha fundamentalmente no conturbado setor agrícola. Para participar da indústria de serviços, os empregados precisam de um bom nível de instrução, ainda mais que no de manufaturas. Assim como no caso das cotas de empregos para o sistema de castas, muitos dos ganhos advindos do crescimento indiano vão para os já abastados. O chefe de recursos humanos de uma companhia de software indiana me disse uma vez: "O problema com a indústria de TI é que ela faz com que a 'nata' fique ainda mais seleta." O extenso sistema de reserva de empregos administrado pelo Estado pode, teoricamente, ser discriminativo contra as castas mais privilegiadas, como os brâmanes, mas seu acesso historicamente superior à educação ainda lhes dá uma vantagem importante.

Para que a Índia escape a seu padrão atual, precisará se livrar dos hábitos adquiridos ao longo de décadas de independência e, antes disso, de séculos de imperialismo. O socialismo instituído na constituição deve levar a uma concessão genuína de serviços e oportunidades a todos, e não a um sistema político dominado pelas elites de centenas de grupos sociais distintos que lutam por privilégios oficiais.

Como mencionado anteriormente, a história da Índia lhe deixou algumas grandes vantagens com relação à China e à Rússia. Em primeiro lugar, trata-se de uma democracia. Muitos poucos países conseguiram enriquecer verdadeiramente a níveis europeus ou americanos sem se tornarem democráticos. A democracia indiana está longe de ser perfeita, mas pode melhorar sem que seja necessária uma revolução ou algum outro grande levante político. Se a China, por outro lado, quiser se tornar uma democracia, em algum momento terá de passar por uma mudança drástica. A burocracia estatal terá de permanecer intacta e funcional enquanto sua relação com um único partido político é desfeita. Outros países do Extremo Oriente, como a Coreia do Sul, conseguiram passar bastante bem por esse processo. Mas não há nenhuma garantia de que a China conseguirá adaptar seu legado histórico da mesma forma. A Rússia, por sua vez, conduziu esse processo pessimamente. E o experimento da Rússia com a democracia desde 1991 fez com que muitos russos não se vissem nem um pouco impressionados com esse novo conceito importado do Ocidente; com isso, estão dispostos a aceitar as restrições tradicionais à liberdade em troca da estabilidade.

Ainda que o panda gigante esteja inegavelmente associado à China, a pesada criatura talvez não seja o melhor símbolo a ser escolhido pelo país. O processo inconsciente da evolução fez com que esse urso entrasse por um caminho fadado ao esquecimento do qual não poderá escapar nem se recuperar, exceto com base em subsídios públicos contínuos. Nenhum país se encontra em uma posição tão irrecuperável. Mas muitas nações seguiram por rotas descendentes que não teriam escolhido caso pudessem prever aonde as levariam. E mesmo que muitos no país reconheçam atualmente o que precisa ser feito para mudar de direção, ainda são necessárias grandes parcelas de coragem, sorte e força para encontrar um caminho melhor.

10. Conclusão

Em nós, por vezes, se encontra o remédio.

Nossa breve viagem pela história econômica do mundo começou quando nos perguntamos por que a Argentina não é igual aos EUA e terminou com o exame de como os países escolhem caminhos diferentes e acabam por ficar presos neles. Pois os mesmos padrões e mesmos problemas que vimos ao longo da história continuam a ocorrer. E ainda que possam ser corrigidos, mudar de trajeto pode ser terrivelmente difícil.

Poucos dos padrões e temas observados na história desapareceram para sempre. Demonstrações de equívocos conhecidos e da influência de antigos grupos de interesse continuam a surgir repetidamente. Às vezes, todas essas demonstrações se reúnem em um grande espetáculo, para nossa conveniência e diversão. A aceleração drástica da crise financeira global no segundo semestre de 2008 não foi a primeira vez nesse ano em que os erros do passado e das políticas presentes puderam ser vistos com clareza. Nas acaloradas discussões ocorridas em julho durante a chamada "Rodada de Doha" do comércio global, em Genebra, os debates terminaram na última de uma série de tentativas fracassadas de se fazer com que os ministros saíssem da situação empacada em que se encontravam e finalmente avançassem de maneira mais harmônica. As negociações, que levam o nome da capital do minúsculo emirado do Qatar em que se iniciaram em 2001, tinham por objetivo dar prosseguimento aos cortes de impostos sobre importações em uma base multilateral — ou seja, envolvendo todos os países-membros da Organização Mundial do Comércio.

Se palavras amigas fossem comestíveis, a Rodada de Doha teria alimentado o mundo inteiro por uma década. Todos os presentes gastaram muita retórica para concordar com a necessidade urgente de chegarem a um acordo. Apesar do grande crescimento do comércio internacional de bens e serviços durante a maior parte do tempo das últimas duas décadas, os resmungos contra os lados negativos da globalização haviam, em certos espaços, como o Capitólio dos EUA, crescido até se tornarem um rosnado ameaçador. Todos concordavam que um acordo para reduzir os tetos das tarifas de importação serviria como um sinal de que o mundo não iria repetir os erros da década de 1930. Nunca mais se permitiria que a elevação recíproca de tarifas agravasse uma recessão global.

E ainda assim, mesmo depois de uma maratona de nove dias de negociações cheias de suor e adrenalina, que muitas vezes se estendiam noite adentro no modesto edifício da OMC nas margens do lago Genebra, as tarifas não puderam ser eliminadas (na verdade, isso não foi de todo surpreendente, já que as negociações haviam terminado em termos igualmente ásperos dois anos antes, mais ou menos na mesma época. Juntamente com as férias na praia, churrascos no jardim e o torneio de Wimbledon, o colapso da rodada de Doha ameaçava se tornar um ritual de verão).

Foram muitos os motivos pelos quais os países não concordaram e que levaram a tantas dificuldades no acordo. Com a presença de dezenas de representantes, os interesses de cada um entravam em conflitos e interseções em múltiplas dimensões. Porém, muitas das disputas mais gritantes mostraram que os ministros do Comércio presentes em Genebra na primeira década do terceiro milênio, quando a economia havia entrado em uma "Era da Informação" que supostamente revolucionaria toda a base dos empreendimentos e da riqueza humana, ainda se viam aprisionados nas armadilhas em que a história econômica os colocara durante décadas. As negociações de Genebra em julho de 2008 aglutinaram os medos de todos.

Os representantes dos EUA se apresentaram carregando todo o peso do lobby agrícola, particularmente dos produtores de algodão. Como vimos, os interesses dessa cultura nos EUA carregam um peso político de tamanho desproporcional em relação a sua importância para a economia do país. O algodão é um dos poucos cultivos que se encaixam bastante bem nos argumentos de que os subsídios agrícolas do Ocidente ferem substancialmente os meios de vida de alguns dos agricultores mais pobres do mundo. Onze milhões de pessoas cultivam algodão no Oeste da África, todos eles em países desesperadamente pobres e com poucas opções alternativas.

A situação traz uma grande ironia histórica. Os produtores de algodão de Mali, Burkina Faso, Benin e Chade são descendentes daqueles que tiveram a sorte de escapar aos comerciantes de escravos que recolhiam africanos capturados e os levavam para o outro lado do Atlântico para trabalhar nos campos de algodão da América. Atualmente, porém, esses mesmos agricultores são lesados pelos grandes subsídios ao algodão cultivado por fazendeiros brancos nos estados do Sul dos EUA e vendido a preços artificialmente baixos no mercado mundial.

Devido a essa situação particularmente problemática, o algodão supostamente seria tratado com atenção "específica" e "diligente" na Rodada de Doha. Os EUA, porém, observados de perto pelos Estados produtores do item em questão, se recusaram veementemente a discutir o tema em separado até que se chegasse a um acordo geral sobre a eliminação de subsídios e tarifas agrícolas. De fato, quando as negociações sucumbiram, uma das teorias da conspiração que rondavam Genebra dizia que os EUA haviam exigido concessões que dificilmente obteriam em outras partes da negociação de modo a não precisar reformar seu programa do algodão.

É muito provável que isso se trate de, no mínimo, um considerável exagero. Porém, o que ficou bastante evidente foi a capacidade do lobby agrícola dos EUA de bloquear qualquer acordo com o qual não estivesse satisfeito. O ponto em que as negociações falharam foram as demandas feitas pelos EUA de que seus fazendeiros tivessem acesso garantido aos mercados de grandes países emergentes, como a Índia e a China. Sem isso, não estavam dispostos a negociar. Os fazendeiros dos EUA não aceitavam cortes em seus subsídios a não ser que ganhassem acesso a mercados de exportação. O mercantilismo do século XVII continuava perfeitamente vivo.

Não importava se a reforma poderia aliviar parte do peso carregado pelos contribuintes dos EUA por terem de subsidiar seus agricultores. Não importava se o fracasso nas negociações pudesse impedir que outras indústrias dos EUA — que empregam muito mais pessoas que a agricultura — ganhassem mais acesso a mercados de exportação. Sem os fazendeiros, não havia acordo. O futuro do sistema de comércio global se viu refém de um setor que produz menos de 1% da renda nacional dos EUA e emprega menos de 2% de sua força de trabalho.

Mas os EUA não estavam sós. A União Europeia teve de lidar com seus próprios fazendeiros truculentos, que de fato recebem muito mais apoio na forma de subsídios e tarifas que seus equivalentes americanos. Também teve de lidar com a velha questão das bananas, que encontramos na discussão sobre política comercial. Quarenta ou 50 anos depois da independência da maior parte das colônias europeias, ainda persistia uma versão do acordo especial para comprar bananas a preços inflacionados, e o acordo ainda se via atacado pelos exportadores dessas frutas da América Central. Um espetáculo secundário razoavelmente interessante em Genebra foi uma complicada negociação trilateral na qual a Comissão Europeia tentou reformar seu regime com relação à banana de modo a apaziguar o Equador e seus aliados, enquanto retinha uma porção suficiente do velho sistema, de modo a não provocar uma revolta por parte de suas antigas colônias. Em certo momento, os países africanos produtores de bananas se retiraram das negociações, em protesto.

Enquanto isso, durante as negociações sobre o comércio de bens industriais, a Argentina demonstrava o que acontece quando os industriais são paparicados por mais de um século. No primeiro capítulo, vimos que a ideia argentina de industrialização consistia em criar um ambiente artificial confortável para que a indústria de manufaturas pudesse prosperar, protegendo-a da competição mútua por meio de regulamentações internas e dos concorrentes externos por meio de tarifas de importação.

A Argentina ainda mantém tarifas externas elevadas sobre produtos industrializados, e nas negociações de Genebra, Buenos Aires se opôs fortemente a um acordo no qual as tarifas industriais do mundo inteiro fossem reduzidas. Como o país em desenvolvimento que é agora, em vez do país rico que foi um dia, a Argentina tem mantido essas tarifas em níveis mais altos que os de economias avançadas como os EUA e o Japão. Porém, com um governo peronista no poder, cujo primeiro instinto sempre foi aplacar os eleitores urbanos da classe trabalhadora, qualquer medida que pudesse prejudicar o setor industrial do país representaria um risco excessivo.

O governo argentino ainda possui meios para retornar às velhas linhas de batalha ou para reavivar velhos preconceitos. No momento em que os ministros do Comércio se encontraram em 2008, uma crise global de alimentos já vinha avançando havia um ano. O aumento da demanda combinado a estoques baixos e interrupções na oferta fizeram com que os preços subissem acentuadamente. Isso, por sua vez, se deveu em parte à política comercial. As necessidades globais de grãos para serem transformados em biocombustíveis foram elevadas artificialmente pelo lobby agrícola dos EUA. Como vimos no capítulo sobre política comercial, o poder de Iowa e de outros estados do Meio-Oeste ajudou a assegurar que o etanol americano seria produzido de maneira ineficiente a partir do milho doméstico, e não da cana-de-açúcar brasileira, mais barata e menos lesiva ao ambiente.

A Argentina, que continua sendo um exportador agrícola altamente eficiente, deveria ter reagido naturalmente a essa situação aumentando ao máximo suas vendas no mercado global. Mas isso teria trazido grandes lucros a seus fazendeiros. O governo queria que esses lucros, ou simplesmente alimentos baratos, fossem dirigidos à população urbana pobre do país. Seguindo os passos do próprio Perón, Cristina Kirchner, a presidente da Argentina (e ex-senadora de Buenos Aires), reagiu instituindo grandes impostos sobre a exportação de soja e outros produtos agrícolas.

Mas os impostos tiveram um efeito oposto ao esperado. Desencadearam greves e protestos por parte de agricultores em todo o país, provocando uma interrupção em boa parte da produção nacional de grãos e carne. Os pecuaristas já haviam ficado irritados com a proibição das exportações de carne em 2006, que tivera o mesmo objetivo de aumentar o suprimento para o mercado doméstico. Em vez de baratear a carne para a população urbana pobre da Argentina, essa tentativa desastrada de encurralar os fazendeiros fez com que a população urbana pobre da Argentina não tivesse mais carne nenhuma para comer.

Assim como ocorrera com o próprio Perón, que fora obrigado a proibir a compra de carne em certos dias para manter a oferta — isso, em um dos maiores países produtores de gado no mundo —, em 2008 as prateleiras de carne dos supermercados argentinos tiveram de ser preenchidas com massas. Perón havia acusado as famílias proprietárias de terras de traição e ganância, e sua herdeira no peronismo fez o mesmo. Cristina Kirchner ridicularizou os grevistas, chamando-os de "piqueteiros da abundância". Os fazendeiros, disse a presidente, deveriam agir como "parte de um país, não como os donos do país".

A caricatura que ilustra os fazendeiros argentinos como uma elite oligárquica já perdeu o sentido há décadas. Na década de 1990, nem um único proprietário de terras tradicional se encontrava na lista das pessoas mais ricas da República. De fato, o maior proprietário de terras na Argentina era um estrangeiro — George Soros, o bilionário investidor americano. Ainda assim, a tradição de demonizar os aristocratas privilegiados tem colocado os peronistas repetidamente no poder há mais de 60 anos, e eles aparentemente não veem motivo para mudar o discurso. E a Argentina já havia ajudado a estreitar a pauta das negociações de Doha, recusando-se veementemente a aceitar as regras que limitariam sua capacidade de impor restrições sobre as exportações de alimentos sempre que tivesse vontade.

Enquanto isso, a principal prioridade de muitos países nas negociações era reter o poder de desafiar a lógica de vantagens comparativas. Países como a Indonésia e as Filipinas, com grandes populações e escassez de terras e água, tradicionalmente foram importadores de muitos alimentos básicos, particularmente de arroz. Mas sua resposta à crise alimentar, apesar de haver incentivado a importação de alimentos no curto prazo, foi a de lutar cada vez mais para reter o direito de bloquear as importações no futuro — parte de um impulso pela autossuficiência nacional. Se as Filipinas forem em frente com seu plano de se tornarem autossuficientes na produção de arroz, é provável que isso leve a um uso extremamente ineficiente da terra, tornando o país vulnerável a quedas na oferta doméstica durante safras ruins. Diferentemente do que ocorreu nas crises da década de 1840, que levaram à revogação das Leis dos Cereais, em 2008 os países não aproveitaram a oportunidade gerada pela crise dos preços de alimentos para reduzir permanentemente seu protecionismo agrícola.

Outros importadores de comida seguiram um caminho distinto. Contornando inteiramente as negociações, países como a Arábia Saudita estavam ocupados em arrendar grandes porções de terra em países africanos para produzir grãos para si mesmos. Estes ao menos apreenderam a lógica de importar água do exterior. É uma pena que tenham escolhido fazê-lo de uma maneira que lembra as apropriações imperiais de terras do século XIX, ou então a política da Roma Antiga de invadir seu principal fornecedor de alimentos e extrair grãos pela imposição de taxas.

Enquanto isso, na Suíça, o ministro do Comércio indiano continuava a falar da necessidade de proteger a renda dos pequenos agricultores. "Vou negociar os termos do comércio, mas não os meios de vida", disse o político. Ainda assim, na Índia, esses pequenos agricultores são rotineiramente postos de lado pelos fazendeiros maiores e mais influentes, que abocanham a maior parte da água e da energia subsidiadas pelo Estado. A corrupção e um sistema político que concede benefícios aos mais bem organizados, e não aos que mais os merecem, despojou muitos agricultores de suas terras. A política comercial é uma parte relativamente secundária do que tem mantido os agricultores indianos na pobreza.

E a Rússia não está sequer participando das negociações. Seu isolamento da ordem econômica do pós-guerra, tediosamente semelhante ao seu passado, estendeu-se a ponto de deixar o país fora do Acordo Geral de Tarifas e Comércio, o predecessor da OMC. Em 2008, a Rússia ainda não havia se equiparado a alguns dos países mais pobres do planeta e feito a curva para entrar na organização. Na semana em que as negociações colapsaram, a OMC ao menos teve algo a comemorar: a chegada de seu 153º membro, o minúsculo país africano de Cabo Verde (população: 420 mil. Principal item de exportação: cocaína. Ainda que não a cultive).

Em 2008, a Rússia já vinha tentando entrar para a OMC havia muitos anos. Mas a candidatura vinha sendo prejudicada por sua incapacidade habitual em aplicar o Estado de direito. Os EUA em particular estavam fazendo objeções, insatisfeitos com o fato de que o postulante não se mostrasse capaz de impedir a grande falsificação de CDs e DVDs e sites ilegais para download de música. No papel, a Rússia tinha uma lei antifalsificação. No entanto, muitas das fábricas de discos a laser se situavam em terras que pertenciam às Forças Armadas russas. E todos os elementos do Estado russo, como vimos, há muito têm dificuldade de se sujeitar às limitações geradas por cortes e juízes independentes. Além disso, como os preços estratosféricos do petróleo e gás estavam salvando a economia russa e fortalecendo o poder da liderança do país, entrar para a OMC não representava um imperativo econômico urgente. A Rússia não estava tendo nenhuma dificuldade em encontrar mercados para suas exportações de produtos energéticos.

De qualquer forma, a capacidade da Rodada de Doha de afetar rapidamente o comércio global, particularmente em relação aos países mais pobres, sempre será limitada. Como vimos no capítulo sobre a África e a cocaína, o maior impedimento ao comércio em boa parte dos países em desenvolvimento se encontra em sua própria infraestrutura e na dificuldade de conduzirem negócios, e não em políticas comerciais oficiais, sejam elas próprias ou estrangeiras. Os países produtores de algodão do Oeste da África estavam certos em pressionar os EUA a cortarem os subsídios sobre o produto, que prejudicavam seus agricultores ao reduzir os preços mundiais. Porém, a maneira ideal de melhorar a vida dos fazendeiros de países como Mali seria aprimorar sua cadeia de abastecimento — melhorando o antiquado conselho de comercialização estatal do país, que atualmente paga aos fazendeiros menos de 50% do preço mundial por sua produção, e construindo uma indústria viável de fiação e tecelagem, em vez de exportar apenas algodão cru.

Todos esses problemas têm algo em comum: envolvem interesses entrincheirados, ou uma aliança de interesses. Mancur Olson, que inventou a teoria dos grupos de interesse com a qual nos deparamos no capítulo sobre política comercial, argumentou que tais facções podem retardar permanentemente a adoção de novas tecnologias pelos países. Com isso, eles conseguem reduzir o crescimento econômico (imagine o efeito sobre o comércio mundial caso os sindicatos de estivadores dos EUA tivessem efetivamente conseguido impedir a adoção do contêiner de carga).

Esses grupos têm interesses poderosos em fazer com que os debates políticos se afastem de qualquer coisa que possa obrigá-los a fazer sacrifícios, mesmo que haja o consenso generalizado de que alguma mudança é necessária. Se esses grupos forem suficientemente fortes, poderão interromper inteiramente o desenvolvimento econômico, e até mesmo fazê-lo retroceder. Para examinarmos um bom exemplo, podemos mergulhar uma última vez na história e observar as tentativas do Império Espanhol de reverter o declínio de seu poder e influência. A Espanha, que já fora a maior potência europeia, dominando o comércio com a América, começou a ser deixada para trás no século XVII por comerciantes holandeses, mais rápidos e perspicazes, dos quais uma parte havia declarado independência da Espanha ao final do século XVI. A

Espanha sabia que estava em apuros, vendo seu prestígio decair. Mas o país pareceu paralisado ao tentar reverter o processo.

Vistas de uma distância de 400 anos ou mais, as causas parecem bastante óbvias. Uma aristocracia inflada vivia de renda e impedia que se dessem usos mais produtivos à terra e ao trabalho. As grandes famílias proprietárias de terras detinham o antigo negócio de criar ovelhas para produzir a lã de merino, de alta qualidade, tornado particularmente lucrativo graças a um monopólio governamental. Os pequenos agricultores eram desestimulados a plantar e a cercar a terra arável, para não prejudicar o pastoreio. Isso, juntamente com controles de preços, levou a uma transferência generalizada da população do campo para as cidades, e quando chegaram ali, não havia trabalho suficiente para todos.

Quando o mercado internacional mudou e a demanda por essa lã diminuiu, tornou-se ainda menos razoável favorecer as formas tradicionais de agricultura. Ainda assim, os proprietários de terras se ativeram a seus privilégios. Enquanto isso, em vez de favorecer sua classe empreendedora, a Espanha a expulsou. Os "mouriscos" eram mouros que permaneceram no país desde o tempo em que a península fazia parte do mundo islâmico e que haviam se convertido (talvez apenas nominalmente) ao cristianismo. Eram artesãos e agricultores qualificados. Diferentemente dos pastores de ovelhas, os mouriscos praticavam uma agricultura mais intensiva em termos de mão de obra, como o cultivo de vinhos, açúcar e amoras. Porém, foram expulsos da Espanha no início do século XVII em meio à suspeita de que estariam minando secretamente a cristandade.

O governo passou a cobrar impostos pesados para financiar guerras e operações imperiais ultramarinas cada vez menos lucrativas. A monarquia, apesar de viver em um luxo perdulário, tornou-se o primeiro devedor insolvente em série da história, antecipando o comportamento de seu rebento colonial, a Argentina. O rei Felipe II declarou a moratória da dívida espanhola por quatro vezes durante seu reinado, no século XVI. A literatura da época, particularmente o clássico *Dom Quixote*, reflete uma sociedade na qual há um grande hiato entre a imagem orgulhosa que tem de si mesma e uma realidade cada vez mais desesperadora.

Nem todos estavam ignorando a crise. Um grupo de reformistas chamados *arbitristas* escreveu pilhas de documentos recomendando uma série de medidas. Algumas delas eram razoáveis, como a imposição de limites ao número de dias que poderiam durar as sessões da extravagante corte real. Outras eram compreensíveis, porém equivocadas, como proibir as exportações de matéria-prima e as importações de bens manufaturados para auxiliar a indústria doméstica. E algumas beiravam o surrealismo. Uma espécie de unidade protogovernamental, a Junta de Reformación, recomendou em 1623 que o rei proibisse o ensino de latim nos vilarejos, para impedir que os camponeses tivessem ideias sobre si mesmos e se mudassem para as cidades.

Ainda assim, não houve suficiente força de vontade para seguir qualquer dessas sugestões. Como símbolo da disposição para efetuar as reformas, a corte real passou a ostentar uma grande austeridade depois que a Junta fez suas recomendações. Ainda assim, poucos meses depois, os cilícios foram abandonados em favor da seda ao ser organizada uma recepção pomposa para uma visita do príncipe de Gales. O único êxito duradouro do movimento pelas reformas talvez tenha sido o abandono geral da gola rufo, cara e incômoda. Com isso, os nobres talvez tenham economizado em seus gastos com a lavanderia; mas não foi o suficiente para salvar um Império. Na hora de acertar as contas, a aristocracia não abriria mão de seus privilégios para preservar o sistema que a deixara rica. Como disse um observador da época em relação às reformas: "Os que podem fazê-las não querem, e os que querem não podem."

Porém, antes de começarmos a extrair lições históricas sobre políticas contemporâneas, será que estamos certos em sugerir que os países podem melhorar rapidamente sua situação se tomarem as medidas corretas? Este livro sugere que sim, eles podem.

Nem todos concordam. Já foi feito um esforço enorme para investigar por que a Europa, e especificamente a Inglaterra, foi o primeiro país a adentrar a Revolução Industrial e, ao fazê-lo, a conquistar o primeiro crescimento sustentado considerável na renda média de seus cidadãos em toda a história. Um relato recente feito pelo historiador Greg Clark sugere que esse fato se deveu ao processo de disseminação de um capital humano de qualidade superior pela população ao longo de gerações. Pessoas mais ricas e instruídas tiveram mais filhos, e assim, os atributos que tornam as pessoas adequadas às economias industrializadas — trabalho duro, racionalidade e educação — disseminaram-se gradualmente. Isso sugere que tal processo não poderá ser forçado nem alterado por melhores políticas vindas de cima para baixo. É apenas uma questão de esperar pela emergência do capital humano de melhor qualidade.

O livro de Clark foi uma contribuição notável para o acúmulo de conhecimentos. Em particular, o autor acumulou um grande conjunto de evidências para defender a tese de que a vida humana, em média (em termos de renda, expectativa de vida, ingestão de calorias e assim por diante), não havia melhorado substancialmente durante milênios antes da Revolução Industrial. Aumentos na renda de qualquer sociedade haviam sido seguidos por aumentos populacionais, fazendo com que, individualmente, as pessoas não se encontrassem em situação melhor. Paradoxalmente, o maior impulso à renda per capita na Europa antes da Revolução Industrial foram os surtos da Peste Negra em meados do século XIV, que tornou a mão de obra mais escassa ao reduzir a população e, com isso, aumentou a renda daqueles que sobreviveram.

É uma tese interessante. Porém, a alegação de que a disseminação de atitudes e, possivelmente, genes diferentes pela população provocou a Revolução Industrial não ajuda muito a explicar o que aconteceu desde então — e particularmente nos últimos 50 anos. O notável desempenho pós-guerra dos Tigres Asiáticos aconteceu na forma de decolagens súbitas de crescimento. O elevado crescimento chinês remonta de maneira bastante direta às reformas políticas fundamentadas nas leis de mercado iniciadas em 1979. Parece um tanto implausível que um surto súbito de diligência cultural ou genética tenha tido alguma relação com isso.

Países próximos um do outro, com histórias sociais e recursos naturais semelhantes, tiveram desempenhos muito distintos. Hoje em dia, a população da Botsuana é mais de dez vezes mais rica que a de Serra Leoa. Ainda assim, 40 anos atrás os dois países eram sociedades agrárias de baixa produtividade. Ambos faziam parte do Império Britânico. Ambos tinham níveis educacionais muito baixos (de fato, o que se sabe é que Serra Leoa tivera a vantagem de receber um influxo de imigrantes relativamente bem instruídos vindos da América do Norte). Ainda assim, um deles usou a riqueza advinda dos diamantes para criar a economia de crescimento mais acelerado do planeta nos últimos 30 anos; o outro em nada a aproveitou, tornando-se o país mais pobre do planeta.

Este livro não é um manual de instruções detalhado sobre políticas econômicas. Já há dezenas de livros assim. De qualquer forma, é impossível dar conselhos detalhados sobre o que exatamente deveria ser feito com as tarifas de importação, impostos ou qualquer outra coisa. É assim que surgem os equívocos como a interferência do Fundo Monetário Internacional no gestão detalhista do conselho de comercialização do cravo-da-índia na Indonésia. Não sei exatamente quais são as respostas, e quem quer que alegue saber não merece confiança. Em geral, quanto mais os economistas do desenvolvimento examinam as questões, menos precisos e doutrinários se tornam seus conselhos.

Porém, certas ideias básicas têm grande aceitação. Não se isole do resto do mundo. Planeje o desenvolvimento das cidades, mas não o force, não lhes dê mais poder do que o justificado. Tente deixar sua economia fazer o que faz de melhor, e a apoie sempre que possível, sem tentar forçá-la por um caminho predeterminado. Não fique obcecado com crenças religiosas, mas fique atento às elites que tentarão utilizá-las para seus próprios fins temporais. Impeça governos presunçosos de ignorarem os direitos de propriedade e o Estado de direito. Aprenda com os exemplos daqueles que impediram que o dinheiro do petróleo ou dos diamantes envenenasse suas economias e suas políticas. Pague para ver quando pequenos grupos de interesse afirmarem que representam o país inteiro. Em países muito pobres, preocupe-se menos com a política comercial e mais com os procedimentos aduaneiros. Concentre-se em eliminar as formas de suborno que causam os maiores danos, preocupando-se menos com a corrupção moderada e previsível. Esteja atento quando o seu país começar a ficar encalhado no caminho errado, e fique alerta ante as oportunidades de alterar o trajeto.

Então, o que é que leva os países pelo caminho errado? Parte do problema reside em verdadeiras diferenças de opinião, tanto entre observadores externos como dentro do país em questão, com relação a quais serão as escolhas mais acertadas. Políticas como a substituição de importações, que encontramos no primeiro capítulo, continuaram a ser seguidas durante décadas na África e na América Latina, mesmo quando não pareciam estar gerando resultados. Algumas pessoas ainda defendem essa estratégia de desenvolvimento.

Muitos países, naturalmente, são governados por pessoas que não estão particularmente preocupadas em melhorar a qualidade de vida da população em geral, ou em como os ganhos são distribuídos, contanto que possam se manter no governo. Por razões que já examinamos, as economias baseadas em recursos naturais são particularmente suscetíveis a esses governantes. Não há muito que uma pessoa de fora possa fazer sobre isso a não ser tentar impedir que suas próprias companhias e bancos que operem nesses países piorem ainda mais a situação.

Mesmo que os políticos do país realmente enxerguem a necessidade de mudança, muitas vezes descobrem que tomar a decisão correta é politicamente muito difícil, ou vai de encontro ao modo como as coisas sempre foram feitas. Um político poderia se candidatar na Índia prometendo acabar com todo o sistema de empregos e vagas de estudo preferenciais para certas castas e promover um sistema mais equitativo de serviços públicos para todos. Mas, para isso, teria de superar um sistema político já estabelecido, orientado pela concessão de favores a blocos eleitorais específicos.

Não é fácil seguir prescrições como essas, caso contrário qualquer um já as teria seguido. Muitas vezes pode ser exaustivamente difícil. Tampouco é algo que possa ser feito automaticamente por um decreto do presidente ou do primeiro-ministro. Quem queira efetuar mudanças sustentáveis nas política públicas terá de levar a opinião pública consigo — o que é frequente até em autocracias —, e para isso é preciso ter habilidade política e conhecimentos tecnocráticos. Durante a Renascença, Florença não produziu apenas banqueiros incrivelmente talentosos — gerou também o estadismo de Nicolau Maquiavel, que ensinava aos políticos os meios capciosos de realizar o que queriam. Às vezes precisamos tomar um caminho subterrâneo para alcançar a luz. O que é politicamente possível varia enormemente entre os países, e entre épocas diferentes no mesmo país. Em 1991, a crise no balanço de pagamentos da Índia, apesar de obviamente não ser uma coisa boa em si mesma, abriu uma janela de oportunidade muito estreita, que alguns reformistas inteligentes souberam explorar.

Muitas vezes, tomar o caminho correto é algo que está além das capacidades próprias de um país. Quando países como o Egito se atêm a um grau significativo de autossuficiência alimentar, isso talvez não seja economicamente eficiente. Mas para dependermos de mercados internacionais precisamos de um alto grau de confiança em que esses mercados sempre poderão oferecer o que necessitamos.

A crise de alimentos iniciada em 2007 mostra que às vezes as esperanças não são depositadas nos lugares certos. O preço do arroz, por exemplo, disparou em 30% em um único dia depois que o Egito, apropriadamente, anunciou que bloquearia suas exportações de arroz. Para que um país como o Egito adote o livre comércio e continue a importar água embutida em alimentos é preciso que alguém continue a exportá-la. E os produtores tradicionais podem não ser confiáveis. A Argentina não foi o único agroexportador a impor bloqueios sobre as vendas ao exterior. Produtores de grãos, como a Ucrânia, e de arroz, como o Vietnã, fizeram o mesmo. Ao contrário do que acontecia na Roma Antiga, o Egito moderno não tem a opção de invadir a Ucrânia e extrair seus grãos à força. Os políticos podem querer tomar a decisão correta para o longo prazo, mas também precisam manter sua popularidade de curto prazo. E submeter um país a uma crise alimentar em favor da eficiência futura não é uma grande plataforma para uma candidatura à reeleição.

É por isso que temos instituições internacionais como a OMC: para permitir que os países tomem as decisões corretas coletivamente quando têm dificuldade em tomá-las individualmente. Os antigos romanos só podiam tomar decisões sobre o abastecimento de alimentos nos mares e territórios que controlavam e dentro do alcance efetivo do comércio de alimentos. Hoje em dia o alcance a que têm acesso os países se ampliou, englobando todo o planeta. Ainda assim, as instituições destinadas a dirigir e regular a economia mundial não acompanharam o crescimento do comércio e da tecnologia. Dentro de sua jurisdição, a OMC tem muito menos poder de fogo que a Liga Hanseática, e menos ainda que o Império Romano. E naturalmente, a OMC e as demais instituições que governam a economia internacional, criadas para conectar a globalização da economia mundial, não estão cumprindo seu potencial.

Mesmo quando essas instituições existem, nem sempre são usadas adequadamente. A crise financeira que começou com uma retração do crédito em 2007 e explodiu dramaticamente em 2008 não foi causada por uma falha na regulação global, e, sim, por uma completa ausência de regulação. Ou seja, os reguladores e autoridades nacionais tiveram em mãos muitas ferramentas para impedir a criação de ativos financeiros fantasiosos, que receberam preços absurdamente irreais e foram vendidos. Em toda uma série de países, os governantes preferiram não utilizá-los. Os próximos anos dirão quais países aprenderam as lições e quais não.

Alguns anos antes dos esforços da monarquia espanhola em impedir o declínio de seu Império, que terminou em nada além da abolição da gola rufo, William Shakespeare escreveu estas palavras:

> Our remedies oft in ourselves do lie,
> Which we ascribe to heaven: the fated sky
> Gives us free scope, only doth backward pull
> Our slow designs when we ourselves are dull.*

A dificuldade de entrar nos trilhos e, uma vez tendo conseguido, permanecer neles não diminui à medida que a economia se torna maior, mais integrada e mais complexa. O oposto é mais provável. Países que cresceram, como os EUA, podem cometer erros que os farão cair novamente. A Argentina poderia ter sido como os EUA, mas se estes não consertarem as falhas que levaram seu sistema financeiro à crise, os EUA poderão acabar como a Argentina. A globalização aumenta os retornos em potencial dos países que tomarem as medidas mais acertadas, mas também torna mais evidentes as diferenças entre os que as tomam e os que não. A experiência da história deve nos fazer ansiar e lutar por um mundo melhor, e não nos deixar desesperados e resignados ao destino.

---

* Em nós, por vezes, se encontra o remédio / Que aos céus atribuímos: a divina Providência / Nos dá livre arbítrio, e só se opõe / Aos nossos lentos planos quando nós mesmos somos tolos.

Bibliografia Selecionada e Notas

Ao longo do livro, utilizei diversos livros excelentes sobre história da economia e do comércio, entre eles:

Findlay, Ronald e Kevin H. O'Rourke. *Power and Plenty.* Princeton University Press, 2008. **Particularmente interessante com relação ao talento dos mongóis para o comércio.**

Clark, Greg. *A Farewell to Alms.* Princeton University Press, 2008. **Um livro brilhante e provocativo, cujas conclusões são discutidas no capítulo final.**

Landes, David. *The Wealth and Poverty of Nations.* W. W. Norton, 1998. **Inclui um bom relato do descaminho argentino.**

Bernstein, William. *A Splendid Exchange.* Grove/Atlantic, 2008. **Uma enorme quantidade de cores e detalhes.**

Os números sobre Produto Interno Bruto e outros dados econômicos foram em geral retirados do valiosíssimo trabalho de Angus Maddison, reunido em *The World Economy*, Organização para a Cooperação e Desenvolvimento Econômico, 2006, e *Contours of the World Economy.* Oxford University Press, 2007.

Prefácio

A história de abertura sobre Franklin Delano Roosevelt é de Sloane, Arthur A. *Humor in the White House.* McFarland & Company, 2001.

1. Fazendo Escolhas

A observação brilhante sobre credores e devedores seguindo em direções opostas após a Primeira Guerra Mundial é de Frieden, Jeffry. *Global Capitalism*, W. W. Norton, 2006, **com observações valiosas também de** Fishlow, Albert. "Lessons from the Past: Capital Markets during the 19th Century and the Interwar Period". *International Organization*, Vol. 39 (3), 1985; e Engerman, Stanley e Kenneth L. Sokoloff. "Factor Endowments, Institutions, and Differential Paths of Growth among New World Economies". National Bureau of Economic Research Historical Working Paper, nº 66, 1994.

Utilizei diversas histórias da Argentina, entre elas Waisman, Carlos. *Reversal of Development in Argentina*, Princeton University Press, 1987; Leslie Bethell (org.). *Ar-*

gentina Since Independence. Cambridge University Press, 1993; Hora, Roy, *The Landowners of the Argentine Pampas*. Oxford University Press, 2001; **e a grande e polêmica obra de** Aizcorbe, Roberto, *Argentina, the Peronist Myth*. Exposition Press of Florida, 1975. **O livro extremamente interessante e meticulosamente pesquisado de Paul Blustein** [*And the Money Kept Rolling In (and Out)*. Public Affairs, 2005] **é a melhor explicação para a crise argentina de 2001**.

Detalhes sobre o mercado global unificado de commodities foram extraídos de Knick Harley, C. "Transportation, the World Wheat Trade, and the Kuznets Cycle (1850–1913)". *Explorations in Economic History*, nº 17, 1980.

2. Cidades

O trabalho de Edward Glaeser foi uma grande inspiração para este capítulo, particularmente Ades, Alberto e Edward Glaeser. "Trade and Circuses: Explaining Urban Giants". *Quarterly Journal of Economics*, nº 110, 1995; Glaeser, Edward e Janet Kohlhase. "Cities, Regions and the Decline of Transport Costs". Harvard Institute of Economic Research Discussion Paper nº 2.014, 2003; Glaeser, Edward e Joshua Gottlieb. "Urban Resurgence and the Consumer City". Harvard Institute of Economic Research Discussion Paper nº 2.109, 2006.

Outros clássicos dessa área são os trabalhos de Paul Krugman sobre geografia econômica, como "The Role of Geography in Development", **apresentado à Conferência Anual do Banco Mundial sobre Economia do Desenvolvimento em 1998, e o artigo de** DeLong, J. Bradford e Andrei Shleifer. "Princes and Merchants: European City Growth before the Industrial Revolution", *Journal of Law and Economics*, nº 36, 1993.

Os números sobre o crescimento das cidades foram retirados do trabalho *State of the World's Cities Report 2006/7*. Earthscan/Nações Unidas, 2006.

O papel de Londres na Guerra Civil Inglesa está descrito em: Russell, Conrad (org.). *The Origins of the English Civil War*. Palgrave Macmillan, 1973; Cogswell, Thomas, Richard Cust e Peter Lake. *Politics, Religion and Popularity in Early Stuart Britain*. Cambridge University Press, 2002; **e o maravilhoso** Ackroyd, Peter. *London: The Biography*. Chatto and Windus, 2000.

3. Comércio

O conceito de água virtual ou embutida, uma das melhores ideias com as quais já me deparei, foi inventado pelo acadêmico Tony Allan, que o explorou em diversos artigos, como "'Virtual water': A Long Term Solution for Water-Short Middle Eastern Economies?". School of Oriental and African Studies, 1997. **Um relato do Banco Mundial de 2007**, Bucknall, Julia et al. *Making the Most of Scarcity: Accountability for Better Water Management Results in the Middle East and North Africa*, **traz uma avaliação abrangente do gerenciamento da água, inclusive o comércio de água virtual no Oriente Médio e Norte da África.**

As estimativas sobre o uso de água pelos países e o comércio de alimentos vieram de Chapagain, A. K. e A. Y. Hoekstra. *Water Footprints of Nations*. UNESCO-IHE Research Report Series, nº 16, 2004; Fraiture, Charlotte de, Ximing Cai, Upali Amarasinghe, Mark Rosegrant e David Molden. *Does International Cereal Trade Save Water?. International Water Management Institute Research Report*, nº 4, 2004; e Hakimian, Hassan, "Water Scarcity and Food Imports: An Empirical Investigation of the 'Virtual Water' Hypothesis in the MENA Region". *Review of Middle East Economics and Finance*, nº 1, 2003.

As explicações sobre a produção e o comércio de grãos no Egito Antigo e Roma Antiga vieram de Garnsey, Peter e C. R. Whittaker (orgs.). *Trade and Famine in Classical Antiquity.* Cambridge Philological Society, 1983; Butzer, Karl. *Early Hydraulic Civilization in Egypt*. University of Chicago Press, 1976; Trigger, B. G., B. J. Kemp, D. O'Connor, A. B. Lloyd. *Ancient Egypt: A Social History*. Cambridge University Press, 1983; e Baines, John e Jaromir Malek. *Atlas of Ancient Egypt*, Facts on File, 1980.

Os detalhes sobre o comércio na Europa medieval e início da idade moderna vieram de Gras Norman. *Evolution of the English Corn Market from the Twelfth to the Eighteenth Century*. Harvard University Press, 1915; **e dois artigos de** Kohn, Meir, "Trading Costs and the Pattern of Trade in Pre-Industrial Europe". Dartmouth College Department of Economics Working Paper, 00–06, 2001, e "The Expansion of Trade and the Transformation of Agriculture in Pre-Industrial Europe". Dartmouth College Department of Economics Working Paper, 00–13, 2001.

A ideia de que a Europa usou o comércio com a América para abolir o problema da carência de terras e os cálculos sobre os "hectares fantasma" vieram de Pomeranz, Kenneth. *The Great Divergence*. Princeton University Press, 2000.

4. Recursos Naturais

O artigo original que mostra que os recursos naturais geralmente são ruins para a saúde de um país vieram de Sachs, Jeffrey e Andrew Warner. "Natural Resource Abundance and Economic Growth". National Bureau of Economic Research Working Paper nº 5.398, 1995.

Boa parte do material sobre a Zâmbia vem de viagens repetidas ao país, e agradeço a Beverley Warmington, do Departamento de Desenvolvimento Internacional, e Dipak Patel, ex-ministro do Comércio zambiano, pelo tempo dispensado e pelos conhecimentos.

O artigo que compara São Tomé e Príncipe e Cabo Verde é de Vicente, Pedro, "Does Oil Corrupt? Evidence from a Natural Experiment in West Africa". Oxford University Department of Economics Discussion Paper nº 317, 2007.

Para a história formidável de Botsuana, baseei-me em: Beaulier, Scott e Robert Subrick. "Mining Institutional Quality: How Botswana Escaped the Natural Resource Curse". *Indian Journal of Economics and Business*, 2007; Beaulier, Scott. "Explaining Botswana's Success: The Critical Role of Post-Colonial Policy". *Cato Journal*, Vol. 23, 2003; e Acemoglu, Daron, Simon Johnson e James Robinson. "An African Success Story: Botswana". MIT Department of Economics Working Paper nº 01–37, 2001.

Para uma visão geral explicativa sobre como os recursos naturais contribuíram para a decadência de vários países africanos, consulte o excelente relato de Shaxson, Nicholas. *Poisoned Wells*. Palgrave Macmillan, 2006.

Steinbeck, John. *The Pearl*. The Viking Press, 1947. [Edição brasileira: *A pérola*. Rio de Janeiro, Record, 1980]

5. Religião

Os diversos escritos de Max Weber podem ser encontrados nas seguintes coleções: Kalberg, Stephen (org.), *The Protestant Ethic and the Spirit of Capitalism*. Oxford University Press, 2001 [Edição brasileira: Weber, Max. A ética protestante e o "espírito" do capitalismo. São Paulo, Companhia das Letras, 2004]; Andreski, Stanislav (org.). *Max Weber on Capitalism, Bureaucracy and Religion*. HarperCollins, 1983; Whimster, Sam (org.). *The Essential Weber*. Routledge, 2004.

Para comentários sobre Weber e a ética protestante, veja Eisenstadt, S. N. (org.). *The Protestant Ethic and Modernization*. Basic Books, 1968; Marshall, Gordon. *In Search of the Spirit of Capitalism*. Columbia University Press, 1982; Tawney, R. H. *Religion and the Rise of Capitalism*. Harcourt, Brace and Company, 1926.

Os detalhes sobre os princípios do Islã e seus efeitos sobre o crescimento vieram de Rodinson, Maxime. *Islam and Capitalism*. Pantheon Books, 1974; Kuran, Timur. "The Economic Impact of Islamic Fundamentalism", na obra organizada por Marty, Martin e R. Scott Appleby. *Fundamentalisms and the State*, University of Chicago Press, 1993; Kuran, Timur. "The Islamic Commercial Crisis: Institutional Roots of Economic Underdevelopment in the Middle East". University of Southern California Center for Law, Economics and Organization Research Paper, Co 1–12, 2002; Labib, Subhi, "Capitalism in Medieval Islam", *Journal of Economic History*, nº 29, 1969.

O estudo inovador sobre a recente relação entre o Islã e o crescimento foi feito por Noland, Marcus. "Religion, Culture and Economic Performance". Institute for International Economics Working Paper nº 03–8, 2003.

Quanto ao hinduísmo e o crescimento, e a uma explicação econômica da escravidão, veja Uppal, J. S. "Hinduism and Economic Development in South Asia". *International Journal of Social Economics*, nº 13, 1986; e Domar, Evsey. "The Causes of Slavery or Serfdom: A Hypothesis". *Economic History Review*, nº 30, 1970.

Uma avaliação mais ampla sobre o impacto da religião e da cultura sobre o crescimento foi feita por Lal, Deepak. *Unintended Consequences*. The MIT Press, 2001.

A história sobre a aparente preguiça dos trabalhadores japoneses aparece em Bhagwati Jagdish (org. Gene Grossman). *Essays in Development Economics: Wealth and Poverty*. The MIT Press, 1985.

Um relato sobre como minorias étnicas e religiosas dominam os negócios em muitos países em desenvolvimento pode ser encontrado em Chua, Amy. *World on Fire*. Doubleday, 2002.

6. Políticas de Desenvolvimento

O texto clássico sobre o funcionamento de grupos de interesse é de Olson, Mancur. *The Logic of Collective Action,* Harvard University Press, 1965 [Edição brasileira: *A lógica da ação coletiva: os benefícios públicos e uma teoria dos grupos sociais.* São Paulo, Edusp, 1999]. **As ideias sobre o domínio das indústrias decadentes sobre a política governamental são de** Baldwin, Richard e Frederic Robert-Nicoud. "Entry and Asymmetric Lobbying: Why Governments Pick Losers". National Bureau of Economic Research Working Paper nº 8.756, 2002; e Brainard, Lael e Thierry Verdier. "The Political Economy of Declining Industries". National Bureau of Economic Research Working Paper nº 4.606, 1993. **Os cálculos sobre agricultores vencedores e perdedores nas discussões sobre comércio vieram de** Hertel, Thomas, Roman Keeney e Alan Winters. "Why WTO Agricultural Reforms are Such a Good Idea — But Such a Hard Sell". Publicado no blog VOX-EU (http:// www.voxeu.org) em 22 de outubro de 2007.

Sobre o comércio e mercantilismo têxtil, veja Smith, Adam, *Wealth of Nations,* Book 4, ch. 2.24, Penguin Classics, 2004 [Edição brasileira: *A riqueza das nações.* São Paulo, Martins Fontes, 2003]; Thomas, P. J. *Mercantilism and the East India Trade,* P. S. King & Son, 1926; e Rivoli Pietra. *Travels of a T-Shirt in the Global Economy.* Wiley, 2005.

Para um excelente relato sobre a rejeição das Leis dos Cereais, veja Schonhardt-Bailey, Cheryl. *From the Corn Laws to Free Trade.* The MIT Press, 2006.

Sobre a história do açúcar e da proteção, veja Mintz, Sidney. *Sweetness and Power.* Viking Penguin, 1985; Thomas, Robert Paul. "The Sugar Colonies of the Old Empire: Profit or Loss for Great Britain?". *Economic History Review,* nº 21, 1968; e Williams, Eric. *Capitalism and Slavery.* Chapel Hill, 1944.

Sobre bananas e a United Fruit, veja o livro robustamente político de Chapman, Peter, *Jungle Capitalists.* Canongate Books, 2007; e Strifler, Steve e Mark Moberg. *Banana Wars.* Duke University Press, 2003.

7. Rotas Comerciais e Cadeias de Abastecimento

A história sobre a pichação na Libéria foi narrada ao autor pelo formidável Mark Huband, antigo redator do *Financial Times.* A útil explicação sobre por que a África não produz cocaína veio de uma entrevista com Antonio Mazzitelli, do escritório regional da África do Oeste do Escritório das Nações Unidas sobre Drogas e Crime, em junho de 2008.

Sobre a Companhia das Índias Orientais e o comércio de especiarias, veja Baumann, Desiree Marie. *The English East India Company in British Colonial History.* Verlag Die Blaue Eule, 2007; Milton, Giles. *Nathaniel's Nutmeg.* Penguin, 2000; e Wise, Henry. *Analysis of One Hundred Voyages to and from India, China &c, J. W.* Norie e W. H. Allen, 1839.

Sobre o contêiner de carga, veja o clássico Levinson, Marc. *The Box.* Princeton University Press, 2006.

Sobre a GF Swift e o comércio de carne, veja Fields, Gary, *Territories of Profit*. Stanford University Press, 2003.

Sobre os Pescadores de Kerala e telefones celulares, veja Jensen, Robert. "The Digital Provide". *Quarterly Journal of Economics*, nº 122, 2007.

Sobre Eisenhower e as ferrovias, veja Moon, Henry. *The Interstate Highway System*. Association of American Geographers, 1995.

Sobre o impacto do Império na infraestrutura e no comércio, veja Acemoglu, Daron, Simon Johnson e James Robinson. "The Colonial Origins of Comparative Development". *American Economic Review*, nº 91, 2001; Mitchener, Kris James e Marc Weidenmier. "Trade and Empire". National Bureau of Economic Research Working Paper nº 13.765, 2008; e Sachs, Jeffrey. *Common Wealth*. Penguin, 2008. **Para a origem geográfica do subdesenvolvimento africano, veja** Jared Diamond, *Guns, Germs and Steel*, W. W. Norton, 1999 [Edição brasileira: *Armas, germes e aço*. Rio de Janeiro, Record, 2002].

Boa parte da discussão sobre os custos da distância e da má logística vem de um grande conjunto de trabalhos realizado sob os auspícios do projeto Doing Business, do Banco Mundial, principalmente Djankov, Simeon, Caroline Freund e Cong Pham. "Trading on Time". World Bank Working Paper nº 3.909, 2006; e Arvis, Jean-François, Gael Raballand e Jean-François Marteau. "The Cost of Being Landlocked". World Bank Working Paper nº 4.258, 2007. **Veja também** Balat, Jorge, Irene Brambilla e Guido Porto. "Realizing the Gains from Trade: Export Crops, Marketing Costs, and Poverty". National Bureau of Economic Research Working Paper nº 13.395, 2007; e Disdier, Anne-Celia e Keith Head. "The Puzzling Persistence of the Distance Effect in Bilateral Trade". Centro Studi Luca d'Agliano Working Paper nº 186, 2004.

8. Corrupção

A citação bíblica sobre corrupção está em Êxodo 23, 8. As teorias sobre corrupção vêm de Shleifer, Andrei e Robert Vishny. "Corruption". National Bureau of Economic Research Working Paper nº 4.372, 1993; e Klitgaard, Robert. In Richard Zeckhauser (org.). *Strategy and Choice*. The MIT Press, 2001. **Para um relato sobre seu destaque crescente na política e no discurso sobre medidas governamentais, veja** Naím, Moisés. "The Corruption Eruption". *Brown Journal of World Affairs*, 1995.

As histórias sobre corrupção na Companhia das Índias Orientais, no Exército francês e na China do final do período imperial são de Pavarala, Vinod, William Doyle e Pierre-Etienne Will, **todas no volume organizado** por Emmanuel Kreike e William Chester Jordan. *Corrupt Histories*. University of Rochester, 2004.

Os detalhes sobre a corrupção na Indonésia e em outras partes do Sudeste Asiático vieram de Rock, Michael e Heidi Bonnett. "The Comparative Politics of Corruption: Accounting for the East Asian Paradox". *Comparative Studies of Corruption*, nº 32, 2004; MacIntyre, Andrew. "Investment, Property Rights, and Corruption in Indonesia", e Chang, Ha-Joon. "State, Capital, and Investments in Korea", ambos In J. E. Campos (org.) *Corruption: The Boom and Bust of East Asia*. Ateneo de Manila University Press, 2001; e MacIntyre, Andrew. "Funny Money: Fiscal Policy, Rent-Seeking and

Economic Performance in Indonesia", e Hutchcroft, Paul. "Obstructive Corruption: The Politics of Privilege in the Philippines", **ambos** In K. S. Jomo e Mushtaq Khan (orgs.). *Rents, Rent-Seeking and Economic Development*. Cambridge University Press, 2000. **Uma defesa de Suharto se encontra em** Tray, Dennis de. "Giving Suharto His Due", publicado no blog do Center for Global Development (em http://blogs.cgdev.org), janeiro de 2008.

Diversas análises do governo de Nyerere na Tanzânia se encontram em Hodd Michael (org.). *Tanzania After Nyerere*. Pinter Publishers, 1988.

A história instigante sobre as desventuras coloniais de Portugal em Goa é contada em Winius, George Davison. *The Black Legend of Portuguese India*. Concept Publishing Company, 1984.

O sistema de benesses dos EUA no século XIX é descrito por Arnold, Peri. In Seppo Tiihonen (org.). *The History of Corruption in Central Government*. International Institute of Administrative Sciences, 2003.

9. Dependência da Trajetória

O famoso artigo sobre o teclado QWERTY foi escrito por David, Paul, "Clio and the Economics of QWERTY". *American Economic Review*, nº 75, 1985.

A história das multas de estacionamento em Nova York se encontram em Fisman, Raymond e Edward Miguel. "Cultures of Corruption". National Bureau of Economic Research Working Paper nº 12.312, 2006.

O caminho de sucesso da China em direção a uma economia de mercado é explorado em Li, Shuhe e Peng Lian. In J. E. Campos (org.). *Corruption: The Boom and Bust of East Asia*. Ateneo de Manila University Press, 2001. **A jornada mais turbulenta da Rússia está em** Hedlund, Stefan. *Russia's "Market" Economy: A Bad Case of Predatory Capitalism*. Routledge, 2000; **e no mais otimista** Aslund, Anders. *Russia's Capitalist Revolution*. Peterson Institute for International Economics, 2007. Os dois países são comparados por Andvig, Jens. In Susan Rose-Ackerman (org.). *International Handbook on the Economics of Corruption*. Edward Elgar Publishing, 2007.

As comparações sobre a entrada e saída do comunismo na Europa Central e Oriental são feitas por Ericson, Richard e Popov, Vladimir, ambas em Michael Cuddy e Ruvin Gekker (orgs.). *Institutional Change in Transition Economies*. Ashgate Publishing, 2002; e Myant, Martin, Frank Fleischer, Kurt Hornschild, Ruzena Vintrová, Karel Zeman e Zdenek SoucGek. "Successful Transformations?". *Journal of Comparative Economics*, nº 26, 1998.

Os detalhes sobre a economia e o sistema de castas indiano foram retirados de Bayly, Susan. *Caste, Society and Politics in India: From the Eighteenth Century to the Modern Age*. Cambridge University Press, 1999; Luce, Edward. *In Spite of the Gods*. Little, Brown, 2006; e Broadberry, Stephen e Bishnupriya Gupta. "Historical Roots of India's Service-Led Development". Warwick University Economics Research Paper nº 817, 2007.

10. Conclusão

Sobre o ecletismo da economia do desenvolvimento moderna, veja Rodrik, Dani. *One Economics, Many Recipes*. Princeton University Press, 2007.

O relato da luta por reformas que resultou apenas na abolição da gola rufo veio de De Vries, Jan, *The Economy of Europe in an Age of Crisis 1600–1750*. Cambridge University Press, 1976.

O fato de que George Soros era o maior proprietário de terras na Argentina na década de 1990 foi retirado de Hora, Roy. *The Landowners of the Argentine Pampas*. Oxford University Press, 2001.

Índice Remissivo

Este livro foi composto em Gill Sans e Minion 11/14 e
impresso em papel pólen soft 80g/m^2 e cartão triplex 250g/m^2
por Bartira Gráfica em março de 2010.